杨春贵精选集

人民文选

杨春贵 ◎ 著

人民日报出版社

北京

图书在版编目（CIP）数据

杨春贵精选集 / 杨春贵著 . — 北京：人民日报出版社 , 2023.8

ISBN 978-7-5115-7951-5

Ⅰ . ①杨… Ⅱ . ①杨… Ⅲ . ①马克思主义哲学—文集 Ⅳ . ① B0-0

中国国家版本馆 CIP 数据核字（2023）第 158142 号

书　　名：**杨春贵精选集**

　　　　　YANG CHUNGUI JINGXUAN JI

作　　者：杨春贵

出 版 人：刘华新

策 划 人：欧阳辉

责任编辑：周海燕　刘君羽

装帧设计：新成博创

出版发行：人民日报出版社

社　　址：北京金台西路 2 号

邮政编码：100733

发行热线：（010）65369509　65369527　65369846　65363528

邮购热线：（010）65369530　65363527

编辑热线：（010）65369518

网　　址：www.peopledailypress.com

经　　销：新华书店

印　　刷：北京盛通印刷股份有限公司

法律顾问：北京科宇律师事务所　（010）83622312

开　　本：710mm×1000mm　1/16

字　　数：221 千字

印　　张：19.75

版次印次：2023 年 12 月第 1 版　2023 年 12 月第 1 次印刷

书　　号：ISBN 978-7-5115-7951-5

定　　价：78.00 元

前　言

在《我与马克思主义哲学》一书的封面上，我曾写过一段话：哲学关注人民，人民才关注哲学；哲学植根实践，实践才赋予哲学以生命；哲学与人民共命运。这既表达个人对马克思主义哲学精神实质和使命担当的理解，也表明自己在治学中追求的主要理论风格，也就是：坚持以党和人民正在做的事情为中心，研究和宣传马克思主义哲学，重视对中国革命、建设、改革经验的哲学思考，重视对重大现实问题的哲学研究，重视结合干部、群众的思想实际和工作实际，阐述马克思主义思想路线、思想方法、工作方法，重视马克思主义哲学的中国化、时代化、大众化。为此而尽心竭力，虽不能至，心向往之。

这本书的文章，大致包括五个方面的内容。

一是关于马克思主义哲学。在《几个重大哲学理论问题辨析》《不断接受马克思主义哲学智慧的滋养》等文章中，强调马克思主义哲学是无产阶级科学的世界观、方法论，是整个马克思主义学说的理论基础，是党和国家全部实践活动的理论基础，是人民大众认识世界、改造世界的根本原则、根本方法，是普遍管用、长期管用、根本管用的东西。要把马克思主义哲学作为"看家本领"，认真学、自觉用，努力掌握其基本原理和方法论，包括以实践为基础的认识论、以经济为基础的唯物史观、以人民为中心的价值论、以矛盾为核心的辩证法等。

二是关于毛泽东哲学思想。在《重视并善于从哲学高度提出和解决问题》《马克思主义中国化的重要哲学基础》等文章中，强调《实践论》《矛盾论》是中国革命经验的哲学总结，是马克思主义哲学在中国的重大发展，是毛泽东哲学思想形成的主要标志。其最大的贡献是对马克思列宁主义普遍真理同中国革命具体实践相结合的必要性作了充分的哲学论证，对否认"结合"的主观主义尤其是教条主义作了深刻的哲学批判，对如何实现"结合"在方法论上作出系统的哲学概括，形成了实事求是、群众路线、独立自主这个毛泽东思想活的灵魂，推进了马克思主义中国化的历史进程，在当今依然是我们坚持和发展中国特色社会主义的锐利思想武器。

三是关于邓小平理论的精髓。在《邓小平理论的精髓》《论邓小平的两大历史性贡献》等文章中，着重论述邓小平同志为重新确立党的实事求是的思想路线、科学评价毛泽东同志历史地位、坚持和发展毛泽东思想、创立中国特色社会主义理论体系所作出的历史性贡献，对邓小平理论的精髓即贯穿于邓小平理论的马克思主义立场观点方法作了深入阐述，如实践观点和实践标准、生产观点和生产力标准、群众观点和人民利益标准、矛盾观点和矛盾分析的方法等。

四是关于习近平新时代中国特色社会主义思想的世界观和方法论。在《科学运用马克思主义世界观方法论》《全面深化改革必须坚持正确的方法论》《具有中国共产党人特色的马克思主义思想方法》等文章中，对贯穿习近平新时代中国特色社会主义思想的立场观点方法，特别是对"六个必须坚持"，即必须坚持人民至上、必须坚持自信自立、必须坚持守正创新、必须坚持问题导向、必须坚持系统观念、必须坚持胸怀天下作了系统阐述。只有深刻理解这些立场观点方法，才能深刻理解习近平新时代中国特色社会主义思想，才能在实践中创造性运用和发展这一重要思想，才能不断谱写马克思主义中国化时代化新篇章。

五是关于科学对待马克思主义。在《今天我们怎样读〈共产党宣言〉》《科学对待马克思主义》等文章中，对坚持和发展马克思主义问题作了系统论述，强调马克思主义是我们立党立国、兴党兴国的根本指导思想，必须毫不动摇地坚持马克思主义，这是历史的选择、人民的选择。中国近代以来的历史证明，只有马克思主义而没有其他什么主义能够救中国；中国改革开放以来的历史证明，马克思主义不仅能够救中国，而且能够发展中国；国际共产主义运动遭受挫折的教训证明，马克思主义是丢不得的，丢了马克思主义，社会主义就会垮台，人民就会遭殃。问题在于要搞清什么是马克思主义，怎样科学对待马克思主义。马克思主义既然是科学，就要求人们以科学的态度和方法对待，完整准确地理解，创造性地运用，与时俱进地发展。马克思主义的生命力，在于同本国实际相结合、同时代发展同进步、同人民群众共命运。正如党的二十大报告中所指出的："实践告诉我们，中国共产党为什么能，中国特色社会主义为什么好，归根到底是马克思主义行，是中国化时代化的马克思主义行。"

杨春贵

2023 年 11 月 10 日

目录

几个重大哲学理论问题辨析*

十九年来，马克思主义哲学在拨乱反正、改革开放和现代化建设中发挥了巨大的指导作用，而它自身也在新的实践中获得了蓬勃发展的生机和活力。广大哲学工作者以实事求是的思想路线为指导，认真总结中华人民共和国成立以来的历史经验和改革开放以来的新鲜经验，认真研究现代科学技术发展的最新成果和当代世界各种哲学社会科学思潮；在这个基础上，对哲学自身的状况进行了深刻反思，不但恢复了曾经被严重歪曲了的马克思主义哲学的基本原理，而且以一系列新的认识丰富和发展了马克思主义哲学。但是，在这个过程中，也出现了一些明显偏离马克思主义哲学轨道的错误观点，如否定唯物主义、否定反映论、否定历史决定论，等等。就这些重大理论问题展开深入的讨论，廓清迷雾，明辨是非，对于理论研究和实践活动都具有根本性的意义。

＊本文原载于《教学与研究》1991 年第 1 期。

一、本体论问题过时了吗？唯物主义和唯心主义的对立是可以"超越"的吗？

本体论问题，是一切哲学都不能回避的问题，或者说，是一切哲学研究的基本出发点。恩格斯说：什么是本原的，是精神，还是自然界？根据对这个问题的不同回答，把哲学家区别为唯物主义和唯心主义两大基本派别。

我们的某些同志对恩格斯的这个论断表示了异议。他们认为，本体论问题，即精神和自然界何者为第一性的问题，是"旧有思维框架""僵化的思维模式"，认为"唯物论与唯心论只是哲学发展一定阶段上形成的对立派别，它们并不代表哲学论争的永恒本质"，"在现代哲学中唯物主义和唯心主义的对立消失了"。他们提出，"只有打破本体论的思维模式"，"超越"唯物唯心的对立，才能真正理解马克思主义哲学革命变革的实质。那么，又如何"打破"，如何"超越"呢？他们提出一种唯实践主义的理论，认为马克思和恩格斯所说的"实践的唯物主义"这"唯物主义"的"后缀"应当去掉。

这种观点如果能够成立的话，哲学的党性原则就被一笔勾销了，对唯心主义的批判就成了毫无意义之举，党的思想路线中"一切从实际出发"的要求就失去了理论依据。不管持这种主张的同志出于何种动机，问题的实质只能是如此。

这种观点有没有理论根据呢？据说是有的。就是马克思《关于费尔巴哈的提纲》，特别是其中的第一条："从前的一切唯物主义（包括费尔巴哈的唯物主义）的主要缺点是：对对象、现实、感性，只是从客体的或者直观的形式去理解，而不是把它们当作感性的人的活动，当作实践去理解，不是从主体方面去理解。因此，和唯物主义相反，能动的方面却被唯心主义抽象地发展了，当然，唯心主义是不知道现实的、感性的活动本身的。"① 马克思的这段话，毫无疑问是正确的，它既批判了旧唯物主义不了解主体能动性的消极性、直观性，又批判了唯心主义夸大主体能动性的错误。而我们的某些同志对这段话的本义却作了严重的歪曲。例如，有的同志说："从客体方面看认识，这就是一切旧唯物主义认识论的共同视角"，马克思主义认识论则应当改变这个视角，"从实践方面去理解"。这样，就把从客体方面去看认识与从主体方面即实践方面看认识绝对地对立起来，并用后者否定了前者。其实，马克思批判的"只是从客体的方面看认识"，认为这是不够的，还应当从主体方面、实践方面看认识。因为事物不但是人们认识的对象，而且是人们实践活动改造的对象，并且只有首先把它理解为实践的对象，它才能成为认识的对象。这里明明是对旧唯物主义的局限性即消极性、直观性的批判，怎么能够理解为对唯物主义本身的批判呢？怎么能够由此得出不应当"从客体方面去看认识"的结论呢？还有的同志说，对于实践观点，"既不能从唯心论观点去理解它，也不能从唯物论观点去理解它"，实践观点是"对唯物论与唯心论对立的超越"。这是常识性的错误。难道马克思的实践观与黑格尔的实践观不存在唯物论与唯心论的对立吗？十分强调实践作用的实用主义者不是直言不讳地宣称自己的哲学是"行动的唯心主义"吗？如果说"超越"的话，马克思实践观的产生只是对旧唯物主义局限性的超越，而不是对唯物

---

① 《马克思恩格斯选集》第一卷，人民出版社 1995 年版，第 54 页。

主义本身的"超越"。如果理解为对唯物主义的超越,那么它就不再是唯物主义哲学了,可是马克思自己不止一次地宣布自己的哲学是"新唯物主义""现代唯物主义""实践的唯物主义""共产主义的唯物主义"。可见"唯物主义"这个"后缀"是不能取消的;取消了,就必然走向唯心主义。

主张取消"本体论"、超越唯物主义的同志认为,凡是唯物主义都不能说明人对自然的超越性和主体性,马克思主义哲学研究由于固守"本体论"原则,结果"在这样一种思维方式面前,人的主体性地位和能动性完全消失了"。这种把唯物主义与主体的能动性看成绝对不能相容的观点,是完全站不住脚的。唯物主义在其发展的历史进程中确有与主体能动性相分离的阶段,但是,这并不表明唯物主义按其本性来说是排斥主体能动性的。作为唯物主义者,必须承认自然界对人的本原性;而作为辩证唯物主义者,又必须承认人对自然界的超越性和主体性。这二者是完全可以统一起来的。人既是自然界的一部分,又是作为自然界对立物而出现的主体存在物。人的主体性和能动性表现在实践中,通过实践活动而认识自然、改造自然使之不断满足主体自身的需要。人化自然、属人世界的不断扩展与拓宽,标志着人的主体能力日益增强。但是,在任何时候,主体能动性的发挥都不是不受制约的,不是无限的、绝对的,"自然界的优先地位"并不因为主体的活动而消失。人们只能顺应客体的规律性而不能违背客体的规律性,只能按客观条件办事而不能无视客体条件。尊重唯物主义不但不妨碍主体能动性的发挥,相反,正是正确发挥主体能动性的前提和基础。正如马克思所说:"对自然界的独立规律的理论认识本身不过表现为狡猾,其目的是使自然界(不管是作为消费品，还是作为生产资料）服从于人的需要。"因此，离开唯物主义而侈谈主体的能动性，在理论上只能是唯心主义的抽象的能动性，在实践中只能导致主观盲目性。

唯物主义是马克思主义哲学的一块理论基石，一旦抽掉它，整个马克思主义哲学大厦就会倒塌。正是因为这样，标榜"客观""公允""超党派"的现代资产阶级哲学总是把攻击的矛头指向唯物主义。他们曾经一百次、一千次宣告唯物主义已经被驳倒，可是直到现在，他们还在一百零一次、一千零一次地继续驳斥它。"跪着造反"的哲学修正主义者也深通此道。列宁说："在一切马赫主义者的一切著作中，像一根红线那样贯穿一种愚蠢奢望：'凌驾'于唯物主义和唯心主义之上、超越它们之间'陈旧的'对立。而事实上这帮人每时每刻都在陷入唯心主义，同唯物主义进行不断的和始终不渝的斗争。""西方马克思主义"代表人物在所谓"主客体统一论""主客体平行论""主体自由论"的旗号下，散布的仍然是对物质本体论的否定。卢卡奇说，独立于人类活动之外的客观物质现实是根本不存在的。葛兰西说，探索"独立自在"的世界是毫无意义的，他甚至武断地认为，"马克思从来没有把自己的观点称为'唯物主义的'"。列斐伏尔说："唯物主义和唯心主义都是对世界的解释，在革命实践面前，二者都是站不住脚的。"霍克海默和阿道尔诺声称：关于精神或物质第一性的争论是无意义的，无论是唯物主义还是唯心主义，都错误地把现实的一个局部片面绝对化。我在这里不厌其烦地引用这些话，无非是想证明，标榜超越唯物唯心对立的观点并不是什么新发明，而是唯心主义反对唯物主义的一种常见的遁词。唯物主义和唯心主义的对立并不是像有的同志所说的那样是什么"哲学发展一定阶段上形成的对立派别"，而是贯穿哲学发展全过程的两个基本派别，在现代也没有例外。列宁说："这方面的成千上万的错误和糊涂观念的根源就在于：人们在各种术语、定义、烦琐辞令、诡辩字眼等等的外表下，忽略了这两个基本倾向。"在今天，重提列宁的这段话，我想是不无现实意义的。

二、反映论过时了吗？反映论只能是消极的、直观的吗？

和否定本体论、唯物论相联系，一些同志对马克思主义反映论发出了种种责难，认为马克思主义的反映论与旧唯物主义的反映论没有什么本质的差别，都属于"经典认识论"，都是机械的、消极的、直观的，都不了解主体的能动性，应该用主体的选择论、建构论、重构论来代替它。这些观点不但在哲学界，而且在文艺界都有一定的影响。

有的同志认为，认识"不是客体的结构和性质在人脑中的反映"，而是"主体对客体进行改造与选择的结果"，主张用"选择论"代替反映论，说"选择论"是一种"新的世界观和方法论，是一种不同于经典辩证唯物主义哲学的现代辩证唯物主义哲学"。这种把选择与反映完全对立起来并用前者否定后者的观点，是根本错误的。"选择"对于认识的发生，当然是重要的。主体的活动是一种有计划、有目的的活动，它对客体的认识总是从一定的需要出发，对客体所提供的信息主动地进行选择，而不是被动地无选择地加以吸收。从一定意义上说，没有选择便没有认识。但是，不能夸大这种作用，不能据此否定反映论的原则。因为所谓选择是对客体所提供的信息的选择，没有客体的存在，你选择什么？而且选择的结果是否正确还要看它是否与客体的结构和性质相符合。选择不是对反映的否定，而恰恰是有选择的反映。在认识论中，反映是高层次的概念，选择是较低层次的概念。选择回答的是如何反映，而不是否定反映。否定反映论的所谓选择论，只能导致主观唯心论。实际上有的同志已经直接地走到了这一步，他们说："离开主体的选择，客观事物无任何秩序和规律可言。"这和"存在就是被感知"的贝克莱主义如何能够划清界限呢？

有的同志片面夸大重构在认识中的作用，认为重构论概括了认识的本质，而各种反映论，包括马克思主义的反映论，都是"笨拙的唯物主义认识论"，之所以是笨拙的，是因为据说它们都不了解主体在认识中的重构作用，没有从主体方面去理解认识。这种观点也是不正确的。反映论有消极反映论和能动反映论的区别，不作这种区别，把马克思主义反复强调的能动的反映论与旧唯物主义消极的反映论混同起来，然后予以批判，这是一种很不正派的学风。马克思早就说过："观念的东西不外是移入人的头脑并在人的头脑中改造过的物质的东西而已。"所谓"改造过的"不就是重构过的吗？毛泽东同志把人的头脑比作一座加工厂，说要反映事物的本质"必须经过思考作用，将丰富的感觉材料加以去粗取精、去伪存真、由此及彼、由表及里的改造制作工夫，造成概念和理论的系统"[1]。这里讲的不是关于重构的具体方法吗？问题的实质不在于是否承认重构在认识中的作用，而在于是否能够用重构论来代替和否定反映论。如果丢掉了反映论，你那个重

---

[1] 《毛泽东选集》第一卷，人民出版社 1991 年版，第 291 页。

构所需要的原材料是从哪里来的？是神灵的启示吗？是主观自生的吗？而且你重构的结果不是也要看它是否与客体实际相符合吗？否则，哪还有什么客观真理可言？

还有的同志主张用建构论代替马克思主义认识论，认为马克思主义认识论把认识仅仅理解为"由客体向主体流动"的过程，而没有理解为主客体的双向建构过程。这种指责也是没有根据的。所谓建构论，是瑞士哲学家皮亚杰提出的。它认为认识是主客体相互作用的结果，在这种相互作用中，一方面客体的物质性动作内化为主体内部大脑的认识结构；另一方面主体以原有的认知图式去组织客体经验，建立客体的知识结构。主客体这种双重建构的无限发展使主体和客体逐步趋向一致。这一学说有其合理之处。其基本思想接近于我们所说的在改造客观世界的同时改造主观世界，而主观世界的改造反过来又指导客观世界的改造。皮亚杰的局限性在于没有区别能动的反映论与消极的反映论，在阐述主客体相互作用时多次批评反映论观点，实际上批评的是消极反映论，而不是马克思主义反映论。我们有的同志不加分析，用建构论来否定马克思主义认识论，这是很错误的。主客体的相互作用既表明了主体的能动性，又表明了客体对主体的物质制约性，马克思主义的能动的革命的反映论全面地揭示了主体和客体这种唯物辩证的关系；说马克思主义只讲"客体向主体流动"，而不讲主体对客体的作用，这是对马克思主义认识论的曲解。

大谈主体的能动性而否定唯物主义反映论的思潮在文艺界也颇为流行。有的同志说文艺创作是主体的"自我表现"，是"绝对的个体心灵的再现"，是"个人精神的漫游"，主张全力开发"内宇宙"。这就从根本上否定了生活是文学艺术的源泉的唯物主义思想。如果真是照这样"表现"下去、"漫游"下去、"开发"下去，除了闭门造车、无病呻吟、胡编乱造，还能有什么结果呢？一些同志在反对反映论的同时，提出"强化主体意识""淡化生活"的口号；而在主体意识中又强调"淡化理论""淡化政治"。这样，剩下来的，就只有强化非理性、强化感觉一类的东西了，那还不走上纯粹的主观唯心主义吗？

三、"历史决定论"是机械决定论吗？它与主体的选择性、创造性不能相容吗？

同以实践的观点取代物质本体论的观点相联系，在历史观上，有的同志提出"用人的实践取代经济必然性""重构马克思主义历史观"。他们对"历史决定论""社会经济形态是一种自然历史过程"的观点提出批评，认为这是否认主体能动性的机械论的观点。有的说，社会规律"既有一定的主观性又有一定的客观性"，提出大胆"放弃凡规律都不依人的主观意志为转移（变化）的观点"。有的说，历史决定论和非决定论都是片面的，"不能把历史唯物论归结为历史决定论"，而应当"把它归结为历史选择论"。这里涉及如何理解"自然历史过程"以及历史决定论与历史选择论的关系等一系列重大问题。

"社会经济形态的发展是一种自然历史过程"这个命题是马克思在《资本论》第一卷第一版序言中明确提出的。列宁在阐明这一命题的意义时说，马克思"推翻了那种把社会看作可按长官意志（或者说按社会意志和政府意志，反正都一样）随便改变的、偶然产生和变化的、机械的个人结合体的观点"。十分清楚，它的基本思想是说，历史的发展也有其内在的规律，这种规律是不以人的主观意志为转移的客观的规律。在客观性这一点上，社会规律与自然规律是没有区别的。区别仅仅在于：自然规律的实现是盲目的、自发的，没有人参与其中的；社会规律则是人的活动的规律，是在人的有计划、有目的的活动过程中实现的。在社会的发展中，每个人都有或大或小、或正或负的作用，都在历史的进程中打上了自己意志的烙印。但是，必须看到，第一，个人意志的产生总是有一定的经济根源；第二，个人意志之间相互冲突、相互作用，最终产生一种合力，而这种合力总是服从某种经济的必然性。所以，归根结底，历史的发展不以个人意志为转移，社会经济形态的演进是一种合乎规律的自然历史过程。在这里有两个问题是应当加以区别的：一是历史活动乃是人的活动，没有人就没有历史；二是人的活动不是绝对自由的，而是受客观规律支配的。把这两个不同的问题混淆起来，从历史活动是人的主体性活动这一点推论出社会规律"既有一定的主观性又有一定的客观性"，这是一种逻辑的混乱。

那么，在历史的发展中，主体是否具有能动性、选择性、创造性呢？回答当然是肯定的。马克思主义的历史决定论推翻了所谓个人意志绝对自由的神话，正是要求正确发挥主体的能动性，它为主体的选择性、创造性的发展提供了广阔的天地。第一，自由是对必然的认识。当我们还没有认识历史必然性的时候，它是作为一种异己的力量盲目地、强制地在那里起作用；而一旦我们认识了它，我们就可以利用它来达到我们的目的。这种认识越全面、越深刻、越具体，我们就越能达到预期的目的。在这里，选择是重要的。在必然性面前有两种根本对立的选择：一种是选择符合历史必然性的正确的理论、路线、方针、政策，另一种是选择违背历史必然性的各种错误的理论、路线、方针、政策。不同的选择带来不同的结果，也就表现出个人在历史上的不同作用。所以，历史决定论并没有否定主体的能动性，而是为正确评价主体能动性提供了客观的依据。否定决定论的所谓选择论，倒恰恰是意志绝对自由论。第二，必然性总是通过偶然性表现出来。没有脱离偶然性的纯粹的、抽象的必然性。马克思说："如果'偶然性'不起任何作用的话，那末世界历史就会带有非常神秘的性质。"各种偶然出现的历史事件和历史人物，对于加速或者延缓历史发展的进程，局部地改变历史的面貌，有着十分重大的影响。正是偶然性的存在，才使历史发展的必然性表现出丰富多彩的内容，给主体创造历史的活动提供广阔的天地。就历史的必然性来说，它是客观的，什么人也改变不了的，人们对它的选择只有正确与错误之分；而就历史的偶然性来说，某一具体历史事件的发展总是表现出多种可能性，不同的具体选择既有正确与错误之分，也有最佳与次佳之分，选择性和创造性得以发挥的天地是十分广阔的。那种只承认历史发展的必然性而不承认历史发展的偶然性，并且认为在历史的必然性面前人们只是消极的被动的观点，也是错误的。例如，宿命论认为人只能听从不可知的命运的摆布，预成论把人看成只是实现某种神秘必然性的工具和傀儡。只有这种观点才能叫机械决定论。把马克思主义的历史决定论说成机械决定论，是毫无根据的。

反对夸大主体性的观点，并不意味着可以忽视主体论的研究。相反，加强这种研究是十分必要的，对于增强人们的主体意识，自觉改善主体素质，从而正确发挥主体的能动性，具有十分重大的意义。但是，这种研究决不能离开唯物主义基础，不能离开马克思主义的基本原则，正如列宁所说："沿着马克思的理论的道路前进，我们将愈来愈接近客观真理（但决不会穷尽它）；而沿着任何其他的道路前进，除了混乱和谬误之外，我们什么也得不到。"

重视并善于从哲学高度提出和解决问题*

——毛泽东理论与实践活动的一个显著特点

毛泽东同志是一位集哲学家与革命家品格于一身的杰出的历史人物。在漫长的革命生涯中，他与哲学结下了不解之缘。他不但写下了一系列杰出的哲学著作，而且在他许多政治、军事、经济、文化、外交等著作中也充满哲学的智慧。善于从哲学的高度提出问题和解决问题，是他理论与实践活动的一个显著特点。正是由于他的倡导，马克思主义哲学成为指导中国革命和建设的伟大认识工具，"变为群众手里的尖锐武器"。在全党特别是党的各级领导干部结合新的实际重新学习马克思主义哲学的今天，在广大哲学工作者为坚持和发展马克思主义哲学而奋发努力的今天，我们回顾毛泽东同志如何重视哲学，如何研究哲学，如何运用哲学，显然是有重大现实意义的。

* 本文原载于《哲学研究》1991 年第 2 期。

一、青年毛泽东的哲学追求

早在青年时代，毛泽东同志在寻求救国救民真理的道路上，就深感哲学之重要。

首先，他认为改造哲学是改造中国之本。他痛感"国人积弊甚深，思想太旧，道德太坏"，"非有大力不易摧陷廓清"。而当时的改良维新者，"俱从枝节入手，如议会、宪法、总统、内阁、军事、教育，一切皆枝节也。枝节亦不可少，惟此等枝节，必有本源。本源未得，则此等枝节为赘疣，为不贯气，为支离灭裂，幸则与本源略近，不幸则背道而驰"。他认为，"本源者，宇宙之真理"，"以大本之源为号召，天下之心其有不动者乎？天下之心皆动，天下之事有不能为者乎？天下之事可为，国家有不富强幸福者乎？"因此，他呼吁："当今之世，宜有大气量人，从哲学、伦理学入手，改造哲学，改造伦理学，根本上变换全国之思想。如此大纛一张，万夫走集；雷电一震，阴噎皆开，则沛乎不可御矣！"在这里，表明了他对哲学批判功能之认同。哲学革命历来是政治变革的前导。当时的中国迫切需要一场荡涤封建主义旧思想、旧道德的伟大思想解放运动。毛泽东同志对哲学改造的呼唤，正是体现了这样一种时代精神的要求。

其次，毛泽东同志认为哲学是人生立志之本。人生立志，即树立人生的理想，确定主体所要追求的价值目标体系。它反映主体对现实的否定性态度，凸显了主体超越现存的冲动，在人的精神世界中处于灵魂和支配地位。但是，立志应以对真理的把握为基础。"真欲立志"，"必先研究哲学、伦理学，以其所得真理，奉以为己身言动之准，立之为前途之鹄，再择其合于此鹄之事，尽力为之，以为达到之方，始谓之有志也"。在他看来，只有研究哲学，才能得到"宇宙之真理"；只有研究伦理学，才能了解人生之真谛，从而才能把握人类之前途、自身之命运，进而确定人生的理想，并在实践中努力为之奋斗。"十年未得真理，即十年无志，终身未得，即终身无志。"① 这个认识是很深刻的。因为哲学理论地再现人与世界的总体性关系，揭示外部世界的本质联系和发展趋势，为人们解决自己与外部世界的矛盾提供原则和方法，同时它以批判性的眼光对人与世界的现实关系作出价值判断，内在地蕴含着对未来的追求与构想。只有诉诸哲学的理性思考，获得宇宙人生的真理，才能使志向或理想有坚实的根基并矢志不移。

基于上述认识，毛泽东同志决心"只将全幅工夫，向大本大源处探讨"，开始大量钻研古今中外哲学著作。其视野所及，不仅遍于先秦哲学、宋明理学、明末清初哲学，而且远涉西方学术思想：英国经验论、法国启蒙思想、德国古典哲学、达尔文进化论、生命哲学、新康德主义、唯意志主义、无政府主义等。当然，不论是"国学"还是"西学"，对于中国来说都不是什么济世良方，最终都不能成为毛泽东同志救国救民理想的哲学基础。但是，这丝毫不意味毛泽东同志的这种研究是无意义的。恩格斯说："理论思维无非是才能方面的一种生来就有的素质。这种才能需要发展和培养，而为了进行这种培养，除了学习以往的哲学，直到现在还没有别的办法。"毛泽东同志早年的哲学研究，不仅使他受到哲学的熏陶，经受了严格的哲学训练，锻炼了较高的哲学思维能力，

---

① 《毛泽东早期文稿》，人民出版社 1990 年版，第 87 页。

而且正是通过对各种哲学流派是非曲直的比较之后，一旦选择了马克思主义，便矢志不移，坚定地沿着这条道路走下去。正如他自己所说："我一旦接受了马克思主义是对历史的正确解释以后，我对马克思主义的信仰就没有动摇过。"在筹备建党的过程中，他十分明确地提出："唯物史观是吾党哲学的根据。"①

二、对中国革命经验的哲学总结

毛泽东同志大约于 1920 年冬至 1921 年春实现了世界观的马克思主义转变。此后，他便以马克思主义哲学为指导，分析中国社会，指导中国革命。但是，由于我党建立以后很快投入迅速高涨的革命实践活动，不久又转移到农村开展武装斗争，全党包括毛泽东同志在内来不及从容地进行系统的马克思主义理论准备。毛泽东同志清醒地认识到这一点。他在 1929 年 11 月 28 日致中央的信中，一方面提出"党员理论常识太低，须赶急进行教育"；另一方面，他自己也痛感对马列主义有一种饥荒感，恳请中央"将党内出版物（《布报》《红旗》《列宁主义概论》《俄国革命运动史》等）"寄来，另"请购书一批"，说"我们望得书报如饥如渴"。1932 年 4 月，红军攻下漳州，没收了一批书，其中包括恩格斯的《反杜林论》、列宁的《社会民主党在民主革命中的两种策略》《共产主义运动中的"左派"幼稚病》等。对这些书，毛泽东同志爱不释手，虽戎马倥偬，仍反复阅读。如后来毛泽东同志曾对一个外国代表团所说，他"是在马背上学的马列主义"。

陈独秀的右倾机会主义和王明的"左"倾冒险主义使中国革

---

① 《毛泽东书信选集》，人民出版社 1983 年版，第 15 页。

命遭受了严重挫折。红军长征到达陕北之后，全党面临总结历史经验，重新认识中国革命的任务。毛泽东同志认为，"一切大的政治错误没有不是离开辩证唯物论的"。总结经验，必须提到哲学世界观和方法论的高度。因此，这一时期，毛泽东同志集中研究了马克思主义哲学。经他阅读、圈划并作了批注的马列著作，现在保存下来的就有《资本论》《社会主义从空想到科学的发展》《列宁选集》《国家与革命》等。此外，他还读了苏联和中国马克思主义哲学家所写的许多哲学著作。斯诺在《西行漫记》中曾有这样的记载："毛泽东是个认真研究哲学的人。我有一阵子每天晚上都去见他，向他采访共产党的党史，有一次一个客人带了几本哲学新书来给他，于是毛泽东就要求我改期再谈。他花了三四夜的工夫专心读了这几本书，在这期间，他似乎是什么都不管了。"

在延安时期，毛泽东同志研究哲学的一个显著特点，是联系总结中国革命的历史经验，端正党的思想路线，反对主观主义。对于重大的理论和实际问题，对于党内路线上、原则上的分歧，他总是提高到哲学上去加以分析。1935年发表的《论反对日本帝国主义的策略》一文，从政治路线上总结经验，反对王明"左"倾冒险主义政治路线，同时贯穿深刻的哲学分析，批判了那种"认为圣经上载了的才是对的""山沟里没有马克思主义"的主观主义思想路线。1936年12月发表的《中国革命战争的战略问题》一文，是从军事路线上总结经验，反对王明"左"倾冒险主义军事路线的，但是，毛泽东同志首先提出的仍然是思想路线、思想方法的问题，强调研究战争"应该着眼其特点和着眼其发展，反对战争问题上的机械论"。1937年的《实践论》和《矛盾论》，更是系统地从哲学高度清算了党内的主观主义，特别是教条主义，从认识论和辩证法两个方面总结了马克思主义普遍真理同中国革命具体实践相结合的历史经验，对这种"结合"的必要性作了充分的哲学论证，对否认"结合"的主观主义作了深刻的哲学批判，对如何实现"结合"在方法论上作出了系统的总结。《实践论》系统地阐述了实践在认识中的基础地位和作用，指出实践是认识的源泉、是认识发展的动力、是检验认识的标准、是认识的目的，从而以实践为基础形成了一个完整的认识论的理论体系，极大地丰富和发展了马克思主义认识论。《矛盾论》系统地阐述了辩证法的实质和核心——对立统一规律，创造性地提出矛盾的普遍性和特殊性的关系问题是矛盾问题的精髓，对矛盾的特殊性作了详尽的分析，包括不同物质运动形式矛盾的特殊性、不同运动过程矛盾的特殊性、矛盾地位的特殊性、矛盾斗争形式即对抗与非对抗的特殊性，等等，形成了一个具体分析复杂矛盾的逻辑体系，极大地丰富和发展了马克思主义辩证法。在经过这一系列准备之后，开展了1942年的延安整风运动，大规模地、深入地在全党总结历史经验，学习马克思主义，反对主观主义，最终在全党确立了一条实事求是的思想路线，实现了全党在思想上的高度统一、组织上的高度团结，为中国新民主主义革命的最后胜利奠定了坚实基础。

三、在实践中运用马克思主义哲学的典范

马克思主义哲学不只是黄昏起飞的密纳发的猫头鹰，更是报晓的雄鸡。它帮助人们对实践经验作出理性的反思，目的是指导人们解决实践中出现的各种新问题。毛泽东同志充分发挥马克思

主义哲学实践性的特点，在更大的规模上和更深刻的程度上实现了哲学同实践的结合，提供了在实践中运用和发展马克思主义哲学的光辉范例。例如：

关于军事哲学思想。毛泽东同志运用马克思主义哲学指导战争，写下了《中国革命战争的战略问题》《抗日游击战争的战略问题》《论持久战》《战争和战略问题》等一系列著作，提出了一整套关于人民战争、人民军队和进行人民战争的战略战术等光辉理论，把哲学和军事科学熔于一炉，极大地丰富了马克思主义哲学和军事科学。特别是其中关于依靠人民群众进行战争，关于战争的一般规律与特殊规律，关于在战争中发挥符合客观实际的自觉能动性，关于进攻与防御、持久与速决、内线与外线的辩证关系，关于军事战略转变等论述，都具有极为深刻的哲理性，我们在今天仍然可以感受到它们蕴含的巨大智慧和力量，从中可以学到许多具有普遍意义的方法论原则。

关于政策和策略的辩证法。由于中国社会阶级矛盾的复杂性，敌人营垒的四分五裂和各个时期阶级关系的不断变动，毛泽东同志强调，必须把原则性与灵活性统一起来，在对敌斗争和统一战线中实行正确的政策和策略。在《论反对日本帝国主义的策略》《目前抗日统一战线中的策略问题》《论政策》《关于目前党的政策中的几个重要问题》《不要四面出击》《关于帝国主义和一切反动派是不是真老虎的问题》等著作中，科学阐明：弱小的革命力量在变化着的主客观条件下能够最终战胜强大的反革命力量；在战略上藐视敌人，在战术上重视敌人；掌握斗争的主攻方向，不要四面出击、两个拳头打人；对敌人区别对待、分化瓦解，利用矛盾、争取多数、反对少数、各个击破；对同盟者一要率领他们向着共同的敌人进行坚决斗争并取得胜利，二要给他们以物质利益，至少不损害其利益，同时给以政治教育，等等。这些都体现了极为生动的辩证思想，在今天仍有重大的现实指导意义。

关于思想方法和工作方法的理论。在长期的革命实践中，毛泽东同志运用马克思主义哲学总结领导工作经验，创造了一系列极其丰富、具有中国共产党人特色的思想方法、工作方法，对马克思主义哲学作出了重大贡献。其代表性著作如《反对本本主义》《关心群众生活，注意工作方法》《关于领导方法的若干问题》《党委会的工作方法》《工作方法六十条》等，就其思想内容的丰富性、系统性和新颖性来说，是前所未有的。他用极其简明、通俗的语言阐明了诸如一切从实际出发、实事求是、调查研究；两分法、重点论；从群众中来，到群众中去；独立自主，自力更生；理论和实际相结合、一般号召和个别指导相结合、领导和群众相结合；解剖麻雀，一切经过试验和试点；具体问题具体分析，承认差别，区别对待，分类指导；抓好典型，带动一般；统筹兼顾，"弹钢琴"；要胸中有数，作基本的数量分析；波浪式发展，自觉走曲折前进的道路，以及阶级分析的方法等，可以说把马克思主义哲学从方法论的角度作了全面的发挥，形成了一个完整、系统的科学方法论的理论体系。这对于我们正确地制定和执行党的路线、方针、政策，对于改进领导作风，提高领导艺术，卓有成效地开展各项工作，具有十分重大的意义。

四、强调既要坚持又要发展马克思主义哲学

毛泽东同志一贯坚持用辩证的观点对待马克思主义哲学，强

调既要坚持它的基本原理，又要根据新的实践去加以补充、丰富和发展。他说："马克思、恩格斯、列宁的书，必须读，这是第一。但是任何国家的共产党人，任何国家的无产阶级的思想界，都要创造新的理论，写出新的著作，产生自己的理论家，来为当前的政治服务。"对待自己的哲学思想，毛泽东同志也完全采取这种科学的态度，他说："我们在第二次国内革命战争末期和抗战初期写了《实践论》和《矛盾论》，这些都是适合于当时需要不能不写的。现在我们已经进入社会主义时代，出现了新的一系列问题，如果不适应新的需要，写出新的著作，形成新的理论，也是不行的。"正是因为这样，中华人民共和国成立以后，毛泽东同志仍一如既往地钻研哲学，视野不断拓宽，研究不断深入。

在马列著作的学习中，毛泽东同志始终把哲学放在重要的地位，认为在马克思主义的三个组成部分中基础的东西是马克思主义哲学。1959 年底和 1960 年初，他在读苏联《政治经济学教科书》的谈话中说：没有哲学头脑的作家，要写出好的经济学来是不可能的。"马克思能够写出《资本论》，列宁能够写出《帝国主义论》，因为他们同时是哲学家，有哲学家的头脑，有辩证法这个武器。"在研究马列哲学著作的同时，他还广泛地阅读古今中外的各类哲学书，包括《六祖坛经》《般若波罗蜜多心经》《法华经》等宗教唯心主义的书。他 1957 年在省市自治区党委书记会议上说："不懂得唯心主义和形而上学，没有同这些反面的东西作过斗争，你那个唯物主义和辩证法是不巩固的。"此外，他还经常阅读《哲学研究》《光明日报》《新建设》《文史哲》《学术月刊》《自然辩证法研究通讯》等报刊上的哲学论文，密切关注哲学研究动向，努力吸收哲学研究的新成果。

　　出于探讨社会主义社会矛盾的需要，毛泽东同志对矛盾理论不断进行新的探索。1958年后，我国哲学界展开了关于矛盾同一性与斗争性、思维与存在是否具有同一性等问题的讨论。毛泽东同志对此十分关注，凡属这方面的重要文章，几乎都要看。1958年6月24日，他还专门邀集一些同志讨论《对矛盾的统一性的一点意见》一文。1960年11月12日，他看到当天《人民日报》刊登的关于矛盾同一性和斗争性的讨论综述，当即要秘书把文中提到的分别刊登在各种报刊上的文章找来看。他对苏联哲学界讨论社会主义社会矛盾也很关注，看了不少这方面的文章。

　　同毛泽东同志一贯重视哲学的方法论功能有关，逻辑学作为研究思维规律的科学，也一直为他所关注。中华人民共和国成立后，他看了不少这方面的著作。20世纪50年代我国哲学界关于逻辑学的讨论，引起毛泽东同志的很大兴趣，1957年4月，他邀请逻辑学界、哲学界人士到中南海颐年堂专门就讨论中提出的问题进行座谈。类似的座谈会后来还举行过多次。

　　鉴于科学技术在实现现代化建设中的重要地位，毛泽东同志的视野扩大到自然科学的许多领域，如天文、地质、生命、物理等学科，着力探讨自然科学中的哲学问题，特别是对物质结构问题发表过十分深刻的见解。早在1955年1月，毛泽东同志就提出了"质子、中子是由什么组成的"的问题，并认为，"质子、中子、电子还应该是可分的，一分为二，对立统一嘛！现在实验上虽然还没有证明，将来实验条件发展了，将会证明它们是可分的"。1963年，《自然辩证法研究通讯》发表日本物理学家坂田昌一的《基本粒子的新概念》一文，毛泽东同志看了很感兴趣，在1964年多次找哲学和自然科学工作者讨论坂田的文章，从微观世界谈到宏观世界，从基本粒子谈到天体起源，谈到人的认识的局限性，谈到宇宙的无穷大和物质无限可分。他强调，世界上一切都在变，物理学也在变，牛顿力学也在变。世界上从原来没有牛顿力学到有牛顿力学，以后又从牛顿力学到相对论，这本身就是辩证法。毛泽东同志这些独到的见解在国际物理学界引起很大反响。1964年，坂田曾说，可惜他原来不知道毛泽东同志曾经多次讲过这些意见，如果早知道，他的文章一定会引用的。1977年，在夏威夷举行的第七次国际粒子物理讨论会上，诺贝尔物理学奖获得者、美国物理学家格拉肖提议将构成物质的各种假设的组成部分命名为"毛粒子"，"纪念已故的毛主席，因为他一贯主张自然界有更深的统一"。

当然，中华人民共和国成立以后，毛泽东哲学研究最重要的新成果还是他关于社会主义社会矛盾的理论。他继承和发挥了列宁关于"在社会主义条件下，对抗消灭了，矛盾存在着"的思想，批判了国内外否认社会主义社会仍然存在矛盾的错误思想，明确提出，社会主义社会也充满矛盾，一万年以后仍然有矛盾，并明确地把生产力与生产关系、经济基础与上层建筑的矛盾概括为社会主义社会的基本矛盾，区别了这一基本矛盾在社会主义社会与旧社会的不同性质和情况。特别是创立了社会主义社会两类不同性质矛盾学说，把正确处理人民内部矛盾确定为社会主义时期党和国家政治生活的主题，等等。所有这些，都以崭新的科学思想开拓了辩证法理论研究的新领域，进一步丰富和发展了马克思主义辩证法。

五、重视对干部、群众进行哲学教育

毛泽东同志一向十分重视对广大干部、群众进行马克思主义哲学教育。早在 1937 年，他在一个讲课提纲中就指出：如果辩证法唯物论被中国无产阶级、共产党及一切愿意站在无产阶级立场的人们和广大革命分子所采取的话，那么，他们就得到了一种最正确和最革命的宇宙观和方法论，他们就能够正确地了解革命运动的发展变化，提出革命的任务，团结自己的同盟者的队伍，战胜反动的理论，采取正确的行动，避免工作的错误，达到解放中国与改造中国的目的。他尤其强调："辩证法唯物论对于指导革命运动的干部人员，尤属必修的科目。"正是基于这样一种认识，在延安时期，他刻苦钻研哲学的同时，大力组织其他领导同志和干部一起学哲学。1937 年 7 月至 8 月，毛泽东同志撰写《实践论》《矛盾论》，并于同年在抗大为学员讲授马克思主义哲学。大约在这一年的年底，他在自己办公的窑洞里每周主持一次有七八人参加的哲学座谈会。1938 年，他又倡导发起成立延安新哲学会，由该会组织翻译哲学书籍，编写哲学教材，举办哲学报告会、讨论会。1941 年 9 月，中央为了总结党的历史经验，成立了由党的高级干部参加的中央研究组和高级研究组，毛泽东同志提出，各研究组研究理论"暂时以研究思想方法论为主"，并开列了具体学习书目。在他的倡议下，当时编辑出版了《马恩列斯思想方法论》一书，作为"干部必读"的 12 本书之一。

中华人民共和国成立初期，为了确立马克思主义世界观在我国的指导地位，毛泽东同志提出，对知识分子，要团结使用他们，同时对他们进行教育和改造。要让他们学社会发展史、历史唯物论等几门课程。通过这种学习，宣传劳动创造世界、人民群众创造历史以及阶级和阶级斗争等历史唯物主义观点，使知识界受到一次普遍的马克思主义启蒙教育。随后，毛泽东同志又将《实践论》《矛盾论》重新整理并在《人民日报》上公开发表，推动了全国范围包括广大知识分子和工农兵在内的马克思主义认识论与辩证法的学习。他曾经提议，要在党的政治局会议和中央委员会以及各地方委员会上结合实际讲哲学，使马克思主义哲学真正成为无产阶级及其政党认识世界和改造世界的工具。1963 年，毛泽东同志发出号召："让哲学从哲学家的课堂上和书本里解放出来，变为群众手里的尖锐武器。"对于结合实际运用哲学的先进事例，他总是热情地给予鼓励。如他看了徐寅生的《关于如何打乒乓球》一文，曾称赞"全文充满了辩证唯物论"，是一篇"好作品"。

为了在干部、群众中普及哲学，毛泽东同志很重视哲学通俗读物。他几次提到艾思奇的《大众哲学》。1936 年 10 月 22 日，他给当时在西安的叶剑英、刘鼎去信，要他们"买一批通俗的社会科学自然科学及哲学书"，"例如艾思奇的《大众哲学》"，"作为学校与部队提高干部政治文化水平之用"。新中国成立后，他在给李达的信中一再强调，要"用通俗的言语宣传唯物论"，"这是广大工作干部和青年学生的迫切需要"。要写"通俗易懂"的哲学文章，"使一般干部能够看懂"，"使成百万的不懂哲学的党内外干部懂得一点马克思主义的哲学"。

邓小平理论的精髓*

邓小平理论作为一个完整的科学体系，贯穿一条科学的思想路线，这就是解放思想、实事求是的思想路线。江泽民同志说："解放思想，实事求是，是建设有中国特色社会主义理论的精髓。"所谓精髓，就是贯穿一切的东西。它贯穿于邓小平理论的各个方面，又贯穿于这一理论形成、发展的全过程。不深刻理解和把握这个精髓，就不能正确和深刻理解整个邓小平理论，更谈不上在实践中正确贯彻和发展这一理论。因此，学习和领会解放思想、实事求是的思想路线，应当成为我们学习邓小平理论的一个重点。

一、解放思想、实事求是思想路线的重新确立

国际共产主义运动的历史证明，只有坚持马克思主义辩证唯物主义和历史唯物主义的思想路线，无产阶级政党才能制定和贯彻正确的政治路线与组织路线、正确的战略与策略、正确的方针

---

* 本文原载于《邓小平思想理论大辞典》，上海辞书出版社 1994 年版。

与政策，才能形成科学的思想作风与工作作风，才能引导革命和建设事业走上胜利的途径。

在中国民主革命的长期实践中，毛泽东同志率领我们党总结正反两方面的历史经验，为我们党确立了具有中国共产党人特色的马克思主义思想路线——实事求是的思想路线，引导中国民主革命取得了伟大胜利，进而在中国建立起社会主义制度。

在20世纪50年代，中国面临建设社会主义的崭新的历史任务。在经济文化比较落后的条件下建设社会主义，这个任务是很特殊、很困难的。毛泽东同志领导我们又一次进行艰苦的探索。在这个过程中，提出过许多宝贵的思想，取得了许多重大的成就，但是，也犯了许多的错误。特别是犯了"文化大革命"那样全局性的、长时间的"左"的错误。所以，粉碎"四人帮"以后，全党全国人民强烈要求纠正毛泽东同志晚年的错误，拨乱反正，重新进行新的探索。在这种情况下，遇到了阻力，这个阻力，就是当时中央"两报一刊"社论提出的"两个凡是"："凡是毛主席作出的决策，我们都坚决维护；凡是毛主席的指示，我们都始终不渝地遵循。""两个凡是"的实质，就是要继续坚持毛泽东同志晚年的"左"的错误。在这个关系到中国社会主义前途命运的重大历史关头，邓小平同志以彻底唯物主义的革命胆略和科学态度，批判"两个凡是"的错误思想，支持和领导了实践是检验真理唯一标准问题的大讨论，从而为我们党重新确立了解放思想、实事求是的思想路线。

（一）批判"两个凡是"的错误思想

"两个凡是"思想一提出，邓小平同志就针锋相对、旗帜鲜明地指出："'两个凡是'不符合马克思主义。"其之所以不符合马克思主义，他认为：

1. "一个人讲的每句话都对，一个人绝对正确，没有这回事情。""毛泽东同志自己多次说过，他有些话讲错了。他说，一个人只要做工作，没有不犯错误的。又说，马恩列斯都犯过错误，如果不犯错误，为什么他们的手稿常常改了又改呢？改了又改就是因为原来有些观点不完全正确，不那么完备、准确嘛。"所以，不论什么人，包括毛泽东同志在内，讲过的话、做过的事，对与不对，都要在实践中加以检验。对领袖人物的话是采取实事求是的态度，还是采取"两个凡是"的态度，这不是一个小问题，而是一个"重要的理论问题，是个是否坚持历史唯物主义的问题"，在这个问题上，我们应当像毛泽东同志那样，做一个"彻底的唯物主义者"。他用大量事实说明，不破除个人崇拜和"两个凡是"的思想禁锢，就不能纠正"左"的错误，例如："按照'两个凡是'，就说不通为我平反的问题，也说不通肯定一九七六年广大群众在天安门广场的活动'合乎情理'的问题。"又例如：1971年《全国教育工作会议纪要》讲了所谓"两个估计"，即"文化大革命"前十七年教育战线是资产阶级专了无产阶级的政，是"黑线专政"，知识分子的大多数世界观基本上是资产阶级的，是资产阶级知识分子。这份纪要毛泽东同志是画了圈的。但是，"毛泽东同志画了圈，不等于说里面就没有是非问题了"。事实证明，"'两个估计'是不符合实际的。怎么能把几百万、上千万知识分子一棍子打死呢？"针对当时教育部背着"两个凡是"的包袱，不为知识分子讲话的情况，他提出："教育部要思想解放……过去讲错了的，再讲一下，改过来。拨乱反正，语言要明确，含糊其词不行，解决不了问题。"① 在这里，邓小平同志提出了"拨乱反正"的任务。所谓拨乱反正，既包括对林彪、"四人帮"谬论的拨乱反正，也包括对毛泽东同志晚年错误的拨乱反正。

2. 即使是正确的话，也有一定的适用范围。"把毛泽东同志在这个问题上讲的移到另外的问题上，在这个地点讲的移到另外的地点，在这个时间讲的移到另外的时间，在这个条件下讲的移到另外的条件下，这样做，不行嘛！"在这里，邓小平同志坚持了真理的具体性原则，强调对于任何真理都应当把它放到一定的条件下去加以理解，如果离开了具体的时间、地点、条件，到处搬用，真理就必定转化为谬误。

3. 毛泽东思想是个科学体系，无论就总体来说还是就某一领域来说，其中各个观点、原理之间都有内在的联系，必须把它作为一个整体来加以把握，不能抓住一两句话断章取义，任意加以割裂和歪曲。早在 1975 年邓小平同志就指出："毛泽东思想有丰富的内容，是完整的一套，怎么能够只把'老三篇'、'老五篇'叫做毛泽东思想，而把毛泽东同志的其他著作都抛开呢？怎么能够抓住一两句话，一两个观点，就片面地进行宣传呢？"1977年，他又提出，要完整、准确地理解毛泽东思想，用毛泽东思想体系指导全党、全军、全国的工作。他说："毛泽东同志在这一个时间，这一个条件，对某一个问题所讲的话是正确的，在另外一个时间，另外一个条件，对同样的问题讲的话也是正确的；但是在不同的时间、条件对同样的问题讲的话，有时分寸不同，着重

---

① 《邓小平文选》第二卷，人民出版社 1994 年版，第 71 页。

点不同，甚至一些提法也不同。所以我们不能够只从个别词句来理解毛泽东思想，而必须从毛泽东思想的整个体系去获得正确的理解。"他举出一系列例子加以说明，譬如，关于文艺方针，毛泽东同志说，要古为今用，洋为中用，百花齐放，推陈出新。这是很完整的。可是现在百花齐放不提了，没有了，这就是割裂。又如，毛泽东同志讲阶级斗争、生产斗争、科学实验是三项基本社会实践，现在却把科学实验割裂出来了，而且讲都怕讲，讲了就是罪，这怎么行呢？为此，他建议除了做好毛泽东同志著作的整理出版工作之外，"做理论工作的同志，要花相当多的功夫，从各个领域阐明毛泽东思想的体系。要用毛泽东思想的体系来教育我们的党，来引导我们前进"。

4. 每个人都不可能穷尽真理，毛泽东思想也需要随着实践的发展而发展。要研究新情况，总结新经验，创造新理论。"如果我们只把过去的一些文件逐字逐句照抄一通，那就不能解决任何问题，更谈不到正确地解决什么问题。"邓小平同志说，就军队来说，由长期的战争环境转入和平环境，就是一个很大的不同。我们政治工作的根本任务、根本内容没有变，我们的优良传统也还是那一些。但是时间不同了，条件不同了，对象不同了，因此解决问题的方法也不同。我们现在要实现现代化，有好多条件，毛泽东同志在世的时候没有，现在有了。毛泽东同志在世的时候，我们也想扩大中外经济技术交流，包括同一些资本主义国家发展经济贸易关系，甚至引进外资、合资经营等，但是那时候没有条件，人家封锁我们。后来"四人帮"搞得什么都是"崇洋媚外""卖国主义"，把我们同世界隔绝了。毛泽东同志关于三个世界划分的战略思想，给我们开辟了道路。经过努力，有了今天这样比过去好得多的国际条件，使我们能够吸收发达国家的先进技术和经营管理经验，吸收他们的资金。这是毛泽东同志在世的时候所没有的条件。如果毛泽东同志没有说过的我们都不能干，现在就不能实行对外开放政策。在实现现代化的过程中，必然会出现许多我们不熟悉的、预想不到的新情况和新问题，如果书上没有的，文件上没有的，领导人没有讲过的，就不敢多说一句话，多做一件事，一切照抄照搬照转，那就什么事情也做不成，"不打破思想僵化，不大大解放干部和群众的思想，四个现代化就没有希望"。

（二）支持和领导实践是检验真理唯一标准问题大讨论

1978 年 5 月，中共中央党校《理论动态》和《光明日报》发表的《实践是检验真理的唯一标准》一文，引发了全国范围的关于真理标准问题的大讨论。这场讨论，反映了党内外同志渴望纠正"左"的错误、开创社会主义建设新局面的迫切愿望，但也受到坚持"两个凡是"观点的一些人的阻挠和压制。他们认为，坚持实践标准是指向毛泽东同志的，是"砍旗""丢刀子"。在两条思想路线斗争的关键时刻，邓小平同志发表一系列重要讲话，支持和领导这场大讨论，把这场讨论不断地引向深入，推动了全党和全国人民思想的大解放。

1. 他坚定地重申，实践是检验真理唯一标准的观点，是一个马克思主义观点。"我们开会，作报告，作决议，以及做任何工作，都为的是解决问题"，而"解决问题，究竟是否正确或者完全正确，还需要今后的实践来检验"。他批评某些同志天天讲毛泽东思想，却往往忘记、抛弃甚至反对毛泽东同志的实事求是、一切从实际出发、理论与实践相结合这样的马克思主义的根本观点、根本方法。不但如此，有的人还认为谁要是坚持这一根本观点、根本方法，谁就是犯了弥天大罪。"他们提出的这个问题不是小问题，而是涉及怎么看待马列主义、毛泽东思想的问题。"他引述毛泽东同志从建党初期到1963年反复阐述的关于实践是检验真理的唯一标准、理论一定要同实践相结合等一系列观点，有力地反驳了所谓坚持实践标准是"砍旗"等谬论，支持了这场意义深远的哲学大讨论。

2. 他尖锐地指出了真理标准争论的实质。1978年9月16日，他在听取吉林省委常委汇报工作时说，现在对理论要通过实践来检验这个问题还要引起争论，"可见思想僵化"，根本问题是"违反毛泽东同志实事求是的思想，违反辩证唯物主义、历史唯物主义的原理，实际上是唯心主义和形而上学的反映"。这种所谓高举毛泽东思想旗帜，实际上是"形式主义的高举，是假的高举"。1979年7月29日，他在接见海军党委常委扩大会议全体同志的讲话时，又一次强调，真理标准的讨论"实质就在于是不是坚持马列主义、毛泽东思想"。这就从哲学上和政治上一针见血地指出了反对实践标准观点的实质。

3. 他深刻地揭示了真理标准争论的重大而深远的历史意义。他说，这场讨论"很有必要，意义很大"，"实际上也是要不要解放思想的争论"，"一个党，一个国家，一个民族，如果一切从本本出发，思想僵化，迷信盛行，那它就不能前进，它的生机就停止了，就要亡党亡国……从这个意义上说，关于真理标准的争论，的确是个思想路线问题，是个政治问题，是个关系到党和国家的前途和命运的问题"。因此，他把这场讨论作为一项基本的思想建设，要求包括基层在内的全国各条战线都要广泛地开展讨论，使这场讨论成为一次普遍的马克思主义教育运动，使全国人民在思想上来一个大解放。

（三）全面阐述党的思想路线的科学内涵和重大意义

实事求是的思想路线是毛泽东同志为我们党确立起来的。后来的得而复失，使全党和全国人民受到极为深刻的教育。在新的历史条件下，邓小平同志率领全党，在同个人崇拜和教条主义的斗争中，在总结国内外社会主义历史经验的基础上，重新确立并发展了这条思想路线，全面地揭示了它在马列主义、毛泽东思想体系中的重要地位和丰富内容，以及它对于社会主义建设的伟大指导作用。

1. 科学地概括了"实事求是"在整个马列主义、毛泽东思想体系中的重要地位。我们党有个很大的优点，就是有一个新的科学世界观作为理论的基础。这个新的科学世界观就是辩证唯物主义和历史唯物主义。它是整个马克思主义理论的哲学基础。马克思正是以这个科学的世界观和方法论为指导，具体分析了资本主义的生产方式，才创立了剩余价值学说，进而创立了科学社会主义。不懂得马克思主义哲学就不可能理解整个马克思主义；我们学习马克思主义首先应当掌握它的"根本观点，根本方法"。毛泽东同志把这个"根本观点，根本方法"概括为"实事求是"四个大字，在他的全部科学著作中，都体现着实事求是的精神，即一切从实际出发、理论同实际相结合。可以说，毛泽东同志关于政治、军事、经济、外交、思想文化、党的建设等各个领域的科学思想都是把马克思主义普遍真理同我国具体实际相结合的产物，都是实事求是思想路线的产物。邓小平同志深得马列主义、毛泽东思想的真谛，他反复指出，实事求是是马克思主义的思想基础，是马克思主义的精髓，是毛泽东思想的精髓。尽管毛泽东同志在晚年一段时间里离开了实事求是这条思想路线，但是，这条正确的思想路线还是他为我们确立的，而且在他领导革命的大部分时间里是坚持了这条思想路线的。在博大精深的马列主义、毛泽东思想体系中，邓小平同志明确指出实事求是是它的基础和精髓，这就抓住了问题的根本，对于我们学习和运用马列主义、毛泽东思想有极为重要的指导意义。

2. 全面阐述了实事求是思想路线的丰富内容。在延安整风运动中，毛泽东同志针对当时党内的主观主义特别是教条主义，把实事求是解释为理论联系实际，在马克思主义指导下，从实际出发，研究事物发展的客观规律，以作为我们行动的向导。在新的历史条件下，邓小平同志坚持了这一思想，并针对"两个凡是"、思想僵化的错误，进一步揭示了实事求是思想路线的丰富内容。1979 年 7 月 29 日，他在接见海军党委常委扩大会议全体同志的讲话中说："就全国范围来说，就大的方面来说，通过实践是检验真理唯一标准和'两个凡是'的争论，已经比较明确地解决了我们的思想路线问题，重新恢复和发展了毛泽东同志倡导的实事求是、理论联系实际、一切从实际出发的思想路线。这是很重要的。"[1] 根据这个思想，党的十二大通过的党章对党的思想路线作了如下规定："党的思想路线是一切从实际出发，理论联系实际，实事求是，在实践中检验真理和发展真理。"这个概括完整

---

[1] 《邓小平文选》第二卷，人民出版社 1994 年版，第 190 页。

地体现了马克思主义认识论的基本思想，提出了正确处理主观与客观、理论与实际、认识与实践的基本原则。特别是第一次明确地把"在实践中检验真理和发展真理"作为党的思想路线的一个重要组成部分，这是对真理标准讨论成果的概括，也是对克服长期存在的个人崇拜、教条主义、思想僵化的历史经验的一个科学总结。它以更加完备的理论形态为全党所接受，对于统一全党思想，提高全党贯彻执行现阶段党的基本路线的自觉性，增强反对错误倾向的能力，在实践中坚持和发展马克思主义，具有极为深远的历史意义。

3. 科学地阐述了实事求是与解放思想的一致性。邓小平同志说："解放思想，就是使思想和实际相符合，使主观和客观相符合，就是实事求是。""我们讲解放思想，是指在马克思主义指导下打破习惯势力和主观偏见的束缚，研究新情况，解决新问题。"坚持实事求是之所以要解放思想，邓小平同志说，是因为长期以来教条主义和个人崇拜盛行，民主集中制受到破坏，管理上功过不清、赏罚不明，以及小生产习惯势力影响造成思想僵化或半僵化。思想一僵化，条条框框就多起来了，随风倒的现象就多起来了，不从实际出发的本本主义就严重起来了。因此，拨乱反正需要解放思想，全面改革需要解放思想，建设中国特色社会主义的全过程都需要解放思想。"解放思想，开动脑筋，实事求是，团结一致向前看，首先是解放思想。只有思想解放了，我们才能正确地以马列主义、毛泽东思想为指导，解决过去遗留的问题，解决新出现的一系列问题，正确地改革同生产力迅速发展不相适应的生产关系和上层建筑，根据我国的实际情况，确定实现四个现代化的具体道路、方针、方法和措施。"没有解放思想，就没有实事求是，解放思想的目的在于实事求是。因此，我们必须把二者统一起来，而不能对立起来。

4. 深刻地阐述了坚持实事求是思想路线对于制定和坚持正确政治路线的意义。邓小平同志从思想路线与政治路线的关系进一步阐明了坚持实事求是的重大意义。他说："思想路线问题，是个政治问题，是个关系到党和国家的前途和命运的问题"，"过去我们搞革命所取得的一切胜利，是靠实事求是；现在我们要实现四个现代化，同样要靠实事求是"。没有实事求是的科学态度，毛泽东同志不可能开辟出一条农村包围城市的有中国特色的革命道路，在今天也不可能提出有中国特色的建设社会主义道路。他说，搞四个现代化是我们的政治路线，而思想路线"是确定政治路线的基础"，"不解决思想路线问题，不解放思想，正确的政治路线就制定不出来，制定了也贯彻不下去"，"正确的政治路线能不能贯彻实行，关键是思想路线对不对头"。党的十一届三中全会以来的历史充分证明这些论断的正确性。正是实事求是思想路线的重新确立，我们才有可能真正纠正过去"以阶级斗争为纲"的"左"的错误，把工作中心转移到经济建设上来；正是这条思想路线的深入贯彻，我们才不断提出一系列改革开放的新政策，才逐步形成了"一个中心、两个基本点"的基本路线。

二、解放思想、实事求是思想路线在改革开放和社会主义现代化建设中的深入贯彻

对"两个凡是"的批判，起初主要是为了纠正"文化大革命"的"左"的错误。随着解放思想、实事求是思想路线的重新确立，

随着拨乱反正的深入开展，随着对中华人民共和国成立以来历史经验的全面总结，以及对世界社会主义历史经验的思考，逐步提出了对社会主义进行再认识的任务。解放思想、实事求是的思想路线在全面改革和社会主义现代化建设中得到深入贯彻。

（一）破除僵化的社会主义模式观念，坚持走自己的道路

在国际共产主义运动中，长期以来形成一种僵化的社会主义模式观念。苏联在 20 世纪 30 年代建立起来的那种权力过分集中的社会主义体制被凝固化、神圣化，认为坚持那一套东西，就是坚持社会主义；违背了那一套东西，就是违背了社会主义。这种状况，严重束缚了人们的思想，使社会主义制度的优越性不能得到充分发挥。对此，毛泽东同志早有察觉。1956 年，他在《论十大关系》一文中说："最近苏联方面暴露了他们在建设社会主义过程中的一些缺点和错误，他们走过的弯路，你还想走？过去我们就是鉴于他们的经验教训，少走了一些弯路，现在当然更要引以为戒。"但是，由于历史的局限和毛泽东同志晚年的错误，他提出了探索中国自己建设社会主义道路的任务，却没有能够完成这个任务。

在新的历史条件下，邓小平同志重新提出并正确地解决了这个问题。他指出，革命和建设都要走自己的路。我们过去的政治体制"是从苏联模式来的。看来这个模式在苏联也不是很成功的。即使在苏联是百分之百的成功，但是它能够符合中国的实际情况吗？""在革命成功后，各国必须根据自己的条件建设社会主义。固定的模式是没有的，也不可能有。"他联系中国革命的历史经验，说："过去搞民主革命，要适合中国情况，走毛泽东

同志开辟的农村包围城市的道路。现在搞建设，也要适合中国情况，走出一条中国式的现代化道路"，"中国式的现代化，必须从中国的特点出发"。在党的十二大的开幕词中，他第一次明确地提出了"建设有中国特色的社会主义"这个新概念，指出："我们的现代化建设，必须从中国的实际出发。无论是革命还是建设，都要注意学习和借鉴外国经验。但是，照抄照搬别国经验、别国模式，从来不能得到成功。这方面我们有过不少教训。把马克思主义的普遍真理同我国的具体实际结合起来，走自己的道路，建设有中国特色的社会主义，这就是我们总结长期历史经验得出的基本结论。"这个基本结论，是对我国也是对世界社会主义历史经验的科学总结，表现出邓小平同志既继承前人又突破陈规，在实践中开辟社会主义建设新道路的巨大政治勇气和开拓马克思主义新境界的巨大理论勇气。这个基本结论，也是在新的历史条件下对毛泽东思想，特别是对它活的灵魂——实事求是、群众路线、独立自主思想的继承和发展。它不是在具体问题上，而是在一个根本问题上，即社会主义统一性与多样性的关系上、社会主义基本制度与具体体制的关系上，对社会主义观念的一个重大更新，使人们在探索建设社会主义的道路上进一步获得思想上的大解放。它告诉我们："社会主义制度并不等于建设社会主义的具体做法。"坚持社会主义，不等于坚持某种社会主义模式；抛弃某种社会主义模式，不等于抛弃社会主义；某种社会主义模式的失败，也不等于社会主义的失败。只有从实际出发，把马克思主义的普遍真理同本国的特点结合起来，走出符合自己国情的社会主义建设道路，社会主义才能充满生机与活力，才能充分发挥出社会主义制度的优越性。

（二）破除超阶段的"左"的思想，坚持一切从社会主义初级阶段的实际出发

从实际出发，建设中国特色社会主义，一个首要的问题是必须对中国的国情有一个科学的认识。毛泽东同志说："认清中国的国情，乃是认清一切革命问题的基本的根据。"同样地，认清国情也是认清中国社会主义现代化建设一切问题的基本根据。对国情的认识，一是我国社会是什么性质的社会，二是这个性质的社会处于什么发展阶段。对第一个问题，我们的认识是清楚的，我国已经是社会主义社会；对第二个问题，过去很长一段时间是不那么清楚的。不仅我国，其他许多社会主义国家在这个问题上也是不清楚的。总的来说，都是估计过高。因此，制定的方针政策有许多是超阶段的。邓小平同志说，过去"左"的教训就在于"制定的政策超越了社会主义的初级阶段"。在社会主义初级阶段，本来应当允许存在的东西，却当作资本主义尾巴不断去割；本来商品经济就不发达，却执意要限制商品经济的发展；本来生产力就很落后，却在生产关系上急于过渡，追求所谓"一大二公"；本来100多年造成的贫困落后，却急于在很短的时间内赶上和超过发达国家，如此等等。欲速则不达，想快反而慢，这是我们过去的一个严重教训。

错误和挫折使我们的头脑逐步变得清醒起来。在总结长期历史经验的基础上，我们终于对国情获得了一个符合实际的科学认识，即我国现在处于并将长期处于社会主义初级阶段。这就为以经济建设为中心、坚持四项基本原则、坚持改革开放的党的基本路线和各项基本的方针政策提供了根本的立足点；为反对超越社

会主义初级阶段的"左"的思想，例如，在调整生产关系上追求公有制纯而又纯，在发展生产力上急于求成等思想，提供了锐利的思想武器。它使人们获得进一步的思想大解放：一切超阶段的东西，都必须加以革除。书本上写的也好，外国的经验也好，过去的传统做法也好，更不用说单纯的主观愿望，只要不符合社会主义初级阶段的实际，不管它们看起来是怎样"革命"，怎样合乎"理想"和"道义原则"，都必须加以抛弃。马克思主义者是唯物主义者，唯物主义要求我们不能用幻想的东西代替现实的东西。现实的国情是我们考虑一切问题、制定一切方针政策的最根本的依据。

（三）破除抽象谈论社会主义的思维定式，坚持"三个有利于"的判断标准

在改革开放的过程中，一些本来有利于发展生产力的东西，却常常被当作资本主义的加以批判；一些本来阻碍生产力的东西，却常常被当作社会主义的加以坚持。例如，农村联产承包责任制曾被说成走资本主义道路，所谓"辛辛苦苦几十年，一夜回到解放前"。办经济特区、对外开放也被说成引进和发展资本主义，认为"三资"企业多了，就是资本主义的东西多了，就是发展了资本主义。市场经济、证券、股市等都被说成资本主义固有的东西，学不得，学了就是走资本主义道路。问题的根子还是思想路线不对头，离开发展生产力抽象地谈论社会主义。一些人脑子里有一大堆扭曲了的关于社会主义的观念，认为符合这些观念的就是社会主义，不符合这些观念的就是资本主义。至于这些观念本身是否正确，是否有利于发展生产力，就完全被置诸脑后

了。邓小平同志说："按照历史唯物主义的观点来讲，正确的政治领导的结果，归根结底要表现在社会生产力的发展上，人民物质文化生活的改善上。"既然社会主义社会的根本任务是发展生产力，既然社会主义初级阶段必须坚持以经济建设为中心、推动社会的全面进步，那么，检验我们的路线方针政策是否正确，检验各项工作的得失成败，当然主要应当看是否有利于发展生产力。你搞的那一套说起来很"革命"，很动听，就是束缚生产力，就是不能提高人民的物质文化生活水平，那叫什么社会主义？！是同社会主义本质不相容的。根据邓小平同志的思想，党的十三大报告明确指出："是否有利于发展生产力，应当成为我们考虑一切问题的出发点和检验一切工作的根本标准。""一切有利于发展生产力的东西，都是符合人民根本利益的，因而是社会主义所要求的，或者是社会主义所允许的。一切不利于发展生产力的东西，都是违反科学社会主义的，是社会主义所不允许的。""离开了生产力标准，用抽象原则和空想模式来裁判生活，只能败坏马克思主义的声誉。"在1992年春天，邓小平同志又一次批判了离开生产力标准、抽象谈论社会主义的思维定式。他说："改革开放迈不开步子，不敢闯，说来说去就是怕资本主义的东西多了，走了资本主义道路。要害是姓'资'还是姓'社'的问题。判断的标准，应该主要看是否有利于发展社会主义社会的生产力，是否有利于增强社会主义国家的综合国力，是否有利于提高人民的生活水平。""三个有利于"，说到底是有利于发展生产力，因为没有生产力的发展，就无法增强综合国力，无法提高人民的生活水平。针对"有的人认为，多一分外资，就多一分资本主义，'三资'企业多了，就是资本主义东西多了，就是发展了资本主义"

的错误观点，邓小平同志说："这些人连基本常识都没有。"因为"'三资'企业受到我国整个政治、经济条件的制约，是社会主义经济的有益补充，归根到底是有利于社会主义的"。针对一些人把有利于发展生产力的某些具有普遍意义的手段和方法说成是资本主义固有的东西而拒绝加以采用的错误观点，邓小平同志说："许多经营形式，都属于发展社会生产力的手段、方法，既可为资本主义所用，也可为社会主义所用，谁用得好，就为谁服务。"如计划和市场，"都是方法"，"只要对发展生产力有好处，就可以利用。它为社会主义服务，就是社会主义的；为资本主义服务，就是资本主义的"。牢固树立生产力标准和"三个有利于"的判断标准，我们就可以大大地解放思想：一切符合发展生产力要求、符合"三个有利于"的东西，都应当大胆加以采用，对于人类社会创造的一切文明成果，包括资本主义发达国家一切反映现代化社会化生产规律的先进经营形式和管理方法，都应当大胆加以吸收和借鉴。而一切束缚生产力的东西，一切违背"三个有利于"的东西，不管它是从什么地方来的，不管它标榜什么"革命"的词句，都应当大胆加以革除。要破除从观念出发的抽象的姓"资"姓"社"的思维定式，树立从实际出发的思想方法，围绕解放和发展生产力、增强国家综合国力、提高人民生活水平这个根本任务，解放思想、更新观念、勇于创新、开拓前进。

（四）破除把马克思主义教条化的思想，在实践中不断开辟认识真理的道路

实践的观点，是马克思主义认识论的首要的和基本的观点；理论和实践的统一，是马克思主义的一个最根本的原则。邓小平

哲学思想的一个最鲜明的特点，就是处处体现尊重实践的科学态度和在实践中发展马克思主义的创造精神。

列宁说："根据书本争论社会主义纲领的时代也已经过去了，我深信已经一去不复返了。今天只能根据经验来谈论社会主义。"探索自己的建设社会主义道路，需要有一种实践的勇气，创造的勇气，敢冒风险的勇气。"没有一点闯的精神，没有一点'冒'的精神，没有一股气呀、劲呀，就走不出一条好路，走不出一条新路，就干不出新的事业。"

怎样对待试验和探索中的不同意见？邓小平同志说："实践是检验真理的唯一标准，实践是检验路线、方针、政策是否正确的唯一标准。"一条思路、一个观点、一种办法，是否正确，要由实践作结论，要"拿事实来说话"。不能坐而论道、搞抽象争论，因为"一争论就复杂了，把时间都争掉了，什么也干不成。不争论，大胆地试，大胆地闯。农村改革是如此，城市改革也应如此"。

有人思想不通怎么办？邓小平同志说，用实践去教育。"允许看"，"不搞强迫，不搞运动，愿意干就干，干多少是多少，这样慢慢就跟上来了"。农村改革，开始的时候，有些地区根本不理睬，他们不相信这条路，就是不搞，观望了一年，有的观望了两年，看到凡是执行改革政策的都好起来了，他们就跟着走了。"所以，改革的政策，人们一开始并不是都能理解的，要通过事实的证明才能被普遍接受。"这就是用实践、事实去证明政策的正确，去统一人们的思想，而不是像过去那样搞运动、搞大批判去"统一思想"，这又是一个新办法。

在试验和探索中，犯了错误怎么办？邓小平同志说，第一

邓小平理论的精髓 /

043

是不要怕。"要克服一个怕字，要有勇气。什么事情总要有人试第一个，才能开拓新路。试第一个就要准备失败，失败也不要紧。""既然是新事物，难免要犯错误"，改革没有万无一失的方案，办什么事情都有百分之百的把握，万无一失，没有这回事，"如果前怕狼后怕虎，就走不了路"，"一怕就不能搞改革了"。第二是随时注意总结经验。"走一步，看一步"，"每年领导层都要总结经验，对的就坚持，不对的赶快改，新问题出来抓紧解决"，"随着实践的发展，该完善的完善，该修补的修补"。

尊重实践和尊重群众是一致的。人民群众是实践的主体，也是认识的主体。群众观点和群众路线是贯穿邓小平同志著作中的又一个根本观点和根本方法。他说："群众是我们力量的源泉，群众路线和群众观点是我们的传家宝。""党只有紧紧地依靠群众，密切地联系群众，随时听取群众的呼声，了解群众的情绪，代表群众的利益，才能形成强大的力量，顺利地完成自己的各项任务。"邓小平同志时刻关注最广大人民群众的利益、愿望和要求，把人民拥护不拥护、赞成不赞成、高兴不高兴、答应不答应，作为考虑一切问题的出发点和归宿。例如，在谈到为什么要进行改革的时候，他说："改革是大家的主意，人民的要求。"在谈到改革为什么要随时注意总结经验的时候，他说："因为改革涉及人民的切身利害问题，每一步都会影响成亿的人。"谈到我们的事业为什么一定会取得胜利时，他指出："凡是符合最大多数人的根本利益，受到广大人民拥护的事情，不论前进的道路上还有多少困难，一定会得到成功。"正是这种对人民群众的深厚感情，对人民群众利益的无限关怀，对人民群众高度负责的精神，使他提出的理论和政策，始终得到广大人民群众的拥护，始终无往而不胜。

邓小平同志十分重视总结、概括人民群众的经验和创造。他反复强调:"我个人做了一点事,但不能说都是我发明的。其实很多事是别人发明的,群众发明的,我只不过是把它们概括起来,提出了方针政策。"例如,在谈到农村改革的时候,他说:"农村搞家庭联产承包,这个发明权是农民的。农村改革中的好多东西,都是基层创造出来,我们把它拿来加工提高作为全国的指导。""农村改革中,我们完全没有预料到的最大的收获,就是乡镇企业发展起来了,突然冒出搞多种行业,搞商品经济,搞各种小型企业,异军突起。这不是我们中央的功绩。……如果说在这个问题上中央有点功绩的话,就是中央制定的搞活政策是对头的。""那不是我们领导出的主意,而是基层农业单位和农民自己创造的。"在谈到办经济特区时,他说:"开始的时候广东提出搞特区,我同意了他们的意见,我说名字叫经济特区。"正是这种尊重群众首创精神的科学态度,使邓小平建设有中国特色社会主义理论有了取之不尽、用之不竭的源头活水,始终保持其蓬勃的生机和创造活力。正如党的十四大报告所说,邓小平同志"尊重实践,尊重群众,时刻关注最广大人民的利益和愿望,善于概括群众的经验和创造"。

(五)破除形而上学思想,坚持唯物辩证法

辩证法也是马克思主义认识论。没有辩证法的观点,不可能真正做到一切从实际出发、实事求是。1957年,毛泽东同志说:"要照辩证法办事。这是邓小平同志讲的。我看,全党都要学习辩证法,提倡照辩证法办事。"邓小平同志深得辩证法的真谛,他的全部著作贯穿了活生生的辩证法,反对任何一种形而上学,

是在实践中创造性地运用唯物辩证法的典范。

1. 两点论与重点论。邓小平同志有句名言，叫"讲两句话"。就是说，对于任何一个事物，都要把它作为矛盾的统一体来加以认识，要发现它的两个方面，而不能仅仅看到它的一个方面。例如，对毛泽东同志的评价，他强调要实事求是、恰如其分，所谓实事求是、恰如其分，就是要作客观的、全面的分析，"毛泽东同志犯了错误"，但"这是一个伟大的革命家犯错误，是一个伟大的马克思主义者犯错误"。不能因为毛泽东同志晚年犯了错误，就否定毛泽东同志的功绩和毛泽东思想的科学价值；也不能因为肯定他的功绩和毛泽东思想的科学价值就讳言他晚年的错误。他的功绩是第一位的，错误是第二位的。对 1957 年反右派斗争的评价，邓小平同志说："还是两句话：一句是必要的，一句是扩大化了。"对"文化大革命"中的"三支两军"工作，邓小平同志说："只讲一句话不好，光戴高帽子不好，一定要讲两句话。第一句话：当时军队不出面不能维持局面，出面是正确的，'三支两军'是起了积极作用的。第二句话：'三支两军'给军队造成的危害是很大的，带来了许多坏的东西，对军队的威信损害很大。比如派性，还有一些'左'的东西，相当大的成分是从那里来的。"以上是总结历史经验方面的例子。在指导我国改革和建设上，邓小平同志同样主张要全面地认识问题。例如，对国情的认识，他说："中国是个大国，又是个小国。所谓大国就是人多，土地面积大。所谓小国就是中国还是发展中国家，还比较穷，国民生产总值人均不过三百美元。"对于"大国"这一面，他又作了分析，说："人多有好的一面，也有不利的一面。在生产还不够发展的条件下，吃饭、教育和就业就都成为严重的问题……我们地大物博，这是我们的优越条件。但有很多资源还没有勘探清楚，没有开采和使用，所以还不是现实的生产资料。土地面积广大，但是耕地很少。"

邓小平同志还有一句名言，叫"两手抓"。这是在改造世界上的两点论。他主持制定的各项方针政策都体现了这个两点论。他强调，搞现代化建设，第一必须实行改革开放政策，第二必须坚持四项基本原则，"这两个基本点是相互依存的"。这两个基本点的统一，又体现在一系列具体方针政策上："我们要建设的社会主义国家，不但要有高度的物质文明，而且要有高度的精神文明。"我们要学习资本主义国家的科学技术和先进的管理经验，"但是我们决不学习和引进资本主义制度，决不学习和引进各种丑恶颓废的东西"；"我们要有两手，一手就是坚持对外开放和对内搞活经济的政策，一手就是坚决打击经济犯罪活动"，"一手抓建设，一手抓法制"，"一手抓改革开放，一手抓惩治腐败"。邓小平同志强调，两手抓，两手都要硬，多次批评一手比较硬、一手比较软的现象，说"经济建设这一手我们搞得相当有成绩，形势喜人，这是我们国家的成功。但风气如果坏下去，经济搞成功又有什么意义？会在另一方面变质，反过来影响整个经济变质，发展下去会形成贪污、盗窃、贿赂横行的世界"。在实行"一国两制"方针上，邓小平同志说："'一国两制'也要讲两个方面。一方面，社会主义国家里允许一些特殊地区搞资本主义，不是搞一段时间，而是搞几十年、成百年。另一方面，也要确定整个国家的主体是社会主义。否则怎么能说是'两制'呢？那就变成'一制'了……在这个问题上，思想不能片面。"在反对错误倾向问题上，邓小平同志指出："要批判'左'的错误思想，也要批判右的错误思想。解放思想，也是既要反'左'，又要反右。"在经济发展问题上，邓小平同志强调发展太慢不是社会主义，一定要抓住时机、加速发展，但是他同时又指出，要"有条件""讲效益""讲质量"，"不是鼓励不切实际的高速度"。

邓小平同志的两点论从来是与重点论相统一的两点论。在谈到"一国两制"的时候，他指出："中国的主体必须是社会主义，但允许国内某些区域实行资本主义制度"，以及"主体是很大的主体，社会主义是在十亿人口地区的社会主义，这是个前提，没有这个前提不行。在这个前提下，可以容许在自己身边，在小地区和小范围内实行资本主义"。在谈到引进外资会不会冲击我们的社会主义的时候，他说："我看不会的。因为我国是以社会主义经济为主体的。社会主义的经济基础很大，吸收几百亿、上千亿外资，冲击不了这个基础。吸收外国资金肯定可以作为我国社会主义建设的重要补充，今天看来可以说是不可缺少的补充。"由于"'三资'企业受到我国整个政治、经济条件的制约，是社会主义经济的有益补充，归根到底是有利于社会主义的"。在谈到物质文明建设和精神文明建设关系时，他一方面强调要两手抓，两手都要硬，另一方面指出："精神文明说到底是从物质文明来的"，"物质是基础，人民的物质生活好起来，文化水平提高了，精神面貌会有大变化。我们对刑事犯罪活动的打击是必要的，今后还要继续打击下去，但是只靠打击并不能解决根本的问题，翻两番、把经济搞上去才是真正治本的途径"。在经济建设问题上，他指出要稳定、协调地发展，但同时认为"稳定和协调也是相对的，不是绝对的。发展才是硬道理"。在反对错误倾向问题上，他在讲到有"左"反"左"、有右反右的同时，又反复指出，对于我们党来说，"最大的危险还是'左'"，"主要错误是'左'"，"主要是反'左'"，"着重反对'左'"，"主要是防止'左'"。这样，既是全面的，又是有重点的，是两点论与重点论的统一。

2. 主要矛盾和非主要矛盾。客观事物所包含的矛盾都不是单一的，而是由众多矛盾构成的矛盾系统。要正确认识和解决矛盾，必须着眼于矛盾系统，即着眼于矛盾的总体、全局，其中特别应当抓住对全局发展起决定作用的主要矛盾，同时恰当地处理各种次要矛盾。

邓小平同志强调，在社会主义建设中，必须正确处理经济建设与其他各项工作的关系。我们的任务是多方面的，社会主义建设是一项系统工程，各方面的工作都应当努力做好，不能单打一，"但是说到最后，还是要把经济建设当作中心。离开了经济建设这个中心，就有丧失物质基础的危险。其他一切任务都要服从这个中心，围绕这个中心，决不能干扰它，冲击它"。例如，必须认真地抓阶级斗争，反对资产阶级自由化，打击各种刑事犯罪和经济犯罪活动，维护社会秩序，而这些工作的目的，又是为了保证社会主义现代化的顺利进行。我们必须坚定不移地进行经济体制和政治体制改革，而这种改革最终又是为了解放生产力，加快经济建设的步伐。我们必须抓紧社会主义精神文明建设，努力培养"四有"新人，这既是社会主义社会的一个重要特征，又是建设社会主义物质文明的保证。总之，我们要围绕经济建设这个中心去开展各方面的工作，使中心工作与其他工作相互联系、相得益彰、相互促进。在坚持以经济建设为中心这个问题上，我们一定要坚定不移、贯彻始终，排除一切干扰，扭住不放，"顽固"一点；除了发生大规模战争，一切都要围绕这个中心。就是爆发大规模战争，打仗以后还要接着干或者重新干。这一点，决不能动摇。

　　坚持以经济建设为中心不动摇，关键是正确认识和处理经济建设与阶级斗争之间的关系。邓小平同志说："我们必须看到，在社会主义社会，仍然有反革命分子，有敌特分子，有各种破坏社会主义秩序的刑事犯罪分子和其他坏分子，有贪污盗窃、投机倒把的新剥削分子，并且这种现象在长时期内不可能完全消灭。"这"是一个客观存在，不应该缩小，也不应该夸大"。对于阶级斗争问题，一定要保持清醒头脑，决不能掉以轻心。这是社会主义现代化建设顺利进行的保证。但是，无论如何，必须认清，阶级斗争已经不是主要矛盾了，抓阶级斗争是为了保证经济建设这个中心，而决不能干扰和冲击这个中心。在历史上，我们有过由于没有能够清醒地对待某些国际国内事件而离开经济建设这个中心的严重教训。党的十一届三中全会以来的十多年，尽管国际上出现这样那样的风浪，国内也不是风平浪静，但是，由于邓小平同志掌舵，保证了我们党和国家的工作始终没有离开经济建设这个中心。1989年平息国内动乱之后，他说："以后我们怎么办？我说，我们原来制定的基本路线、方针、政策，照样干下去，坚定不移地干下去。"苏联解体、东欧剧变之后，他又提出："对于国际形势，概括起来就是三句话：第一句话，冷静观察；第二句话，稳住阵脚；第三句话，沉着应付。不要急，也急不得。要冷静、冷静、再冷静，埋头实干，做好一件事，我们自己的事。"总之，不管风云如何变化，只要没有发生大规模战争，经济建设这个中心决不能动摇。如果说党的十一届三中全会前后，邓小平同志起了拨正航向的作用，那么，在1989年以后国际国内阶级斗争激化的情况下，他又起了防止转向的作用。

3. 基本矛盾和改革。邓小平同志说："关于基本矛盾，我想现在还是按照毛泽东同志在《关于正确处理人民内部矛盾的问题》一文中的提法比较好。毛泽东同志说：'在社会主义社会中，基本的矛盾仍然是生产关系和生产力之间的矛盾，上层建筑和经济基础之间的矛盾。'……当然，指出这些基本矛盾，并不就完全解决了问题，还需要就此作深入的具体的研究。"

在深入具体地研究我国社会基本矛盾方面，邓小平同志丰富和发展了毛泽东同志的理论。

首先，具体分析了当前我国社会基本矛盾的表现。他对社会主义基本制度和具体体制作了区分，指出："我们建立的社会主义制度是个好制度，必须坚持。"但是，"现行的一些具体制度中，还存在不少的弊端，妨碍甚至严重妨碍社会主义优越性的发挥"。所谓具体制度，就是作为生产关系、上层建筑具体形式的经济体制、政治体制以及其他各种管理体制。在经济体制方面，主要的弊端是：第一，经济管理权力过于集中，不利于调动地方和生产单位的积极性。第二，高度统一的计划体制，排斥市场的作用，不利于资源配置和生产力的发展。第三，缺乏严格的责任制，"名曰集体负责，实际上等于无人负责"。第四，忽视物质利益原则，缺乏激励机制，造成经济效率低下。第五，所有制形式上的"一大二公"，结构和经营形式单一，脱离生产力发展的实际水平。所有这些，都是同生产力发展的要求相矛盾的。在政治体制方面，主要的弊端是：第一，政治权力过分集中，党政职能不分，既不利于加强党的领导，也不利于建立强有力的政府工作系统，越来越不能适应社会主义事业发展的需要。第二，官僚主义现象严重，相当严重地挫伤了人民群众的社会主义积极性。第三，封建主义影响远未肃清。所有这些，都是同经济基础和生产力发展要求不相适应的。

其次，以对基本矛盾的具体分析为基础，形成了系统的关于社会主义改革的理论，解决了社会主义社会自身向前发展的动力问题。他论述了改革的必要性，指出："要大幅度地改变目前落后的生产力，就必然要多方面地改变生产关系，改变上层建筑，改变工农业企业的管理方式和国家对工农业企业的管理方式，使之适应于现代化大经济的需要。"他论述了改革的全面性，指出："改革是全面的改革，包括经济体制改革、政治体制改革和相应的其他各个领域的改革。"他论述了改革的性质，指出："改革是中国的第二次革命。"就是说，改革不是在旧体制范围内的细枝末节的修补，而是要从根本上改变束缚生产力发展的旧体制，建立充满生机和活力的新体制，"是对体制的改革"。而体制的改革是为了使社会主义基本制度更加完善，使社会主义制度的优越性更加充分地发挥出来，绝不是要改变社会主义制度本身，因此，"改革是社会主义制度的自我完善"。他论述了改革的方法，指出："历史经验证明，用大搞群众运动的办法，而不是用透彻说理、从容讨论的办法，去解决群众性的思想教育问题，而不是用扎扎实实、稳步前进的办法，去解决现行制度的改革和新制度的建立问题，从来都是不成功的。因为在社会主义社会中解决群众思想问题和具体的组织制度、工作制度问题，同革命时期对反革命分子的打击和对反动制度的破坏，本来是原则上根本不同的两回事。"因此，社会主义改革必须在党的领导下，有步骤有秩序地进行，必须在实践中总结经验，稳步推进。

4. 内因外因与对外开放。事物发展的根本原因在于事物内部的矛盾性，然而每一事物的发展又都受到它的外部环境的影响，外因对事物的发展也有重要的影响。邓小平同志在指导我国社会主义建设的过程中，一方面强调要独立自主、自力更生，指出："独立自主，自力更生，无论过去、现在和将来，都是我们的立足点。""像中国这样大的国家搞建设，不靠自己不行，主要靠自己，这叫做自力更生。"另一方面，他又指出："独立自主不是闭关自守，自力更生不是盲目排外。"只有在自力更生的基础上实行对外开放，才能增强自力更生的能力，加快经济的发展和社会的进步。邓小平同志把改革开放作为我们党的基本路线的一个基本点，创立了系统的社会主义开放理论。

邓小平同志科学阐明了实行对外开放的必要性。首先，他从社会发展规律的高度论证了这种必要性，指出："现在的世界是开放的世界。"开放是商品经济和社会化大生产发展的必然趋势，"任何一个国家要发展，孤立起来，闭关自守是不可能的，不加强国际交往，不引进发达国家的先进经验、先进技术和资金，是不可能的"。我们确定"搞两个开放，一个对外开放，一个对内开放"，就是"尊重社会经济发展规律"。其次，他从我国历史经验的总结中得出"中国的发展离不开世界"的结论，说"如果从明朝中叶算起，到鸦片战争，有三百多年的闭关自守，如果从康熙算起，也有近二百年。长期闭关自守，把中国搞得贫穷落后，愚昧无知。中华人民共和国成立以后，第一个五年计划时期是对外开放的，当然那时只能是对苏联东欧开放"。以后就关起门来了，这有内外许多因素，包括我们指导思想上的错误。总之，"历史经验教训说明，不开放不行"，"你不开放，再来个闭关自守，五十年要接近经济发达国家水平，肯定不可能"。因此，实行对外开放是实现现代化的必要条件。最后，他还论述了对外开放对完善和发展社会主义制度的意义，指明只有实行对外开放，才能使社会主义成为世界上最好的制度。社会主义在本质上应当是更为开放的社会，因为它是比资本主义更高的社会形态，它巩固和发展的基础是现代化生产的壮大和发展。社会主义商品经济的发展不仅需要国内市场，而且需要国际市场；不仅靠自身的活力，而且靠吸收和借鉴人类社会所创造的一切文明成果，吸收和借鉴当今世界各国包括资本主义发达国家一切反映现代社会化生产规律的先进经营方式、管理方式，包括引进外资和外国先进的科学技术。这样，社会主义才能赢得与资本主义相比较的优势，才能充分显示它的生机和活力。邓小平同志说："我们的制度将一天天完善起来，它将吸收我们可以从世界各国吸收的进步因素，成为世界上最好的制度。"

邓小平同志不但论证了开放的必要性，而且科学地揭示了开放的内涵。他强调社会主义的开放是多层次、多渠道、全方位的开放。首先，这种开放是对内和对外的两个开放，"一个对外经济开放，一个对内经济搞活。改革就是搞活，对内搞活也就是对内开放，实际上都叫开放政策"。对内开放就是通过改革，打破条块分割、封锁和垄断，形成全国统一开放的市场体系；对外开放就是进入国际市场，扩大对外贸易，引进外资和技术，学习和借鉴各国管理社会化大生产的经验。也就是说，要充分利用国内国外两种资源，开拓国内国外两个市场，学会组织国内建设和发展对外经济关系两套本领。其次，对外开放是对全世界开放，而不只是对某些国家开放。"一个是对西方发达国家的开放，我们吸收外资、引进技术等等主要从那里来。一个是对苏联和东欧国家的开放，这也是一个方面……还有一个是对第三世界发展中国家的开放，这些国家都有自己的特点和长处，这里有很多文章可以做。所以，对外开放是三个方面，而不是一个方面。"向全世界所有类型的国家开放，这表明我们对外开放的广度。最后，对外开放是经济、政治、文化各个领域的全面开放。国内以经济建设为中心，因此经济领域的对外开放是最重要的开放。同时在思想文化领域也要开放。《中共中央关于社会主义精神文明建设指导方针的决议》指出："对外开放作为一项不可动摇的基本国策，不仅适用于物质文明建设，而且适用于精神文明建设。"邓小平同志说："对外文化交流也要长期发展。"

邓小平同志还阐明了对外开放所应遵循的原则。一是必须坚持社会主义方向。他说："在改革中坚持社会主义方向，这是一个很重要的问题。""我们现在讲的对内搞活经济、对外开放是在坚持社会主义原则下开展的。"二是必须坚持独立自主、自力更生的方针。我们向所有国家敞开国门，但决不允许任何人损害我们的主权和根本利益，"任何外国不要指望中国做他们的附庸，不要指望中国会吞下损害我国利益的苦果"。三是必须坚持平等互利的原则。邓小平同志说："我们坚定不移地实行对外开放政策，在平等互利的基础上积极扩大对外交流。"所谓平等互利，就是在国与国的关系中地位是平等的；在经济交往中双方都是有利的。这是社会主义本质在对外关系上的必然要求。

5. 发展的波浪式。事物的发展从来不是笔直的，而是曲折的、波浪式的。邓小平同志在指导我国改革和发展的实践中，自觉运用这一规律，作出了一系列重大决策。

关于我国经济的发展，他提出："我们经济发展规律还是波浪式前进。过几年有一个飞跃，跳一个台阶，跳了以后，发现问题及时调整一下，再前进。"也就是说，经济的发展不是直线的，由于各种条件所决定，总是高一阵、低一阵地向前发展，"从国际经验来看，一些国家在发展过程中，都曾经有过高速发展时期，或若干高速发展阶段。日本、东南亚一些国家和地区，就是如此"。这是发展阶段之间的不平衡性。针对某些同志消极求稳的思想，他说："对于我们这种发展中的大国来说，经济要发展得快一点，不可能总是那么平平静静、稳稳当当。要注意经济稳定、协调地发展，但稳定和协调也是相对的，不是绝对的。发展才是硬道理。""现在，我们国内条件具备，国际环境有利，再加上发挥社会主义制度能够集中力量办大事的优势，在今后的现代化建设长过程中，出现若干个发展速度比较快、效益比较好的阶段，是必要的，也是能够办到的。"波浪式不仅表现在长过程中阶段之间的不平衡性，而且表现在同一时期不同地区之间的不平衡性。"比如广东，要上几个台阶，力争用二十年的时间赶上亚洲'四小龙'。比如江苏等发展比较好的地区，就应该比全国平均速度快。又比如上海，目前完全有条件搞得更快一点。"

关于全国人民的富裕之路，邓小平同志认为也是波浪式的。共同富裕是我们的目标，但是在实现这个目标的过程中，总是有先有后、有快有慢，波浪式地实现的。他说："在经济政策上，我认为要允许一部分地区、一部分企业、一部分工人农民，由于辛勤努力成绩大而收入先多一些，生活先好起来。一部分人生活先好起来，就必然产生极大的示范力量，影响左邻右舍，带动其他地区、其他单位的人们向他们学习。这样，就会使整个国民经济不断地波浪式地向前发展，使全国各族人民都比较快地富裕起来。"有先有后，就形成一种"落差"，也就造成一种发展的动力。平均主义扼杀了这种动力，想平均富裕，结果只能是平均贫困。当然，允许一部分人、一部分地区先富起来只是一种手段，而不是目的，目的是共同富裕，因此，他又强调，第一，先富起来的要帮助后富起来的。第二，"对一部分先富裕起来的个人，也要有一些限制，例如，征收所得税"。第三，提倡先富起来的地区和人们要多作一些贡献，例如提倡先富的人们拿出一些钱办教育、修路，在一定的时候先富的地区多交点税，支持贫困地区的发展。总之，社会主义的目标是全国人民的共同富裕，而共同富裕是个过程，是一个有先有后的波浪式的发展过程，为了达到共同富裕的目标，必须允许一部分人先富起来。这就是先富、后富、共同富裕的辩证法。

三、提高主体素质，自觉贯彻"解放思想、实事求是"的思想路线

坚持解放思想、实事求是的思想路线是不容易的。毛泽东同志曾经说过，世界上只有唯心论和形而上学最容易，因为它不需要根据实际，也不需要接受实践的检验，而坚持唯物论和辩证法倒是需要用力气的。这话讲得是对的。为了提高贯彻解放思想、实事求是思想路线的自觉性，必须全面提高主体素质。

（一）提高政治素质

只有站在无产阶级和人民大众的立场上，具有彻底为人民服

务、一切对人民负责的精神，"对职位、牟利，对上司的恩典，没有任何考虑"①，才能具有彻底唯物主义的科学态度，真正做到解放思想、实事求是。私心杂念太重，热衷于追求个人名利、地位，一味讨好上级而不肯对人民负责，必定不能说老实话、办老实事、做老实人，必定喜欢搞形式主义、花架子那一套，甚至说假话、搞浮夸、欺上瞒下。马克思主义哲学既是一门科学，又是一种意识形态。作为科学，它揭示自然、社会、思维发展的一般规律；作为意识形态，它代表无产阶级和最广大人民群众的利益。哲学上的党性（坚持彻底的唯物主义的科学态度）与政治上的党性（坚持彻底的对人民负责的精神）是完全一致的。因此，提高自己的政治素质，增强党性修养，是贯彻解放思想、实事求是思想路线的思想前提和思想保证。

邓小平同志之所以成为解放思想、实事求是的典范，在于他对人民、对党、对社会主义共产主义事业的无限忠诚。20 世纪 30 年代初，当他因为支持毛泽东同志的正确路线而受到"左"倾错误领导者的"残酷斗争，无情打击"，被罢官、隔离审查时，他坚持真理、秉笔直书，在"检查"中继续阐明毛泽东同志各项主张的正确性，认为要搞清楚什么是机会主义、什么是冒险主义、什么是马克思主义进攻路线，必须到实践中去找答案，而不是纸上谈兵。他反复强调："我所上交的两份检查，写的全是实话。回顾历史，认为自己所做的一切，是对党的事业负责任的，是对中国革命负责任的"，"全是真话实话，我可以拿党性来负责"。1975 年初，他第二次被打倒后刚刚复出，就大刀阔斧地进

---

① 《马克思恩格斯选集》第四卷，人民出版社 1995 年版，第 258 页。

行各个方面的整顿，强调"敢字当头，横下一条心"，敢摸老虎屁股，"管你是谁，六十岁的老虎屁股也好，四十岁的老虎屁股也好，二三十岁的老虎屁股也好，都得摸"。结果又一次被打倒。粉碎"四人帮"以后，面对中央"两报一刊"社论提出"两个凡是"，当时还没有恢复工作的邓小平同志，就旗帜鲜明地提出："'两个凡是'不符合马克思主义。"在原则问题上毫不让步。随着拨乱反正的深入开展，在纠正毛泽东同志晚年错误的过程中，一些人又走向另一个极端，企图否定毛泽东同志的历史地位和毛泽东思想的指导意义，这时，邓小平同志旗帜鲜明地指出："确立毛泽东同志的历史地位，坚持和发展毛泽东思想。这是最核心的一条。不仅今天，而且今后，我们都要高举毛泽东思想的旗帜"，这个问题，"不是仅仅涉及毛泽东同志个人的问题，这同我们党、我们国家的整个历史是分不开的"，"决议稿中阐述毛泽东思想的这一部分不能不要。……如果不写或写不好这个部分，整个决议都不如不做"。对毛泽东同志的评价"一定要实事求是"，对毛泽东同志错误的分析"一定要恰如其分"。随着改革开放的深入，一些同志表现出种种疑惑，邓小平同志又提出"三个有利于"的根本判断标准，强调把人民满意不满意、高兴不高兴、赞成不赞成、拥护不拥护作为我们考虑一切问题的出发点和落脚点。总之，只有对党和人民高度负责的精神，才能有解放思想、实事求是的勇气和魄力，才能有彻底唯物主义的科学态度。

（二）提高哲学素质

"解放思想，实事求是"虽然只有八个字，但它体现了马克思主义哲学的基本精神。只有搞通马克思主义的唯物论、辩证法、认识论、历史观，才能正确处理主观与客观、认识与实践、生产关系与生产力、上层建筑与经济基础、个人与群众等之间的相互关系，观察和处理问题才能有科学的思想方法。毛泽东同志说："我们要反对主观主义，就要宣传唯物主义，就要宣传辩证法。"作为一名领导干部，要防止和克服主观主义，使自己的工作具有原则性、系统性、预见性和创造性，马克思主义的哲学素养是不可缺少的。在总结中华人民共和国成立以来历史经验的时候，邓小平同志指出："现在我们的干部中很多人不懂哲学，很需要从思想方法、工作方法上提高一步。《实践论》《矛盾论》《论持久战》《战争和战略问题》《论联合政府》等著作，选编一下。还要选一些马恩列斯的著作。总之，很需要学习马克思主义哲学就是了。"哲学素质的提高不是一日之功，是长期学习、思考、锻炼的结果。首先应当有一种刻苦学习的态度，认真地读一点哲学书。在这一点上，我们应当向毛泽东同志学习，那本《毛泽东哲学批注集》可以说是刻苦研读哲学的典范，也是运用哲学分析、解决问题的典范。在读书的基础上，联系实际思考和运用，如此反复，长期坚持，积以时日，必有成效。

（三）提高科学文化素质

没有较高的哲学素养，即没有科学的思想方法，固然不能正确地观察和处理问题，但是，光有科学的思想方法而缺少必要的科学文化知识，也不能正确地观察和处理问题。哲学是最抽象的科学，它的发挥作用要通过具体科学这个环节，只有把二者结合起来，才能做到解放思想、实事求是。我们过去所犯的瞎指挥的错误，固然同思想方法不正确有关，同时也同缺少具体科学知识有关。现在我们面临许多不懂得、不熟悉的东西，学习的任务很重，拒绝这种学习，甘当外行，而又要实施领导，肯定犯主观主义、瞎指挥的错误。尤其在建立社会主义市场经济体制和科学技术已经成为第一生产力的今天，如果我们不具备一定的经济学的基本知识和现代科学技术的基础知识，指导改革开放和现代化建设就没有多少发言权，坚持解放思想、实事求是的思想路线也就只能成为一种空话或只能成为一种良好的愿望，而并不能真正地落实。

（四）努力增加实践经验

丰富的实践经验不但是形成正确认识的基础，而且是提高认识能力的重要条件。经验越多，认识的参照系越多，认识和处理问题就会越加全面和深刻。而经验不足，常常是犯错误的一个重要原因。因此，一切缺少实践经验的干部，都应当自觉地到基层去，到艰苦的地方去，到困难较多的地方去磨炼自己，增长经验、知识和才干，锻炼务实创新和解决实际问题的能力。江泽民同志说："干部如果不到实践中去经过一番扎实的磨炼，是不可能担当起改革和建设的重任的。"

（五）养成调查研究的习惯，提高调查研究的能力

毛泽东同志说："在全党推行调查研究的计划，是转变党的作风的基础一环。"只有对实际情况作周密系统的调查研究，才能克服本本主义、形式主义，把理论同实践结合起来，把上级指示同本地区本部门的实际结合起来；才能克服自以为是、想当然，做到情况明、决心大、方法对，把革命热情同求实精神结合

起来；才能克服简单化、"一刀切"，做到具体问题具体分析；才能做到克服思想僵化，不断发现和解决新的问题，使自己的思想适应变化了的情况。因此，调查研究，是实施正确领导的基本功。一切领导人员都要自觉养成调查研究的习惯，树立向群众、向实际学习的谦虚态度，学习和掌握调查研究的科学方法，不断提高进行调查研究的能力。是不是坚持调查研究，会不会科学地调查研究，乃是一个领导干部是否自觉坚持党的思想路线的一个重要标志。

以上是从个人主观条件方面来说的。从客观条件方面来说，坚持解放思想、实事求是的思想路线，要有一个良好的社会环境，最主要的是要有一系列的制度保证。例如，要坚持和完善民主集中制，要建立和健全民主决策的程序和制度，要改革领导干部职务的选举、任免、考核、弹劾制度等，从整体上提高领导班子的素质，从制度上保证党的思想路线的贯彻执行。

论邓小平的两大历史性贡献[*]

邓小平同志与世长辞，神州动容，举国悲悼。他在长达 70 多年波澜壮阔的革命生涯中，为民族的独立和解放，为中国的振兴和发展，为世界的和平和进步，建立了不可磨灭的丰功伟绩。特别是在我国社会主义建设新时期，他以实事求是的科学态度和创造精神，非凡的胆略和勇气，作出了关系党和国家前途命运的两大历史性贡献：一个是领导全党总结新中国成立以来的历史经验，科学认识和评价毛泽东同志的历史地位和毛泽东思想的科学体系；一个是创立和发展建设有中国特色社会主义理论，领导全党制定党在社会主义初级阶段"一个中心、两个基本点"的基本路线和一整套方针政策，成功地开辟了在改革开放中实现社会主义现代化的新道路。这两大历史性贡献，使邓小平同志永垂青史，光照人间。

1976 年粉碎"四人帮"以后，中国向何处去？未来的道路怎样走？这是摆在中国共产党和中国人民面前严峻的历史课题。面

---

[*] 本文原载于《求是》1997 年第 8 期。

对"文化大革命"造成的严重恶果，广大党员、干部和群众强烈要求拨乱反正，纠正毛泽东同志晚年的错误；当时党中央的主要负责人却提出"两个凡是"的错误方针。如果按照这一方针去做，中国的社会主义现代化就没有希望。两种对立的历史选择，决定中国的两种前途和命运。

在这个重大历史关头，邓小平同志以彻底唯物主义的科学态度和大无畏的革命胆略，旗帜鲜明、针锋相对地批判了"两个凡是"，重申实践是检验真理的唯一标准。他说："'两个凡是'不符合马克思主义"，我们要高举毛泽东思想的伟大旗帜，但毛泽东思想是个科学体系，不能"抓住一两句话，一两个观点，就片面地进行宣传"，"要用毛泽东思想的体系来教育我们的党，来引导我们前进"。而且，毛泽东思想也需要随着实践的发展而发展，如果"书上没有的，文件上没有的，就不敢多说一句话，多做一件事，一切照抄照搬照转"，那就什么事情也做不成，"不打破思想僵化，不大大解放干部和群众的思想，四个现代化就没有希望"。邓小平同志以战略家的远见卓识，在千头万绪中抓住思想路线拨乱反正这个具有决定意义的环节，反复强调，实事求是"是马克思主义的思想基础"，"是马克思主义的精髓"，"是毛泽东思想的精髓"，"是毛泽东思想的出发点、根本点"。在他的支持和领导下，全国上下开展了轰轰烈烈的实践是检验真理唯一标准问题的大讨论，冲破了长期以来形成的思想僵化局面，推动了党的指导思想和各条战线的拨乱反正。经过 1978 年党的十一届三中全会，我们重新确立了解放思想、实事求是的思想路线，果断停止使用"以阶级斗争为纲"的错误口号，把党和国家工作的重点转移到社会主义现代化建设上来，作出了实行改革开放的战略决策，从而实现了新中国成立以来党和国家历史上具有深远意义的伟大转折，开创了我国社会主义事业发展的新时期。

在拨乱反正、纠正"左"的错误的过程中，又出现了一股右的错误思潮。有人借口毛泽东同志晚年犯了错误而否定毛泽东同志的伟大历史地位和毛泽东思想的科学价值，借口我们党在领导社会主义建设中发生的失误而企图摆脱共产党的领导地位、反对社会主义制度。能否正确认识和评价毛泽东同志的历史地位和毛泽东思想的科学体系及其对于我们事业的伟大指导作用，能否科学总结新中国成立以来的历史经验，是关系党和国家前途命运的重大原则问题。在这个问题上，邓小平同志同样表现出实事求是的科学态度和作为战略家的远见卓识。他亲自主持起草《关于建国以来党的若干历史问题的决议》（以下简称《决议》），多次发表重要谈话，对《决议》总的原则和一系列重大问题提出了重要的指导性意见。他说，《决议》的中心意思应该是三条："第一，确立毛泽东同志的历史地位，坚持和发展毛泽东思想。这是最核心的一条。""第二，对建国三十年来历史上的大事，哪些是正确的，哪些是错误的，要进行实事求是的分析。""第三，通过这个决议对过去的事情做个基本的总结。……总结过去是为了引导大家团结一致向前看。"他强调，对毛泽东同志的评价，对毛泽东思想的阐述，不是仅仅涉及毛泽东同志个人的问题，这同我们党、我们国家的整个历史是分不开的。要看到这个全局。必须肯定，毛泽东同志的功绩是第一位的，错误是第二位的。他犯错误，"是一个伟大的革命家犯错误，是一个伟大的马克思主义者犯错误"。毛泽东思想是毛泽东同志一生中正确的部分，它不仅过去引导我们取得革命的胜利，现在和将来都是我们党和国家的宝贵财富，是我们必须坚持的指导思想。他说，对于毛泽东同志的错误，一定要毫不含糊地进行批评，但一定要实事求是，要有分析，"'文化大革命'前的十年，应当肯定，总的是好的，基本上是在健康的道路上发展的。这中间有曲折，犯过错误，但成绩是主要的"。"文化大革命"的错误是"严重的、全局性的错误"。就是对毛泽东同志在"文化大革命"中的错误，在批评的时候也"不能过分""不能出格"；否则，"就是给我们党、我们国家抹黑。这是违背历史事实的"。总之，邓小平同志告诫全党，我们任何时候都不能损害毛泽东同志在整个中国革命史上的光辉形象，不能动摇高举毛泽东思想旗帜的原则。这不但是中国共产党的利益所在，中华民族的利益所在，而且是国际共产主义运动的利益所在。在邓小平同志的精心指导下，凝聚全党集体智慧的《决议》在党的十一届六中全会上通过，它把毛泽东同志晚年的错误同经过实践检验证明是正确的作为科学体系的毛泽东思想区别开来，既反对了那种因为毛泽东同志犯了错误就企图否定毛泽东同志的历史地位和毛泽东思想指导作用的右的错误倾向，又反对了那种不愿实事求是承认毛泽东同志晚年犯了错误并且企图在新的实践中继续坚持这种"左"的错误倾向，从而实现了全党和全国人民在坚持和发展毛泽东思想基础上的大团结，为我们今后继续探索建设社会主义的新道路奠定了坚实的思想基础。对比国际的经验和教训，我们看到，有的社会主义国家由于不能正确对待领袖人物犯错误，采取否定一切的错误态度，进而否定党的历史、否定社会主义制度，而导致社会主义的灭亡和国家的解体；而我们党在邓小平同志领导下，正确地处理了这个问题，使我国的社会主义事业在继往开来中胜利前进，取得了令世人瞩目的巨大成就。正反两个方面的事实，鲜明地显示了邓小平同志这一历史贡献伟大而深远的意义。

中国的社会主义最初 20 年胜利和挫折的历史经验，以及其他社会主义国家兴衰成败的历史经验，促使我们党重新思考"什么是社会主义，怎样建设社会主义"这个 20 世纪社会主义面临的首要的基本理论问题——无疑这也是难度极大的历史课题。邓小平同志在社会主义建设新时期又一个重大的历史性贡献，就是在和平与发展成为时代主题的历史条件下，在我国改革开放和社会主义现代化建设的实践中，在总结国际国内经验的基础上，创立和发展了建设有中国特色社会主义理论，领导我们党制定了在中国社会主义初级阶段"一个中心、两个基本点"的基本路线和一整套方针、政策，第一次比较系统地初步回答了在中国这样经济文化比较落后的国家如何建设、巩固、发展社会主义的一系列基本问题，用新的思想、观点继承和发展了马克思列宁主义、毛泽东思想。

在国际共产主义运动中，长期以来形成一种僵化的社会主义模式观念，苏联在 20 世纪 30 年代建立的权力过分集中的社会主义体制被凝固化、神圣化，认为坚持它就是坚持社会主义，违背它就是违背社会主义。这种情况，严重束缚了人们的思想，使社会主义制度的优越性不能得到充分发挥。毛泽东同志对此早有察觉，曾经提出对苏联的经验教训"要引以为戒"，也提出了许多珍贵的思想，但是没能解决这个问题。在新的历史条件下，邓小平同志重新提出并正确地解决了这个问题。他指出，"在革命成功后，各国必须根据自己的条件建设社会主义。固定的模式是没有的，也不可能有"。他明确地提出了"建设有中国特色的社会主义"的新概念，强调："我们的现代化建设，必须从中国的实际出发。无论是革命还是建设，都要注意学习和借鉴外国经验。但是，照抄照搬别国经验、别国模式，从来不能得到成功。……把马克思主义的普遍真理同我国的具体实际结合起来，走自己的道路，建设有中国特色的社会主义，这就是我们总结长期历史经验得出的基本结论。"这个"基本结论"，是在新的历史条件下对毛泽东思想特别是它的活的灵魂——实事求是、群众路线、独立自主思想的继承和发展，表现出邓小平同志既继承前人又突破陈规、在实践中开辟社会主义建设新道路的巨大政治勇气和开拓马克思主义新境界的巨大理论勇气，是社会主义观念上的一个重大更新。在这个总的思想指导下，邓小平同志对我国现实国情作了科学分析，指出："社会主义本身是共产主义的初级阶段，而我们中国又处在社会主义的初级阶段，就是不发达的阶段。一切都要从这个实际出发，根据这个实际来制订规划。"这就为建设有中国特色社会主义找到了根本的立足点，为纠正长期以来超阶段的"左"的政策提供了理论依据，并逐步形成了在这个阶段我们党必须坚持的"一个中心、两个基本点"的基本路线，以及党在经济、政治、文化、党的建设等方面一系列正确的方针政策。

邓小平同志所创立的建设有中国特色社会主义理论，是坚持和发展马克思主义的典范。马克思、恩格斯创立了马克思主义，把社会主义理论由空想变成科学，用科学社会主义理论武装了一代乃至几代工人阶级，为无产阶级革命做了充分的思想理论上的准备。列宁、毛泽东同志继承和发展了马克思主义，通过革命使科学社会主义理论在俄国和中国变成了现实，建立了崭新的社会主义制度。已经变成现实的社会主义如何建设、如何巩固和发展？这是当代马克思主义者必须继续和着重探索的历史课题。邓小平同志的贡献就在于，他把马列主义的基本原理与当代中国实际和时代特征相结合，创造性地回答了时代提出的一系列基本问题，成功地开辟了在改革开放中实现社会主义现代化的新道路。他反复强调，一定要坚持马克思主义，一定要坚持社会主义，"老祖宗不能丢"；同时他又强调，"世界形势日新月异，特别是现代科学技术发展很快。现在的一年抵得上过去古老社会几十年、上百年甚至更长的时间。不以新的思想、观点去继承、发展马克思主义，不是真正的马克思主义者"。邓小平同志关于社会主义本质的理论，关于革命是解放生产力、改革也是解放生产力的理论，关于对外开放的理论，关于科学技术是第一生产力的理论，关于社会主义市场经济的理论，关于台阶式发展战略的理论，关于社会主义民主法制和精神文明建设的理论，以及"一国两制"的理论，等等，都是他对马克思主义理论宝库的新贡献。正是在邓小平同志建设有中国特色社会主义理论的指导下，我们摆脱了"文化大革命"所造成的历史困境，取得了经济发展和社会全面进步的巨大成就；正是在这一理论的指导下，我们经受住了各种国际国内政治风波的考验，使充满生机和活力的社会主义制度屹立于世界的东方。18 年伟大实践证明，这一理论是正确的，是当代中国的马克思主义、中国共产党的指导思想和中华民族的精神支柱，是实现我国社会主义现代化的强大思想武器。没有邓小平同志创立的这个理论以及在这个理论指导下制定的基本路线，就不会有今天中国改革开放的新局面和中国社会主义现代化的光明前景。

邓小平同志的两大历史性贡献具有内在的统一性。中国共产党在 70 多年的奋斗过程中，领导中国人民进行了两次伟大的革命。一次是毛泽东同志领导的把半殖民地半封建的旧中国变成社会主义新中国的革命，一次是邓小平同志领导的把中国由不发达的国家逐步变成富强民主文明的社会主义现代化国家的革命。在这两次伟大革命中，实现了马克思主义同中国实际相结合的两次历史性飞跃，形成了毛泽东思想和邓小平建设有中国特色社会主义理论两大理论。江泽民同志反复指出，邓小平建设有中国特色社会主义理论是"毛泽东思想的继承和发展"。这是二者关系的根本规定。"继承"说明二者的连续性和一致性，它们都是解放思想、实事求是的产物，解放思想、实事求是是毛泽东思想的精髓，也是邓小平建设有中国特色社会主义理论的精髓；它们都以中国最广大人民的最大利益为出发点和归宿，都是中华民族根本利益的体现。"发展"说明二者的阶段性和差异性。邓小平建设有中国特色社会主义理论把毛泽东思想推进到一个新阶段，这个新阶段用江泽民同志的话说，就是："第一次飞跃，找到了中国自己的革命道路"；"第二次飞跃，找到了中国自己的社会主义建设道路"。没有革命就没有建设，没有毛泽东同志领导的第一次革命，也就没有邓小平同志领导的第二次革命；反过来说，没有建设，或者建设不成功，革命的目的、成果也不能坚持、巩固和发展。革命和建设，或者说，第一次革命和第二次革命，密不可分，这也是邓小平建设有中国特色社会主义理论和毛泽东思想密不可分的根本原因。邓小平同志创立建设有中国特色社会主义理论，开辟社会主义建设的新道路，这是对毛泽东思想的真正坚持，对毛泽东思想伟大旗帜的真正高举。邓小平同志的两大历史性贡献，体现了我们党所领导的两次革命之间的承前启后继往开来。

邓小平同志和毛泽东同志的关系，这是同邓小平建设有中国特色社会主义理论和毛泽东思想的关系既有联系又有区别的一个问题。如上所说，邓小平建设有中国特色社会主义理论和毛泽东思想是"继承和发展"的关系，而邓小平同志和毛泽东同志的关系，则应该说三句话：一曰继承，继承毛泽东同志正确的思想；二曰纠正，纠正毛泽东同志晚年的错误；三曰创造，创造毛泽东同志所没有的，即根据时代特点和形势发展，提出和概括新的观点、新的理论。邓小平同志就是这样做的，而且做得十分出色、十分成功。关于在中国建设社会主义道路的探索，这是从毛泽东同志开始的。毛泽东同志的探索，有宝贵的思想、正确的理论，这和邓小平同志创立建设有中国特色社会主义理论有直接联系，是开先河；毛泽东同志的探索，也有失误和错误，这对邓小平同志创立建设有中国特色社会主义理论也有借鉴和警戒意义。对此，邓小平同志不止一次地说过，没有"文化大革命"的教训不可能制定党的十一届三中全会以来的政策。总之，不论是毛泽东同志的正确思想，还是他的错误思想，都和邓小平同志创立建设有中国特色社会主义理论有密切关系。对毛泽东同志的正确思想，邓小平同志采取了科学态度；对毛泽东同志的错误思想，他也采取了科学态度，这是他思想正确和事业成功的重要原因，也是他革命风格和思想情操的伟大之处。

邓小平同志的两大历史性贡献功在当代，泽被后世，是他留给中国共产党和中国人民极为宝贵的精神财富。我们要努力学习他的马克思主义立场、观点、方法，努力学习他所创立的建设有中国特色社会主义理论，把邓小平同志所开创的社会主义改革开放和现代化建设事业不断胜利地推向前进，为把我国建设成为富强、民主、文明的社会主义现代化国家而努力奋斗！

反对形式主义（三篇）[*]

一、切实抓一下形式主义问题

早在 1992 年初，邓小平同志在南方谈话中就指出："现在有一个问题，就是形式主义多""会议多，文章太长，讲话也太长，而且内容重复，新的语言并不很多""要腾出时间来多办实事，多做少说"。他郑重地提出："我建议抓一下这个问题。"现在看来，这个问题还没有从根本上得到解决，形式主义现象仍然大量存在，这对于贯彻落实党提出的各项任务，妨碍极大。因此，有必要切实抓一下形式主义问题。

目前的形式主义表现在许多方面。

（一）理论学习中的形式主义

党的十三届四中全会以来，在以江泽民同志为核心的党的第

---

* 这是反对形式主义的三篇文章，分别刊于《人民日报》1999 年 4 月 1 日、《学习时报》2009 年 1 月 19 日、《人民日报》2010 年 7 月 9 日。总题目为收入本书时编者所加。

三代中央领导集体的领导下，用邓小平理论武装全党、教育干部和群众的工作取得了很大成绩。但在一些地方和单位，也还存在形式主义的问题：有的嘴上喊得多，真正扎扎实实地学习少，"相逢尽道读书好，灯下可曾见几人？"有的学习制度是坚持了，但实效比较差，往往是以理论联系实际为名，讨论起来却是从实际到实际，甚至就是海阔天空式的漫谈，理论素质并无多大提高。有的学了理论不注重应用，不注重研究和解决问题。有的甚至言行不一，表里不一，说一套做一套，学了理论还是我行我素。有的领导干部学习理论是为了装点门面，在报刊上发表文章都是秀才"捉刀"，自己不但没写过一字一句，连个思路也没有出过。这些形式主义的东西不除，理论武装的任务就难以落到实处；党的十五大发出的兴起理论学习新高潮的号召，在一些地方和单位就很可能变成轰轰烈烈走过场。

（二）实际工作中的形式主义

中央的精神在一些基层不能很好地落实，一个重要原因，就是领导作风中的形式主义。有的贯彻中央和上级指示精神，满足于会议开过了，文件传达了，并没有很好地结合自己的实际把它们具体化，上下一般粗，从一般到一般，结果还是一般。有的习惯于刮风，一个新东西出来，自己还没有完全搞清楚，就照猫画虎，照搬照套，甚至用行政命令的办法去强行推广，结果画虎不成反类犬。有的乱提指标和口号，表面上轰轰烈烈，实际上搞的是花架子，经不起实践的检验。有的到外地参观考察，名曰"取经"，实际是变相旅游，去的时候兴师动众，热热闹闹，回来以后冷冷清清，依然故我。有的领导干部向上级当面汇报工作，也照本宣科，没有多少真情实感；对下级指导工作，又是满嘴套话，讲的都是些没有针对性的"不错也没用"的东西。有的热衷于在传媒上抛头露面、忙于各种剪彩和送往迎来的应酬活动，缺乏扎扎实实的调查研究和为老百姓办实事的敬业精神，如此等等。这些形式主义的东西不除，中央提出的跨世纪任务就难以落到实处，改革和发展就难以开创新局面。

（三）文风中的形式主义

随着思想路线的拨乱反正，我们的文风也有了根本的好转。但是，文风不正的情况依然存在，主要是八股习气浓重的形式主义还不少。有的文章太长又空洞无物，本来一两千字可以说清楚的问题，硬是要拉长到洋洋数千字甚至万把字，被有的同志戏称为"泡沫文章"。有的文章没有多少新意，尽是有关文件的复述，去掉引语（明引和暗引），没有几句自己的话。有的文章套话多，尽人皆知的原则话多，缺少思想性和现实针对性，用毛泽东同志的话说，叫"无的放矢"，讲的都对，但不大管用，对人没有多大启发。还有穿鞋戴帽、生吞活剥各种时髦的新名词，翻来覆去老是那几句话，缺少生动活泼的语言，等等，都是人们在报刊上时有所见的。总之，缺少生动活泼、新鲜有力的马克思主义文风，在当前是一个很突出的问题。它不仅直接影响宣传效果，而且会在全社会助长不正派的学风。

形式主义的要害，是理论与实践的脱离。它把一切正确的理论、原则、政策都变成毫无内容的口号、程式和过场。我们要真正高举邓小平理论的伟大旗帜、全面落实党的十五大精神，必须反对形形色色的形式主义。正如邓小平同志所说："追求表面文章，不讲实际效果、实际效率、实际速度、实际质量、实际成本的形式主义必须制止。说空话、说大话、说假话的恶习必须杜绝。"[1] 这里既要解决思想意识问题，又要解决精神状态和思想方法问题。有的人搞形式主义是为了做给上级看的，是为个人升官晋级创造所谓"政绩"，于是说大话、空话甚至假话，热衷于搞那些图虚名而招实祸的花架子；有的人搞形式主义是因为精神状态不佳，因循守旧、不思进取，懒于实践和调查研究，只能说老话、套话而缺少说解决问题的新话；有的人搞形式主义是因为知识不足，尤其缺乏社会主义市场经济的基本知识和现代科技知识，于是只能人云亦云地说一些原则话；有的人搞形式主义是因为思想方法不科学，不善于把一般性原理、原则同自己的具体实际相结合，不重视对具体问题进行具体分析，于是讲话、办事缺少针对性，如此等等。鉴于形式主义表现的多样性及其产生原因的复杂性，我们反对形式主义也要进行综合治理。要全面提高干部的政治素质——牢固树立全心全意为人民服务的思想；提高干部的哲学素质——学会运用唯物辩证法去观察和处理问题；提高干部的科学文化素质——增强解决具体问题的本领；提高干部的责任感和使命感——振作精神、积极开拓进取。

在反对形式主义斗争中，我们的报刊宣传部门担负着重要的责任，它们的面貌如何，提倡什么、不提倡什么，起着重要的导向作用。希望我们的报刊在倡导马克思主义学风、力戒形式主义方面带一个好头。

---

[1] 《邓小平文选》第二卷，人民出版社 1994 年版，第 100 页。

二、在文风和话风上来个思想解放

文风和话风中的形式主义，有愈演愈烈之势，中央决定认真抓一下这个问题，我举双手拥护。我认为，我们应当旗帜鲜明地提出：在文风和话风上来个思想解放！

李景田同志带了一个好头，他在《党校要带头改进文风》这篇讲话中提倡讲短话、讲明白话、讲自己的话，切中时弊，很有针对性。强调党校带头，体现了"从我做起"的责任意识，也有很强的可操作性。《学习时报》发表了李景田同志的讲话，写了一个推荐这篇讲话的短评，今天又召开了这样一个以改进文风为主题的座谈会，表明中共中央党校在改进文风问题上已经开始带头了，令人高兴，令人鼓舞！

文风、话风乃至会风中形式主义严重，非自今日始。早在1992年，邓小平同志在南方谈话中就尖锐地指出了这一点。他说："现在有一个问题，就是形式主义多。电视一打开，尽是会议。会议多，文章太长，讲话也太长，而且内容重复，新的语言并不很多。重复的话要讲，但要精简。形式主义也是官僚主义。要腾出时间来多办实事，多做少说。"他郑重提出："我建议抓一下这个问题。"现在时间已经过去了十六七年，我看问题并没有得到根本解决，在有些方面甚至可以说越来越严重。例如：

有些文章和讲话又长又空又重复，充满尽人皆知的大道理，没有多少有的放矢的具体话和新话，即使有几句闪光的话也被大量泡沫淹没了，引不起人们的注意和兴趣。

有些文章和讲话不在琢磨事儿上下功夫，专在琢磨词儿上下功夫，充满四六句、顺口溜，闭门造车弄出的"几个坚持""几个必须""几个深入"，都是一些表面文章，"好听"但不管用。

有些文章和讲话既不摆事实，又不讲道理，充满"必须""一定要"，居高临下，满嘴套话，没有什么说服力，更没有什么感染力，是十足的"官样文章"。

有些学术理论文章一味生吞活剥各种时髦的新名词，炒作自己也没有弄明白的新概念，常常把简单问题复杂化，使人如入云里雾中，摸不着头脑，如此等等，不一而足。

以上这些形式主义的东西，有百害而无一利。一是束缚自己的思想，二是浪费别人的时间，三是贻误我们的事业，四是污染社会风气，五是有损论者形象，实在是一大社会公害。我们应当大声疾呼，并且从自己做起，努力改进文风和话风，在这个问题上来个思想解放，使我们的文章和讲话从泡沫文章的束缚中解放出来，从官样文章的束缚中解放出来，从表面文章的束缚中解放出来，从一切形式主义的束缚中解放出来；大兴实事求是、调查研究之风，大兴问政于民、问计于民之风，大兴独立思考、开拓创新之风，大兴讲真话、讲实话、讲短话、讲明白话、讲管用话、讲自己话之风。

三、弘扬务实求理的良好文风

李瑞环同志将他在中央和天津工作期间的部分文稿汇编出版，取名《务实求理》，看来是经过了一番认真琢磨的。正如该书编辑组在后记中所说，"务实求理"这四个字，"既是本书的主要特点，也是作者人生经历、经验的主要体会，同时又表明了作者对写文章的基本要求和对文风的某种希冀与倡导"。拜读全书之后，深受启发和教育。

文风问题，已经引起全党上下、干部群众的广泛关注。胡锦涛同志在党的十七大报告中明确提出，要"改进学风和文风"。党的十七届四中全会《中共中央关于加强和改进新形势下党的建设若干重大问题的决定》进一步要求，要大力"整治文风会风"；前不久，习近平同志在中共中央党校又作了《努力克服不良文风，积极倡导优良文风》的讲话；许多学者、干部、群众也纷纷发表文章、谈话，呼吁切实抓一下文风问题。在这种情况下，我们阅读李瑞环同志《务实求理》一书，重温他那些要言不烦、朴实无华、富有个性、生动活泼的讲话、文章，以及他对优良文风的大力倡导，显然是一件十分有益的事情。

我们听李瑞环同志讲话，看他写的文章，一个突出的感受就是"务实"，即他所提倡的"知实情、想实招、说实话、求实效"。他说，空谈误国，实干兴邦，我们应当大力提倡务实精神，"执行中央指示时要务实，运用书本知识时要务实，学习别人经验时要务实，坚持自己经验时也要务实""讲空话、大话、套话，既不了解实际也不联系实际，既不从实际出发，也不解决实际问题""看起来热热闹闹，实际上毫无用处"。谈到一些文章的文风不好，他说："我们有些文章写得不好，不是词汇不够多、句子不够美，而是动机上、内容上、方法上有毛病，在鼓捣词儿上花的时间太多，在研究事儿上下的功夫太少。为文章而文章，从文章到文章，这种方法，永远写不出好文章。"谈到一些会议的会风不好，他说，主要是"空话套话、似是而非的话、没有错也没有用的话"太多，而结合实际、回答问题、具体管用的话太少。所以，文风问题，实际是学风问题，是思想路线问题，是如何处理主观与客观、理论与实践、普遍与特殊、内容与形式等的关系问题。李瑞环同志在《面对现实，深入调研》这篇讲话中深刻阐明了"怎样看待本本""怎样看待文件""怎样看待经验""怎样看待权力""怎样看待公认"等一系列的认识论问题，强调"各级领导干部必须重视实践，重视群众，重视基层，重视现实，而不能脱离实践固守理论，轻视群众盲从领导，不顾基层只看上级，离开现实专讲过去"。就是说，我们重视本本但不能搞本本主义，我们重视文件但不能照抄照转，我们重视学习别人但不能简单照搬别人，我们重视自己的经验但不能固执己见。我们讲话、写文章都要以正在做的事情为中心，以解决实际问题为原则，创造性地而不是刻板地运用已有的理论、原则、知识、经验等，努力讲符合实际的话、具体管用的话、与时俱进的话。这样的话，才是生动活泼和富有生命力、感染力、说服力的话。这是为人之道，成事之道，也是作文、讲话之道。

我们听李瑞环同志讲话，看他写的文章，又一个突出的感受是他重视"求理"，即重视理论思考，特别是哲学思考，因而有思想深度，富有启发性。他务实，但不是就事论事，而是就事论理。他有一个形象的说法，叫"不占糊涂便宜，不吃糊涂亏"，要重视总结经验。对于成功的经验，"要从理论高度进行概括，使其具有普遍意义，借以指导其他，不能占糊涂便宜"；对于失败的经验，"要以辩证唯物主义态度，找出内在的原因，使之成为成功的先导，不能吃糊涂亏"。这就要求重视理论思考，而且要"具体地思考，深入地思考，连贯系统地思考，思考现在、过去和未来，思考自己、他人和整个世界，思考实践、理论和理论与实践的结合"。这种思考越深刻、越系统、越超前，对事物本质和规律的认识就越正确，在实践中就越主动和自由。李瑞环同志关于发展、改革、稳定的论述，关于民主、统战、政协工作的论述，关于宣传、文化、艺术工作的论述，关于城建和"三农"的论述，关于对外关系和党的建设的论述等，都体现了务实与务虚、实际与理论、材料与观点的有机结合，使他的论述"讲原则而不空泛，讲具体而不琐碎"，既有助于实际问题的解决，又有益于人们思想理论水平的提高。他特别重视哲学思考，追求哲学之理，使他的著作具有很高的哲学智慧，闪耀着唯物论和辩证法的思想光芒。我们随手翻阅，就可以发现大量这样的话："研究当前的问题，必须服从于长远的发展目标；而研究长远的问题，又必须从现实出发"；"如果只研究中国，不研究世界，就会落后世界潮流；如果只研究世界，不研究中国，就会脱离中国国情"；"普遍存在的问题要在方针政策上找原因，反复出现的问题要从发展规律上找原因"；"讲政治人民至上，求真理实践第一"；"改革不可能每一步都使每一个人得到利益，但无论如何不能损害多数人的利益；改革从总体上提高了人民的生活，但无论如何不能忘记暂时遭遇困难的人"；"只有心中有人民，人民心中才有你"；"与民同乐，民亦乐其乐，与民同忧，民亦忧其忧"；如此等等。这里虽然没有使用多少哲学术语，但体现着深刻的哲学理念，读过之后，给人以深刻的哲学启迪，令人回味无穷，甚至终身受益。

我们听李瑞环同志讲话，看他写的文章，还有一个突出的感受就是"生动"，即他善于讲理，深入浅出，通俗易懂，言简意赅，富有文采。许多看似深奥的道理，经他一讲往往一语破的；许多困惑疑虑，经他一点拨往往豁然开朗。他能用三言两语抓住事情的要害，使人印象深刻，而久久难以忘怀。例如，他谈到政协工作，说："政协不立法，但可以立论。"一个"立论"抓住了政协工作的本质。谈到统战工作干部的素质要求，他说，同其他干部一样，要具备许多基本条件，但还应具备一些特殊的条件，"其中很重要的一条，就是要形象好、人缘好、富有人格的力量"。一个"人缘好"道出了统战干部应当具备的特殊形象。谈到改革，他说，当然要遵循许多原则，但最重要的是人民群众"总体受益原则和总体承受能力原则"，这是最根本的原则。谈到国外有人散布"中国威胁论"，他说，这实际上是"威胁中国论"，可谓一针见血，一语中的。像这样思想深刻、言简意赅、发人深省的话，决不是依赖秘书和写作班子就能够写出来的，而是李瑞环同志独特风格的体现。他学历不高，但学习刻苦，"几十年来一直在补课，有时简直是恶补"，学习使他广见博闻、视野开阔、思想深邃。他工作很忙，但是忙而不忘"多思"，每次睡觉以前都要想一个题目，"碰到大的难的问题，不是趴在桌上想，而是躺在床上想"，许多讲话、文章的提纲都是在床上想出来的。"多思"使他高瞻远瞩、见解独到、智如泉涌。他的讲话、文章不仅深入浅出、言简意赅，而且语言生动、资料丰富、引人入胜。这得益于他丰富的生活阅历和实践经验。他来自基层，了解实际，熟悉群众，又长期从事各级领导工作，生活不仅使他增长才干，而且教会了他丰富多彩的语言。他的许多真知灼见一旦和群众的语言相结合，就立刻变得生动起来、鲜活起来。面对国外某些人毫无根据的非议，他说："听蝲蝲蛄叫，还能不种庄稼？"面对一些无谓的抽象争论，他说："先生孩子后起名""关键是孩子要养好！"面对一些同志唯上、唯书、不唯实，他说："脑袋长在自己的肩膀上，不能长在别人的胳膊上。"面对一些同志不分轻重缓急、眉毛胡子一把抓的工作作风，他说，这就好比

"螃蟹吃豆腐——吃得不多，抓得挺乱"。你看，多么生动、多么深刻、多么风趣！短短的几句话，甚至一句话，有时比某些长篇大论更解决问题。可见，要真正转变文风，学习是何等重要，思考是何等重要，生活积累是何等重要。

从李瑞环同志的著作中，我们看到，文风问题不只是一个语言文字的表达问题，它首先是一个思想路线、思想方法问题，也是一个人的学习态度、工作态度问题。"务实求理"应当成为我们人生的座右铭，也应当成为我们作文说话的座右铭。

领导干部必须强化战略思维*

战略思维，是领导干部必备的一种素质和能力。所谓战略思维，就是全局性思维。毛泽东同志在谈到战争时指出："只要有战争，就有战争的全局"，"凡属带有要照顾各方面和各阶段性质的，都是战争的全局"，"研究带全局性的战争指导规律，是战略学的任务"。要有战略思维，就是要求总揽全局、驾驭全局，争取全局工作的主动与胜利。这是做好一切领导工作的必备条件，是一项马克思主义的领导艺术。

一、领导干部要把注意力摆在照顾工作的全局上面

唯物辩证法告诉我们，事物不但作为矛盾而存在，而且作为系统和过程而存在。作为系统，它包括诸多要素；作为过程，它包括发展的各个阶段。事物的全局，就是事物诸多要素相互联结、相互作用的发展过程。我们的事业极其复杂，包括各条战

---

* 本文原载于《中共中央学校学报》2000 年第 1 期。

线、各个地区、各个单位；我们的事业又极其远大，包括一系列相互联系的过程和阶段，因此，必须处理好各个方面、各个阶段之间的关系，争取全局工作的最佳效果。毛泽东同志说："指挥全局的人，最要紧的，是把自己的注意力摆在照顾战争的全局上面。""如果丢了这个去忙一些次要的问题，那就难免要吃亏了。"所谓照顾全局，就是要求对工作进行全局的谋划，不可囿于局部而丢了全局。平常我们讲的"高瞻远瞩"，就是这个意思。高瞻，就是站在全局的高度去观察和处理问题；远瞩，就是立足现在又放眼未来。如果不是这样，只是就局部论局部，挂一漏万，顾此失彼；或者只顾眼前，不顾长远，那就不是战略思维，而是"只见树木、不见森林"的形而上学思维了。战略家和庸俗事务家的区别就在这里。抗日战争时期，美军驻延安观察团成员谢维思说："我曾问过很多中国共产党的朋友们，毛主席为什么能战胜他的很多敌人，成为众所公认的领袖，他们的答案都是一致的，归根到底，他高瞻远瞩。"邓小平同志也是高瞻远瞩的战略家，他说："我们政治局、政治局常委会、书记处的同志，都是管大事的人，考虑任何问题都要着眼于长远，着眼于大局。""眼界要非常开阔，胸襟要非常开阔"，"要从大局看问题，放眼世界，放眼未来，也放眼当前，放眼一切方面"。

不谋全局不足以谋一域，不谋长远不足以谋一时。现在我们有些领导干部，整天忙于具体的事务性工作，忙于各种场面和应酬性活动，很少静下心来考虑一些全局性、长远性的问题，不善于把具体问题提高到原则性的高度去解决，这是同领导干部的地位和职责不相称的，是难以做好工作，更难以担当历史重任的。

（一）照顾全局，首先要把全局作为我们考虑问题、研究问题、解决问题的出发点和落脚点。全局固然由局部所组成，但不是局部的简单相加，而是互相联系、互相作用的各个局部所形成的整体。古希腊哲学家亚里士多德说："整体不等于各个孤立部分的总和。"就是说，整体的功能可能大于也可能小于局部功能之和。"三个臭皮匠凑个诸葛亮"，说的就是整体功能大于部分功能之和；"三个和尚没水吃"，说的就是整体功能小于部分功能之和。所以全局高于局部，在事物的发展中，全局起着主要的、决定的作用，它决定事物发展的方向和趋势。我们处理问题首先要着眼于全局，要站在全局的高度观察局部。全局搞好了，从根本上说有利于局部，全局利益是最高利益。当全局利益与局部利益不可兼得之时，要以局部服从全局，即谋大利、避大害，而不计局部一时一地之得失。"有所进有所退""有所为有所不为""将欲取之，必先予之"等，说的就是这个道理。中央苏区第五次反"围剿"时期，"左"倾冒险主义者不懂得这个道理，反对必要的战略退却，认为退却丧失土地、危害人民（所谓打烂坛坛罐罐），主张御敌于国门之外。毛泽东同志说：关于丧失土地的问题，常有这样的情形，就是只有丧失才能不丧失，这是"将欲取之，必先予之"的原则。如果我们丧失的是土地，而取得的是战胜敌人，加恢复土地，再加扩大土地，这是赚钱的生意。他又说：危害人民的问题同此道理。不在一部分人民家中打烂坛坛罐罐，就要使全体人民长期地打烂坛坛罐罐。接着毛泽东同志作了一个总结，指出："他们看问题仅从一局部出发，没有能力通观全局，不愿把今天的利益和明天的利益相联结，把部分利益和全体利益相联结，捉住一局部一时间的东西死也不放。"这说明，没有全局在胸，是不会真的投下一着好棋子的。在一定条件下，局部暂时地退，正是为了全局长远地进，这是事物全局与局部关系的辩证法。打仗如此，搞改革，搞建设，搞一切工作，均莫不如此。当前，从战略上调整国有经济布局，"坚持有进有退，有所为有所不为"的方针，正是为了从根本上提高国有经济的整体素质和整体效益；实行可持续发展的战略方针，正是为了把今天的发展与明天的发展联结起来，避免由于今天的发展而使明天的发展丧失必要条件；如此等等。总之，一切都要着眼于全局和长远，不可囿于局部和一时，不可一叶障目不见泰山。这是战略思维的基本要求。

（二）照顾全局，要求对局部"统筹兼顾，全面安排"。全局由局部组成，全局的胜利要靠各个局部共同努力。一般的局部对全局虽然不起主要的决定的作用，但是，如果多数局部失败了，全局也会起根本的变化。所以，指挥全局的人要善于调动一切局部的积极性为全局服务。毛泽东同志在谈到领导方法时要求我们要学会"弹钢琴"，他说："弹钢琴要十个指头都动作，不能有的动，有的不动。……党委要抓紧中心工作，又要围绕中心工作而同时开展其他方面的工作。我们现在管的方面很多，各地、各军、各部门的工作，都要照顾到，不能只注意一部分问题而把别的丢掉。凡是有问题的地方，都要点一下，这个方法我们一定要学会。"[①] 在谈到处理人民内部矛盾时，毛泽东同志总是强调，要兼顾各个方面的利益。在抗日战争时期，他说："中国共产党提出的各项政策，都是为着团结一切抗日的人民，顾及一切抗日的阶级，而特别是顾及农民、城市小资产阶级以及其他中间阶级的"，"如果不顾到这些阶级的利益，……要想把国事弄好是不可

---

① 《毛泽东选集》第四卷，人民出版社1991年版，第1442页。

能的"。在社会主义时期，毛泽东同志把调动一切积极因素作为建设社会主义的一项基本方针，他说："统筹兼顾，各得其所，这是我们历来的方针。"强调处理所有问题，都要从对全体人民统筹兼顾这个观点出发。早在 1951 年，邓小平同志就指出："统战工作有其策略性，但更主要的是它的战略性，就是要广泛地团结工人阶级、农民阶级、小资产阶级、民族资产阶级和社会各阶层人民。"

（三）照顾全局，统筹兼顾、全面安排，还要注意研究事物的结构，以优化的结构提高全局整体的功能。所谓结构，就是系统内部各种要素相互联系、相互作用的方式，如一定的比例、一定的秩序、一定的结构形式，等等。系统整体的性质与功能不但决定于构成系统的诸要素的性质与功能，而且决定于要素之间的结构。结构变化了，系统整体的性质与功能也会随之变化。例如，石墨和金刚石都由相同的碳原子组成，但是由于金刚石的碳原子分布均匀，结合紧密，形成一种无色透明、外形为八面体的高硬度晶体；而石墨的碳原子之间距离大、结合力弱，便形成一种软质鳞片状晶体，其硬度接近于零。中国古代有一个讲赛马的故事：甲乙双方各有上中下三等马，如果甲方以上等马对对方的上等马，中等马对对方的中等马，下等马对对方的下等马，结果是平局；如果换一种结构，甲方以上等马对对方的中等马，以中等马对对方的下等马，以下等马对对方的上等马，结果就是 2∶1。可见，结构对全局的影响何等之大。我们从事领导工作，照顾全局，不能不重视结构问题。搞经济工作，要研究所有制结构、产业结构、产品结构、投资结构等，结构不同，效益不同，甚至有天壤之别。在一个社会中，阶级结构十分重要，何者处于领导地位、何者处于被领导地位，直接决定一个社会的性质。领导班子也有结构问题，包括年龄结构、知识结构、智能结构等，合理的结构可以大大提高领导班子整体的领导水平。这些都是领导干部不能不加以注意的。

二、领导干部要把注意力的重心放在对全局有决定意义的问题上

组成全局的各个局部在全局发展中所处的地位、所起的作用是不相同的。有的是一般性的作用，有的是比较重要的作用，有的是最重要的、起决定性的作用。因此，在统筹兼顾中不能平均使用力量，而必须抓住重点，突出重点。从一定意义上说，照顾重点就是照顾全局，丢掉重点就是丢掉全局。下棋时，"一着不慎，满盘皆输"，这一着不是任意的一着，不是无全局意义的一着，而是对全局有决定性意义的关键的一着。因此，毛泽东同志说："任何一级的首长，应当把自己注意力的重心，放在那些对于他所指挥的全局来说最重要最有决定意义的问题或动作上，而不应当放在其他的问题或动作上。"

（一）这里首先有一个主要矛盾和次要矛盾的关系问题。在复杂的事物的发展过程中，有许多的矛盾存在，其中必有一种矛盾是主要矛盾，由于它的存在和发展规定和影响其他矛盾的存在和发展。抓准、抓住了主要矛盾，就可以提纲挈领，带动全局工作的开展。我们在 20 世纪 50 年代后期到 70 年代中期指导思想上的最大失误，就是抓错了主要矛盾，在阶级斗争已不是主要矛盾的社会主义条件下仍然坚持"以阶级斗争为纲"，离开了经济

建设这个中心任务，结果造成全局工作的失误。在一定的历史时期，整个社会有一个主要矛盾以及据此确定的中心任务，各个领域、各个地区、各个单位，都受这个主要矛盾的支配和制约，都要围绕这个中心任务去开展工作，同时这个主要矛盾和中心任务在各个领域、各个地区、各个单位又有其特殊的表现，例如在当前，生产单位要以效益为中心，军队要以训练为中心，学校要以教学为中心，如此等等，抓住了这些中心，就是抓住了各自工作的重点和全局。

（二）主要矛盾是第一重要的，它规定了我们工作的战略目标和战略方向。但主要矛盾不是唯一的，在重视解决主要矛盾的同时，还要切实解决其他一系列矛盾，特别是要着力解决那些对解决主要矛盾，从而对推动全局发展有重大影响的矛盾。例如，社会主义现代化建设是一项复杂的系统工程，围绕经济建设这个中心，必须处理好一系列重大矛盾或关系。毛泽东同志1956年写的《论十大关系》就是讲的我国社会主义革命和建设中带全局性的重大关系。把这十大关系处理好了，社会主义革命和建设全局的胜利就有把握了。当然，由于种种原因，十大关系的基本思想后来没有坚持。"文化大革命"以后，邓小平同志在总结历史经验、总结新鲜经验的基础上，对社会主义建设新时期一系列事关全局的重大关系问题作了全面、系统、深刻的分析，提出了解决这些重大关系问题的一系列基本原则，如"一个中心"与"两个基本点"的关系，两个基本点之间的关系，解放生产力和发展生产力的关系，公有制为主体与发展多种所有制经济的关系，社会主义与市场经济的关系，中国的发展与世界的关系，等等。在解决所有这些问题上，邓小平同志又总是突出解决其中带有全局性的关键问题。例如，在发展生产力问题上，他强调科学技术是第一生产力，发展经济必须依靠科技和教育，"中央提出要以极大的努力抓教育，首先从中小学抓起，这是有战略眼光的一着"。在改革问题上，他首先选择以农村改革为突破口，强调没有农民的富裕就没有全国人民的富裕，没有农业的发展就没有全国的发展，没有农村的稳定就没有全国的稳定。在对外开放问题上，他首先选择具有经济、人才和区位优势的沿海为突破口，以推动全国的对外开放，后来又特别强调开发浦东所具有的战略意义，指出："上海在人才、技术和管理方面都有明显的优势，辐射面宽。""开发浦东，这个影响就大了，不只是浦东的问题，是关系上海发展的问题，是利用上海这个基地发展长江三角洲和长江流域的问题。"他强调："要实现适当的发展速度，不能只在眼前的事务里面打圈子，要用宏观战略的眼光分析问题，拿出具体措施。机会要抓住，决策要及时，要研究一下哪些地方条件更好，可以更广大地开源。比如抓上海，就算一个大措施。上海是我们的王牌，把上海搞起来是一条捷径。"

1992 年邓小平同志视察南方以后，特别是党的十四大以后，我国的改革和发展进入了一个新的阶段，又出现了一系列新的矛盾和问题。在这种情况下，江泽民同志发表了《正确处理社会主义现代化建设中的若干重大关系》的讲话，以邓小平理论为指导，结合新的实际，对关系社会主义现代化建设全局的十二个重大关系作了系统分析，提出了解决这些问题所应遵循的基本原则。这十二大关系之间具有内在的逻辑性，大体可以概括为"一总三分"，即一个总论，三个部分。"一总"：第一条，改革、发展、稳定的关系，这是总揽全局的、最重大的基本关系，是十二大关系中的首要关系。改革、发展、稳定是我国现代化建设总体格局中三枚关键的棋子，是一个有机的整体，发展是目的，改革是动力，稳定是前提，任何一个方面出了问题，都会影响全局。当前需要处理好的最重大的关系，首先就是这个关系。处理这三者关系的基本方针，就是"抓住机遇，深化改革，扩大开放，促进发展，保持稳定"。"三分"的第一部分：第二条至第五条，讲关于发展的四个重大关系。发展作为一个全局，包含一系列重大关系，主要是：第一，速度和效益的关系；第二，经济建设和人口、资源、环境的关系；第三，一、二、三产业之间的关系；第四，东部地区和中西部地区之间的关系。这四大关系中最重要的是速度和效益的关系，后三个关系说到底最终都服务于速度和效益的关系，即争取一个较高的速度和一个较好的效益。"三分"的第二部分：第六条至第十条，讲关于改革的五大关系。搞好改革，需要处理好一系列关系，其中有五大关系：第一，市场机制和宏观调控的关系；第二，公有制经济和其他经济成分的关系；第三，收入分配中国家、企业和个人的关系；第四，扩大对外开放和坚持自力更生的关系；第五，中央和地方的关系。这五大关系中也有一个首要的关系，即市场机制和宏观调控的关系，把二者统一起来，这是社会主义市场经济体制的基本要求。"三分"的第三部分：第十一条至第十二条，讲作为发展和改革的保证的两大关系。一是国家安全保证，讲国防建设和经济建设的关系。改革也好、发展也好，都需要有一个国内的稳定环境和争取一个较长时期的世界和平环境，这就需要加强国防建设，而国防建设的加强又依赖于经济建设。二是思想政治保证，就是精神文明和物质文明之间的关系，改革和发展都需要政治思想上的保证，要处理好物质文明建设和精神文明建设的关系。十二个重大关系，涵盖了社会总体以及生产力、生产关系、上层建筑各个方面。第一条改革、发展、稳定的关系是涵盖社会总体的，第一部分关于发展是讲生产力的，第二部分关于改革是讲生产关系的，最后两条是讲上层建筑的，一是政治上层建筑，一是思想上层建筑。所以说，十二大关系之间具有内在逻辑联系，江泽民同志在错综复杂的矛盾关系中提纲挈领地抓住了对全局有决定意义的十二个关系。十二个关系中又有三个最重大的关系，即改革、发展、稳定的关系，速度和效益的关系，市场机制和宏观调控的关系。这些都是具有战略意义的重大问题。

（三）在解决主要矛盾和重大矛盾的过程中，各方面工作的发展是不平衡的。善于发现和解决最薄弱的环节，常常成为推动全局工作的一个必要条件。管理科学中有一个"木桶理论"，即一个木桶由许多木片相围而成，木桶的容水量不取决于那些较长的木片，而取决于那张最短的木片，你要提高木桶的容水量，将长木片再加长也没用，而必须将最短的木片加长——它是最薄弱的环节。所谓国民经济比例失调，就是长线过长而短线过短，只有加强短线这个薄弱环节，才能实现相对平衡，提高整个国民经济的效益；在社会主义初级阶段，所有制结构是以公有制为主体、同时发展非公有制经济；尽管非公有制经济不是主体，但它在当前一些地方可能成为需要特别强调发展的薄弱环节。总之，事物发展的不平衡性，要求我们注意解决薄弱环节，以实现事物发展的相对平衡，推动事物整体的健康发展。至于何者为薄弱环节，那是因地因时而异的，需要具体分析而作出战略性的选择。

三、各级领导干部都要重视研究全局问题

（一）有人可能会说，把握全国大局靠中央，而我在地方或部门工作，何以有必要研究全国这个大局呢？处于局部地位的各级领导之所以有必要研究全国大局，是因为"懂得了全局性的东西，就更会使用局部性的东西，因为局部性的东西是隶属于全局性的东西的"。只有懂得全局，才能自觉地在大局下行动，自觉地服务全局、服从全局。邓小平同志有一句名言："管事要管本行，议事要议大事，要把眼界搞开阔些。"这是针对妇女工作讲的，实际上有普遍的意义。他总是告诫我们要站在全局的高度考虑局部问题。例如，他说："沿海地区要加快对外开放，使这个拥有两亿人口的广大地区较快地先发展起来，从而带动内地更好地发展，这是一个事关全局的问题，内地要顾全这个大局。"这就是说，首先发展沿海，不仅仅是为了沿海自身，首先是着眼于全国发展的大局。所以内地要顾全这个大局。同时，邓小平同志又说："发展到一定的时候，又要求沿海拿出更多力量来帮助内地发展，这也是个大局，那时沿海也要服从这个大局。"今天我们提出要加快内地发展的步伐，也不仅仅是为了内地自身的发展，同时也是全国大局发展的需要，包括沿海地区进一步发展的需要。沿海要有发展的后劲，需要中西部地区原材料的开发和市场的扩大，所以沿海帮助内地加快发展，有利于全国的发展，从而也有利于沿海的发展。在这里我们看到，邓小平同志讲东西部关系问题时，他是作为一个战略家，从全局和长远发展的高度谈论问题的。作为局部的沿海和内地，只有立足全局才能坚决和正确地贯彻执行中央的决策。不立足于大局，不可能正确处理东西部的关

系问题。如果开始的时候内地不顾全大局，沿海发展不起来，那么全国也不可能较快地发展起来；如果现在沿海不顾全大局，内地不可能更好地发展起来，那么全国也不能进一步更快地发展起来。在谈到军队建设与经济建设的关系时，邓小平同志说："现在需要的是全国党政军民一心一意地服从国家建设这个大局，照顾这个大局"，"我们军队有自己的责任，不能妨碍这个大局，要紧密地配合这个大局，而且要在这个大局下面行动"，"大家都要从大局出发，照顾大局，千方百计使我们国家经济发展起来，发展起来就好办了。大局好起来了，国力大大增强了，再搞一点原子弹、导弹，更新一些装备……到那个时候就容易了"。至于中央和地方的关系，直接地说就是全局和局部的关系。改革开放以来，实行权力下放，地方积极性得到充分发挥，有力地推动了改革和发展，但也出现了一些新的矛盾和问题。有的地区和部门过多考虑本地区、本部门的局部利益，贯彻执行中央的方针政策不力，甚至出现了上有政策、下有对策，有令不行、有禁不止的现象；应当由中央集中的则集中不够，某些方面存在过于分散的现象。我们既不允许存在损害国家全局利益的地方利益，也不允许存在损害国家全局利益的部门利益。损害国家全局利益，最后也必然要损害局部利益，因为局部毕竟是受全局制约和支配的局部。因此，邓小平同志说："要提倡顾全大局，有些事从局部看可行，从大局看不可行；有些事从局部看不可行，从大局看可行。归根到底要顾全大局。"①

（二）我们不但应当重视研究全国大局问题，而且应当重视

---

① 《邓小平文选》第二卷，人民出版社 1994 年版，第 82 页。

研究世界大局问题。中国的发展离不开世界。邓小平同志在精心设计建设有中国特色社会主义蓝图时，不但立足于中国的国情，而且以马克思主义的宽阔眼界观察世界，密切注视世界形势的变化。他正确分析当今时代特征，作出和平与发展是当今时代主题的新判断，告诫我们要抓住机遇、加快发展。他正确分析当前世界经济发展的特点，作出"现在的世界是开放的世界"的新判断，领导我们制定了对外开放的新政策。他正确分析当今世界科学技术的最新发展，作出"科学技术是第一生产力"的新判断，强调发展经济必须依靠教育与科技。他正确分析复杂多变的国际形势，领导我们制定了独立自主的和平外交政策和国际战略。如此等等，只有了解世界大局，我们才能深刻理解邓小平理论，正确贯彻和执行党的路线、方针、政策。

（三）处于局部地位的同志不仅要注意研究全国和世界大局问题，还应当注意研究自己这个局部所应处理的全局性重大问题。全局和局部的区别是相对的，不是绝对的。对于全局来说是局部，对于局部所包含的部分来说，局部自身又是全局。毛泽东同志说："世界可以是战争的一全局，一国可以是战争的一全局，一个独立的游击区、一个大的独立的作战方面，也可以是战争的一全局。凡属要照顾各方面各阶段的性质的，都是战争的全局。"因此，作为局部，一方面要研究全局的重大关系；另一方面，局部自身作为全局，又包含一系列自身的重大关系，作为局部的领导者，研究、处理好这个局部所包含的重大关系，是做好局部工作的重要条件。每一个单位、每一个部门都应重视研究和正确处理自身的一系列重大关系。比如，文艺工作中就有一系列重大关系要处理好：文艺和生活的关系，文艺和群众的关系，文艺的主旋律和多样化的关系，文艺的雅和俗、提高和普及的关系，等等。搞清这些关系，才能制定出正确的文艺政策，才能做好文艺工作。外交工作也有一系列重大关系要处理好：第一，韬光养晦和有所作为的关系；第二，坚持原则坚持斗争和有理、有利、有节的关系；第三，主要矛盾和次要矛盾的关系；第四，真老虎和纸老虎的关系；第五，以美国为首的西方国家对我国实行两手政策——既接触又遏制，相应地我们也要采取两手政策——既接触又斗争。精神文明建设作为一个系统工程，包含一系列应当处理好的重大关系，如物质文明建设和精神文明建设的关系，精神文明建设中思想道德建设和教育、科学、文化建设的关系，党的最高理想和现阶段全国人民共同理想的关系，道德的先进性要求和广泛性要求的关系，等等，都需要我们认真加以研究，并正确加以处理。总之，各行业、各地区、各单位都有一系列需要解决的重大关系问题，抓住并正确解决这些问题，就可以有效地推动全局工作的发展。

协调推进与持续发展*

——全面建设小康社会需要正确处理的若干重大关系

　　全面建设小康社会，是一项复杂的系统工程和艰巨的历史过程。作为系统，它包含一系列相互联系的诸多方面；作为过程，它包含一系列相互衔接的诸多阶段。我们要胜利实现党的十六大所确立的全面建设小康社会的奋斗目标，必须正确处理系统和过程中所包含的一系列重大关系，其中主要是十个方面的重大关系。

一、小康社会与社会主义初级阶段的关系

　　我国社会主义初级阶段是一个相当长的历史阶段。从 20 世纪 50 年代中期起，至少需要经历上百年的时间，直到实现国家的现代化。在这个长过程中，由于经济、社会发展水平不同，将经历一系列相互联系的小的发展阶段，其中每一阶段目标的实现，都使我们逼近最终实现现代化这个总目标。

＊ 本文原载于《人民日报》2003 年 3 月 3 日。

邓小平同志为我们规划了"三步走"的发展战略,即第一步,到 20 世纪 80 年代末,实现国民生产总值比 1980 年翻一番,解决人民的温饱问题;第二步,到 20 世纪末,使国民生产总值再增长一倍,人民生活达到小康水平;第三步,到 21 世纪中叶,人均国民生产总值达到中等发达国家水平,人民生活比较富裕,基本实现现代化。简言之,解决温饱、达到小康、基本实现现代化,这是中国社会主义初级阶段发展进程中必经的三个小的发展阶段。

经过 20 年的奋斗,我们胜利实现了"三步走"战略的第一步、第二步目标。从经济增长看,我们提前五年于 1995 年实现国民生产总值比 1980 年翻两番的目标,提前三年于 1997 年实现人均国民生产总值比 1980 年翻两番的目标。到 2000 年,人均国民生产总值达到 854 美元,这是我国实现第二步战略目标、人民生活达到小康水平的基本标志。从人民生活质量看,居民消费结构发生了巨大变化。按照国际上通行的恩格尔系数标准,居民的食物性支出占整个消费支出的比重高于 60%,属于绝对贫困,在 50%~60% 之间属于温饱,在 40%~50% 之间属于小康,在 20%~30% 之间属于富裕。2001 年,我国城镇居民的恩格尔系数为 37.9%,农村居民的恩格尔系数为 47.7%,均低于 50%,说明总体上已经达到小康水平。

早在 1989 年 6 月,邓小平同志就提出要具体研究如何实施第三步奋斗目标,他"建议组织一个班子,研究下一个世纪前五十年的发展战略和规划"[1]。1995 年,党的十四届五中全会通过

---

[1] 《邓小平文选》第三卷,人民出版社 1993 年版,第 312 页。

的《中共中央关于制定国民经济和社会发展"九五"计划和2010年远景目标的建议》，初步提出了向第三步战略目标迈进的指导方针和主要任务，规划了到2010年国民经济和社会发展的主要奋斗目标。1997年，在党的十五大报告中，江泽民同志正式提出了一个21世纪新"三步走"的发展战略，即"展望下世纪，我们的目标是，第一个十年实现国民生产总值比2000年翻一番，使人民的小康生活更加宽裕，形成比较完善的社会主义市场经济体制；再经过十年的努力，到建党一百年时，使国民经济更加发展，各项制度更加完善；到世纪中叶建国一百年时，基本实现现代化，建成富强民主文明的社会主义国家"。在党的十五届一中全会上，江泽民同志庄严宣布："从新世纪开始，我国将进入全面建设小康社会、加快推进社会主义现代化的新的发展阶段。"这里，把"全面建设小康社会"作为一个发展阶段提了出来，并说这个阶段"从新世纪开始"，那么，这一阶段的下限是何时呢？没有说。党的十六大报告作了回答，即到2020年。报告指出："我们要在本世纪头二十年，集中力量，全面建设惠及十几亿人口的更高水平的小康社会，……这是实现现代化建设第三步战略目标必经的承上启下的发展阶段，也是完善社会主义市场经济体制和扩大对外开放的关键阶段。经过这个阶段的建设，再继续奋斗几十年，到本世纪中叶基本实现现代化，把我国建成富强民主文明的社会主义国家。"所以，全面建设小康社会，是社会主义初级阶段发展进程中继解决温饱、达到小康之后的一个新的发展阶段，是实现第三步战略目标必经的起始阶段。在这一阶段，人民生活总体达到小康水平，人民逐步过上更加宽裕的生活。但是，必须清醒地看到，在这个阶段上，我国经济文化落后的状况不可能得到根本改变，落后的社会生产同人民日益增长的物质文化生活需要的矛盾还是我国社会的主要矛盾。就是说，我国还处于社会主义初级阶段。因此，我们务必继续保持谦虚谨慎、艰苦奋斗的作风，务必保持清醒的政治头脑，时刻牢记社会主义初级阶段的基本国情，坚定不移地贯彻党在社会主义初级阶段的基本路线、基本纲领和基本政策，同时根据新世纪新阶段的新形势、新目标、新任务，努力开拓理论发展的新境界和现代化建设的新局面。

二、"总体小康"与"全面小康"的关系

小康社会不是一个点，而是一个过程。现在我们所达到的小康，只不过是刚刚跨入小康社会的门槛。党的十六大报告指出："现在达到的小康还是低水平的、不全面的、很不平衡的小康"，是"总体上达到小康水平"。党的十六大通过的党章提到"初步达到的小康水平"。我们要切记"总体"和"初步"这样的定语，不要对自己估计过高。

我们要通过今后 20 年的奋斗，逐步实现从"总体小康"到"全面小康"的转化。这种转化，主要表现在三个方面：第一，解决"低水平"问题。2000 年，我国人均国内生产总值只有 800 多美元，在世界上属于中下收入国家，而当年世界中等收入国家的平均水平是 2039 美元。显然，我们的小康生活水平是很低的。我们要力争在 2020 年国内生产总值翻两番，实现人均 3000 美元，达到或接近当时世界中等收入国家的平均水平。第二，解决"不全面"问题。所谓"不全面"，一是说，目前已经达到的

小康生活主要是生存性消费的满足，而发展性消费还没有得到有效的满足，社会保障还不健全，环境质量还亟待改善，精神生活还需要丰富。二是说，即使这种低水平的小康，也还没有覆盖全国所有的人，农村有 3000 万左右贫困人口温饱问题还没有解决，城镇还有近 2000 万人收入在最低生活保障线以下，还有更多人口虽然解决了温饱，但还未达到小康。我们要通过 20 年的努力，使小康生活的内涵更全面，使小康的覆盖面更全面。第三，解决"不平衡"问题。所谓"不平衡"，主要表现为地区之间、城乡之间的差距较大，而且这种差距还有继续扩大的趋势。从地区差距看，按照国家有关部门关于小康的评分标准，小康在东部地区基本实现，在中部实现 78%，在西部只实现 56%。至于城乡之间差距就更大了。我们要通过 20 年的努力，首先缩小差距扩大的趋势，继而逐步缩小差距。

从"总体小康"到"全面小康"，是一个重大变化，我们要通过 20 年的建设，"使经济更加发展、民主更加健全、科技更加进步、文化更加繁荣、社会更加和谐、人民生活更加殷实"。这 20 年间，又将区分为前十年和后十年两个阶段，"前十年要全面完成'十五'计划和 2010 年的奋斗目标，使经济总量、综合国力和人民生活水平再上一个大台阶，为后十年的更大发展打好基础"。对于从"总体小康"到"全面小康"这个过程而言，前十年和后十年都是阶段性的变化。而每一个十年又包括两个"五年计划"，每一个五年计划又有五个"年度计划"，所有这些，都要求我们从当下的实际出发，一步一个脚印、扎扎实实地推进小康社会建设，通过量的积累和若干部分质变，最终实现从"总体小康"到"全面小康"的飞跃。

三、工业化与信息化的关系

工业化是中国人民的百年梦想，是现代化的主体和基础。经过中华人民共和国成立 50 多年的奋斗，我国的工业化水平大大提高，但是，我们还没有完成工业化的任务。

按照国际通行标准，一个国家是否实现了工业化，主要看是否达到了三个重要指标：一是农业产值占国民生产总值的比重降到 15％以下，二是农业就业人数占全部就业人数的比重降到 20％以下，三是城镇人口占总人口的比重上升到 60％以上。2001年，我国农业产值占国民生产总值的比重已经下降到 15％，单看这个指标，似乎我国已经实现工业化了。但是结合另外两个指标看，我们离工业化就还有很大的距离，甚至可以说工业化之路刚刚走过一半左右的路程，即我们现在还只处于工业化的中期阶段：2001 年，我国农业就业人数仍高达 3.65 亿，占全部就业人数的50％，远未达到 20％以下的国际通行的工业化标准；2001 年，我国城镇人口占总人口的比重为 37.66％，也远未达到 60％以上的国际通行的工业化标准。因此，党的十六大报告指出："实现工业化仍然是我国现代化进程中艰巨的历史性任务。"今后 20 年全面建设小康社会的一项重大任务就是"基本实现工业化"。

面对 21 世纪世界科技革命迅猛发展的新形势，特别是全球信息化的大背景，我们怎样才能加快实现工业化？党的十六大报告指出："信息化是我国加快实现工业化和现代化的必然选择"，要"坚持以信息化带动工业化，以工业化促进信息化，走出一条科技含量高、经济效益好、资源消耗低、环境污染少、人力资源优势得到充分发挥的新型工业化的路子"。从工业化走到信息化，这是发达国家实现现代化的历史进程。当我们还未实现工业化的时候，发达国家已经进入信息化时代。如果我们还是循着发达国家"先工业化、后信息化"的路子，置信息化于不顾，只是埋头工业化，那我们只能进一步拉大与发达国家的差距。为了充分发挥我国的后发优势，实现超常规、跨越式发展，我们必须将工业化与信息化重合起来进行，以信息化带动工业化，又以工业化促进信息化，高度重视发展信息产业，在经济和社会领域广泛应用信息技术，从而大大提高我国的工业化水平和推进工业化的速度。这是 21 世纪中国工业化和现代化的必由之路，通过这条必由之路，"基本实现工业化，大力推进信息化，加快建设现代化"。

四、农村小康与城镇化的关系

我们的目标是建设一个惠及十几亿人口的较高水平的小康社会。而这十几亿人口的大多数，约有八亿，是在农村。因此，解决"三农"问题（农业、农村、农民问题），毫无疑问，应该成为我们全面建设小康社会的重中之重。可以说，没有农村和农民的全面小康，就没有全国的全面小康。从当前的实际情况来看，农村和农民实现全面小康的任务也最为艰巨。农村不仅有 3000 多万人没有解决温饱，还有 6000 多万人没有稳定地解决温饱，两项合计起来约有一亿人口。因此，党的十六大报告强调："统筹城乡经济社会发展，建设现代农业，发展农村经济，增加农民收入，是全面建设小康社会的重大任务。"

解决"三农"问题，加快推进农村小康建设，基本思路是，第一，加强农业的基础地位，积极推进农业和农村经济结构调整；

第二，加快推进城镇化，转移农业剩余劳动力和农村人口；第三，稳定和完善党在农村的基本政策。其中的第二条，是一个非常重大的战略选择，也是一个新的发展思路。经验告诉我们，就"三农"讲"三农"，不能从根本上解决问题，必须统筹处理城乡关系问题，统筹处理农村发展与城镇化关系问题，统筹处理工业化与城镇化关系问题。党的十五届三中全会指出："发展小城镇是带动农村经济和社会发展的一个大战略。"党的十六大报告进一步明确指出："农村富余劳动力向非农产业转移，是工业化和现代化的必然趋势。"只有提高城镇化水平，才能提高农业劳动生产率，提高农民的收入水平，才能加快第二、第三产业的发展，促进农村的现代化和全国的工业化，从而加快推进我国的现代化。这是我国现代化建设，特别是农村小康社会建设具有战略意义的一步棋，我们必须高度重视，科学规划，完善政策，深化改革，积极稳步地实施发展小城镇的大战略。

提高城镇化水平，要从中国的实际出发，坚持大中小城市和小城镇协调发展，走中国特色的城镇化道路。发展小城镇，要从各地的实际出发，以现有的县城和有条件的建制镇为基础，把发展小城镇同发展乡镇企业和农村服务业结合起来。城镇化建设，要弘扬改革精神，消除各种不利于城镇化发展的体制和政策障碍，引导农村劳动力合理有序流动，充分运用市场机制，吸引各种资本参与建设、经营、管理城镇基础设施。

五、经济建设与资源、环境的关系

党的十六大报告在阐述全面建设小康社会的奋斗目标时，把可持续发展的要求也列入了奋斗目标，即"可持续发展能力不断增强，生态环境得到改善，资源利用率显著提高，促进人与自然的和谐，推动整个社会走上生产发展、生活富裕、生态良好的文明发展道路"。这就要求我们在全面建设小康社会的过程中，正确处理经济建设与资源、环境的关系，建设可持续发展的物质文明和有利于人们生存和发展的生态环境。

我国是一个近13亿人口的大国，人均资源占有量相对不足，现在又处于工业化和城市化的中期，节约资源、保护环境的任务异常繁重。党的十六大报告指出的"走新型工业化道路"，不仅区别于发达国家"先工业化、后信息化"的路子，而且区别于发达国家和我们自己过去曾经走的那种以资源的高消耗、环境的人为破坏为代价的"先发展、后治理"的旧路子。从资源状况来说，我国人均自然资源占有量只相当于世界平均水平的1/3，耕地、淡水、森林、草原分别只有世界平均水平的32%、28%和32%，各种矿产资源人均占有量不到世界平均水平的一半。同时，又由于我国科学技术水平低，资源有效利用率不高，浪费情况严重。例如，我国单位国民生产总值消耗的能源是日本的6倍，韩国的4.5倍，美国的3倍；钢材、木材、水泥的消耗强度分别为发达国家的5~8倍、4~10倍和10~30倍。这种状况更加剧了资源短缺。这同加速实现工业化和现代化的任务是一个很大的矛盾。如果不大力节约资源，不仅影响经济效益，而且今后的发展也将难以为继。从环境状况来说，尽管我们已经开始注意环境保护，但由于我国人口密集，多年来的过度开发，科学技术的落后和环保投入的不足，使我国的环境质量总体上仍处于恶化之中，导致土地荒漠化加剧、水和空气污染严重、自然灾害频发。

这种情况，同全面建设小康社会的要求是不相适应的。即使生产发展了，生活富裕了，如果生态环境恶化了，人们的健康受到损害，那也不符合全面建设小康社会的要求。党的十五大报告指出，保护环境同样是我们的基本国策。按照中央的部署，我们要力争在 2010 年基本改变生态环境恶化的状况，使城乡环境有明显的改善；到 2020 年，使生态环境得到进一步改善，推动整个社会走上生产发展、生活富裕、生态良好的文明发展道路。

六、先富、后富与共同富裕的关系

全面建设小康社会的根本目标是提高全体人民的生活水平和生活质量，使广大群众过上更加殷实的小康生活。在实现这个目标的过程中，地区之间、群体之间、个人之间富裕的程度和速度是有差别的。我们处理这种矛盾的基本着眼点是代表最广大人民的根本利益、正确反映和兼顾不同方面群众的利益，使全体人民朝着共同富裕的方向稳步前进。我们要保护发达地区、优势产业和通过辛勤劳动、合法经营先富起来的人们的发展活力，鼓励他们积极创造社会财富，更要高度重视和关心欠发达地区以及比较困难的行业和群众，特别要使困难群众的基本生活得到保障，并积极帮助他们解决就业问题和改善生活条件。

在区域经济发展上，要实行非均衡与均衡相结合的发展战略，通过积极的非均衡促进相对的均衡，即一方面，鼓励一切有条件的地区发展得更快一些，在全面建设小康社会的基础上，争取率先基本实现现代化，为加快全国全面的小康社会建设作出更大的贡献；另一方面，又要大力帮助欠发达地区，特别是西部地区加快发展。这次党的十六大报告明确提出，西部大开发"争取十年内取得突破性进展"。这是一个重要的战略部署。

在个人收入分配方面，确立劳动、资本、技术和管理等生产要素按贡献参与分配的原则，坚持效率与公平相统一的原则。初次分配注重效率，即充分发挥市场的作用，鼓励一部分人通过诚实劳动、合法经营先富起来，反对平均主义；再次分配注重公平，即加强政府对收入分配的调节职能，调节差距过大的收入。

在处理不同行业、不同群体的收入上，要进一步规范分配秩序，合理调节少数垄断性行业的过高收入，取缔非法收入，以共同富裕为目标，扩大中等收入者比重，提高低收入者收入水平。

总之，共同富裕是我们的目标，而这个目标的实现是一个过程，是一个有先有后、波浪式的发展过程。可以肯定，通过这一发展过程，实现了全面建设小康社会的奋斗目标，我们的祖国必将更加繁荣，人民的生活必将更加幸福美好，中国特色社会主义必将进一步显示出巨大的优越性。

七、物质文明建设、政治文明建设、精神文明建设之间的关系

全面建设小康社会的"全面"，不仅包括前面所说的物质文明生活的"全面"，而且包括整个社会生活的"全面"，即包括物质文明建设、政治文明建设、精神文明建设。党的十六大报告指出："全面建设小康社会，最根本的是坚持以经济建设为中心，不断解放和发展生产力""发展社会主义民主政治，建设社会主义政治文明，是全面建设小康社会的重要目标""全面建设小康社

会，必须大力发展社会主义文化，建设社会主义精神文明"。这一全面论述，反映了我们党对社会主义建设规律认识的深化。

党的十三大明确概括了党在社会主义初级阶段"一个中心、两个基本点"的基本路线，这条基本路线的落脚点就是为把我国建设成为富强、民主、文明的社会主义现代化国家而奋斗，这里就包括了经济、政治、文化三个方面的奋斗目标。党的十五大提出并系统阐述了党在社会主义初级阶段经济、政治、文化建设的基本纲领，进一步展开了党的基本路线的基本要求。实践证明，以经济建设为中心，经济、政治、文化协调发展这一现代化建设的总体布局，是完全正确的。

但是，明确提出"政治文明"这一概念，则是近几年的事情。2001年1月10日，江泽民同志在全国宣传部长会议上的讲话中说："法治属于政治建设，属于政治文明；德治属于思想建设，属于精神文明。"他在2002年"5·31"重要讲话中，进一步指出："发展社会主义民主政治，建设社会主义政治文明，是现代化建设的重要目标。"2002年7月26日，江泽民同志考察中国社会科学院时作出了"三大文明"的明确概括，他说："建设有中国特色社会主义，应是我国经济、政治、文化全面发展的进程，是我国物质文明、政治文明、精神文明全面建设的进程。"党的十六大把建设"三大文明"作为全面建设小康社会的奋斗目标，并对实现这些奋斗目标的任务和要求作了系统阐述，表明我们党对人类社会发展规律、社会主义建设规律、共产党执政规律认识的深化。它告诉我们：全面建设小康社会，归根结底，取决于生产力的不断发展、物质文明的不断进步，而这种发展和进步，又离不开政治文明提供的政治动力和政治保证，离不开精神文明提供的精神动力和智力支持，三者统一于建设中国特色社会主义的全部实践和全部过程。只有把三者有机地统一起来，才能始终沿着正确的方向和道路前进，才能牢牢把握社会主义现代化建设的全局，才能推动经济的快速发展和社会的全面进步，才能实现全面建设小康社会的奋斗目标。

八、发展、改革、稳定之间的关系

这是全面贯彻党的基本路线和基本纲领，总揽小康社会建设全局的最基本的重大关系。

发展是党执政兴国的第一要务。能不能解决好发展问题，直接关系人心向背，事业兴衰。保持党的先进性，发挥社会主义制度的优越性，坚持党的基本路线和基本纲领，归根结底，要落实到发展先进生产力、发展先进文化、实现最广大人民的根本利益上来，推动社会的全面进步，促进人的全面发展。紧紧抓住发展这个第一要务，就从根本上代表了人民的愿望，把握了社会主义现代化建设的本质，从而就可以使"三个代表"重要思想不断落实，使党的执政地位不断巩固，使党的强国富民的要求不断实现。因此，党的十六大要求我们，一定要集中全国人民的智慧和力量，聚精会神搞建设，一心一意谋发展。这是全面建设小康社会的根本任务。

为了发展，必须坚持和深化改革。这是发展的强大动力。全面建设小康社会，不仅是现代化建设发展的新阶段，也是完善社会主义市场经济体制和扩大对外开放的关键阶段。按照党的十五大的部署，到 2010 年，我们才能形成比较完善的社会主义市场经济体制，到 2020 年各方面才能形成一整套更加成熟、更加定型的制度。这 20 年是改革的关键时期。因此，党的十六大在部署全面建设小康社会各方面任务的时候，都是把建设与改革统一起来进行部署，例如报告的第四、五、六部分的标题就分别是"经济建设和经济体制改革""政治建设和政治体制改革""文化建设和文化体制改革"。强调：为了实现全面建设小康社会的奋斗目标，"发展要有新思路，改革要有新突破，开放要有新局面，各项工作要有新举措"，要进一步解放思想，"一切妨碍发展的思想观念都要坚决冲破，一切束缚发展的做法和规定都要坚决改变，一切影响发展的体制弊端都要坚决革除"。

完成发展与改革的艰巨任务，必须保持长期和谐稳定的社会环境。发展是目的，改革是动力，稳定是前提。在全面建设小康社会的过程中，我们必须十分重视社会稳定。根据国际经验，国内生产总值从人均 1000 美元到 3000 美元的发展阶段，是社会各方面发生深刻变革的阶段，经济体制的转型，产业结构的调整，利益格局的变动，使社会矛盾错综复杂而突出。为了保持长期和谐稳定的社会环境，使国家长治久安，我们在加快发展、深化改革的过程中，必须满腔热情地解决人民群众工作和生活中的实际问题；学会运用经济、行政、法律等各种手段妥善处理人民内部矛盾特别是利益矛盾；依法严厉打击各种犯罪活动，保证人民的生命、财产安全；切实加强国家安全工作，加强军队和国防现代化建设，警惕国际国内敌对势力的渗透、颠覆和分裂活动。

总之，发展、改革、稳定，是全面建设小康社会总体格局中三枚关键棋子，坚持三者的有机统一是我们必须长期坚持的基本方针，是实现全面建设小康社会奋斗目标、加快推进现代化事业发展的基本保证。

九、中国的发展与世界的关系

中国的发展离不开世界。以广阔的世界眼光观察和处理问题，是我们实现全面建设小康社会奋斗目标的一个重要条件。

现在，和平与发展仍然是时代的两大主题。维护世界和平、促进共同发展，是世界各国人民的共同愿望，不可阻挡的历史潮流。中国人民全面建设小康社会、加快推进现代化，需要和平的国际环境和良好的周边环境。为此，必须反对各种形式的霸权主义和强权政治，也反对一切形式的恐怖主义。始终不渝地奉行独立自主的和平外交政策，维护国家的独立、主权和安全，在和平共处五项原则的基础上改善和发展同世界各国的关系，推动建立和平、稳定、公正、合理的国际新秩序，是社会主义本质的要求，是我国现代化建设顺利进行的必要条件，也是全面建设小康社会的重要保证。

现在的世界是开放的世界。随着经济全球化的发展，世界各国之间的联系和交往愈来愈密切。我们只能在对外开放中，在同经济全球化相联系的过程中，建设、巩固和发展社会主义。特别是在我国加入世界贸易组织之后，我国的对外开放进入了一个新的阶段。早在 20 世纪 80 年代，邓小平同志就指出："如果说在本世纪内我们需要实行开放政策，那末在下个世纪的前五十年内中国要接近发达国家的水平，也不能离开这个政策，离开了这个政策不行。"只有在更大的范围、更广的领域、更高的层次上参与国际经济技术合作和竞争，才能充分利用国际国内两个市场，优化资源配置，拓宽发展空间；才能以开放促改革，推动改革的深化，不断完善我们的社会主义市场经济体制和各方面体制。要把"引进来"和"走出去"相结合，全面提高对外开放水平。这是对外开放新阶段的重大战略举措。总之，全面的小康是经济发展更高水平的小康，人民生活更加殷实的小康，内涵和外延更广的小康，也是对外更加开放的小康。这样的小康才能为下一步实现现代化奠定更加坚实的基础。

十、小康社会建设与党的建设的关系

党的事业和党的建设从来都是密不可分的。党的十六大报告指出："全面建设小康社会，加快推进社会主义现代化，必须毫不放松地加强和改善党的领导，全面推进党的建设新的伟大工程。"

总结我们党的建设的历史经验，最根本的一条，就是党的建设必须按照党的政治路线来进行，围绕党的中心任务来展开，朝着党的建设的总目标来加强，保证我们党始终是中国工人阶级的先锋队，同时是中国人民和中华民族的先锋队，始终是中国特色社会主义事业的领导核心，始终代表中国先进生产力的发展要求，代表中国先进文化的前进方向，代表中国最广大人民的根本利益。为此：

必须切实加强党的思想建设。党在思想理论上的提高，是党和国家事业不断发展的思想保证。在全面建设小康社会、加快推进社会主义现代化的历史进程中，加强和改进党的建设，最根本最重要的，就是通过扎扎实实的工作，保证全党坚定不移地坚持党的基本理论、基本路线、基本纲领，坚定不移地高举邓小平理论伟大旗帜，坚定不移地贯彻"三个代表"重要思想。在这个过程中，与时俱进地研究和解决新问题，创造和总结新经验，不断地把我们的事业和理论提高到新水平。

必须切实加强党的执政能力建设，不断提高党的领导水平和执政水平。早在改革开放初期，邓小平同志就指出，要重视和研究党的执政能力问题，"不好好研究这个问题，不解决这个问题，坚持不了党的领导，提高不了党的威信"。江泽民同志说："我们的事业最终能否成功，很大程度上取决于我们党的领导水平和执政能力。"党的十六大报告根据历史经验和时代要求，提出了全面加强党的执政能力建设的五个方面的基本要求，即提高科学判断形势的能力，提高驾驭市场经济的能力，提高应对复杂局面的能力，提高依法执政的能力，提高总揽全局的能力。这"五个能力"构成了新的历史条件下党的执政能力的基本方面，也是加强党的执政能力建设的重点任务。只有加强党的执政能力建设，我们才能不辱使命，不负重托，带领全国人民胜利实现我们全面建设小康社会的奋斗目标。

必须切实加强党的组织建设。要坚持和健全民主集中制，增强党的活力和团结统一；建设高素质干部队伍，形成朝气蓬勃、奋发有为的领导层；做好基层党建工作，增强党的阶级基础和扩大党的群众基础，使党的基层组织成为贯彻"三个代表"重要思想的组织者、推动者和实践者。

必须切实加强党的作风建设。核心是保持党同人民群众的血肉联系。要以立党为公、执政为民为根本目的，着力解决党的思想作风、学风、工作作风、领导作风和干部生活作风方面存在的突出问题，特别是要防止和克服形式主义、官僚主义。要深入开展反腐败斗争，坚持标本兼治、综合治理，逐步加大治本的力度，通过加强教育、发展民主、健全法制、强化监督、创新体制等手段，把反腐败寓于重要政策措施之中。要高度重视党的制度建设，把制度建设贯穿于党的全部建设之中，为党的建设提供有效的制度保证。

　　以上所讲的十个关系问题都是在新世纪全面建设小康社会、加快推进现代化建设的新阶段带有全局性的重大问题，需要我们着力去加以解决。抓住了这十个重大关系问题，并且采取正确的方针、政策和措施去加以解决，我们就可以卓有成效地把我们的事业不断推向前进。

提高战略思维能力[*]

面对新世纪的新形势和新任务，党的十六大把加强党的执政能力建设更加突出地提到全党面前，要求我们不断提高科学判断形势的能力、驾驭市场经济的能力、应对复杂局面的能力、依法执政的能力、总揽全局的能力。在这五个方面的能力中，总揽全局更具综合性，其他各方面能力的提高，最终都要体现在总揽全局的能力上。从一定意义上说，领导工作就是管全局的工作，总揽全局是领导工作的基本功。

毛泽东同志在谈到战争时指出："只要有战争，就有战争的全局"，"凡属带有要照顾各方面和各阶段性质的，都是战争的全局"，"研究带全局性的战争指导规律，是战略学的任务"。因此，提高总揽全局的能力，也就是提高战略思维的能力。它的基本要求是：着眼全局，兼顾各方，把握中心，突出重点，照应阶段，抓住机遇，及时补缺，做好结合。

---

* 本文原载于《中共珠海市委党校珠海市行政学院学报》2003 年第 1 期。

一、着眼全局

所谓着眼全局，就是把全局作为我们观察和处理问题的出发点和落脚点，以全局利益为最高价值追求，当局部利益和全局利益发生矛盾时，局部利益要无条件地服从全局利益。

唯物辩证法告诉我们，事物不但作为矛盾而存在，而且作为系统和过程而存在。作为系统，它包含诸多要素；作为过程，它包含诸多阶段。事物的全局，就是事物诸多要素和诸多阶段所构成的有机整体。相对于全局来说，各个要素、各个阶段都是局部。我们的事业极其复杂，包含相互联系的各个部门、各个地区、各个单位；我们的事业极其远大，包含相互联系的各个过程、各个阶段。从事领导工作，必须处理好各个方面之间的关系、各个阶段之间的关系，争取全局工作的最佳效果。毛泽东同志说，指挥全局的人，最要紧的，是把自己的注意力摆在"照顾全局"上面，如果丢了这个去忙一些次要的问题，那就难免要吃亏了。毛泽东同志在这里所说的"照顾全局"就是要求对工作进行全局的谋划。平常我们讲，要"高瞻远瞩"，就是这个意思。高瞻，就是站在全局的高度去观察和处理问题；远瞩，就是立足现在又放眼未来。如果不是这样，只是就局部论局部，挂一漏万，顾此失彼，或者只顾眼前，不顾长远，那就不是总揽全局的战略思维，而是"只见树木、不见森林"的形而上学思维了。战略家和非战略家的区别就在这里。抗日战争时期，美军驻延安观察团成员谢维思说："我曾问过很多中国共产党的朋友们，毛主席为什么能战胜他的很多敌人，成为众所公认的领袖，他们的答案都是一致的，归根到底，'他高瞻远瞩'。"邓小平同志也是高瞻远瞩的战略家，他说："我们政治局、政治局常委会、书记处的同志，都是管大事的人，考虑任何问题都要着眼于长远，着眼于大局。""眼界要非常开阔，胸襟要非常开阔"，"要从大局看问题，放眼世界，放眼未来，也放眼当前，放眼一切方面"。

古今中外的经验和教训都证明，不谋全局不足以谋一域，不谋长远不足以谋一时。目无全局的将军，即使争得一城一地，最终难免全军覆没；目无全局的棋手，纵然围得一子一目，最终难免满盘皆输。土地革命战争时期，"左"倾冒险主义者不懂得这个着眼全局的大道理，主张"不丧失一寸土地"，反对一切必要的退却，认为退却丧失土地、危害人民（所谓打烂坛坛罐罐），结果造成全局的失败。毛泽东同志说：关于丧失土地的问题，常有这样的情形，就是只有丧失才能不丧失，这是"将欲取之，必先予之"的原则。如果我们丧失的是土地，而取得的是战胜敌人，加恢复土地，再加扩大土地，这是赚钱的生意。他又说：危害人民的问题同此道理。不在一部分人民家中打烂坛坛罐罐，就要使全体人民长期地打烂坛坛罐罐。接着毛泽东同志作了一个总结，指出："他们看问题仅从一局部出发，没有能力通观全局，不愿把今天的利益和明天的利益相联结，把部分利益和全体利益相联结，捉住一局部一时间的东西死也不放。"这就叫因小失大。它说明，没有全局在胸，是不会真的投下一着好棋子的。我们考虑利弊、得失，都要着眼全局，不可一叶障目、不见泰山，不可急功近利、鼠目寸光。所谓"有所得有所失""有所进有所退""有所为有所不为""将欲取之，必先予之""小不忍则乱大谋"等，讲的都是着眼全局这个大道理。要懂得，在一定条件下，某些局部和一时的"失"，正是全局和长远的"得"所必须付出的代价。这是事物全局与局部关系的辩证法。打仗如此，搞改革，搞建设，搞一切工作，均莫不如此。我们从战略上调整国有经济布局，"坚持有进有退，有所为有所不为"的方针，正是着眼全局，为了从根本上提高国有经济的整体素质和整体效益；我们实行可持续发展的战略方针，也是着眼全局，为了把今天的发展与明天的发展联结起来，避免由于今天的发展而使明天的发展丧失必要条件。而要这样做，不可避免地会使某些局部利益暂时受到损失，如有些企业要关门，有些工人要下岗，有些人收入会下降，等等。但这只是局部的暂时的现象，是全局和长远发展所付出的代价，它换来的将是全局的长远的、更好更快的发展，而全局的长远的更好更快的发展将反过来为解决局部的暂时困难创造必要条件。所以，邓小平同志告诫我们："要提倡顾全大局，有些事从局部看可行，从大局看不可行，有些事从局部看不可行，从大局看可行。归根到底，要顾全大局。"总之，一切着眼于全局和长远，不可囿于局部和一时，不可一叶障目而不见泰山，不可急功近利而失去未来。这是总揽全局的战略思维的基本要求。

二、兼顾各方

兼顾各方，就是对各个局部要"统筹兼顾，全面安排"。这有两个方面的含义：其一是说，对于实践客体，即我们工作对象的各个方面，要统筹兼顾。其二是说，对于实践主体，即人民内部各个方面的利益要统筹兼顾。

毛泽东同志在谈到领导方法时要求我们，要学会"弹钢琴"。他说："弹钢琴要十个指头都动作，不能有的动，有的不动。……党委要抓紧中心工作，又要围绕中心工作而同时开展其他方面的工作。我们现在管的方面很多，各地、各军、各部门的工作，都要照顾到，不能只注意一部分问题而把别的问题丢掉。凡是有问题的地方，都要点一下，这个方法我们一定要学会。"这就是从实践的客体即工作的对象讲的，要兼顾各方，不可挂一漏万、顾此失彼。从实践的主体讲，也要兼顾各方，即兼顾各方面的利益，调动最广大人民群众的积极性，不可只顾部分人特别是只顾少数人的利益。在抗日战争时期，毛泽东同志说："中国共产党提出的各项政策，都是为着团结一切抗日的人民，顾及一切抗日的阶级，而特别是顾及农民、城市小资产阶级以及其他中间阶级的"，"如果不顾到这些阶级的利益，……要想把国事弄好是不可能的"。在社会主义时期，毛泽东同志把调动一切积极因素作为建设社会主义的一项基本方针，他说："统筹兼顾，各得其所，这是我们历来的方针。"强调处理所有问题，都要从对全体人民统筹兼顾这个观点出发。毛泽东同志要求我们的是"各地、各军、各部门的工作，都要照顾到"，要求我们"顾及一切抗日的阶级"，"调动一切积极因素"，而不是只顾及某一方面，只顾及某一些人。邓小平同志说："为了建设现代化的社会主义强国，任务很多，需要做的事情很多，各种任务之间又有相互依存的关系，如像经济与教育、科学，经济与政治、法律等等，都有相互依存的关系，不能顾此失彼。"又说："新时期统一战线的任务，就是要调动一切积极因素，团结一切可以团结的力量，为在本世纪内把我国建设成为现代化的社会主义强国而共同奋斗。"这里也是从客体和主体两个方面讲的"兼顾各方"。现在，我国进入全面建设小康社会的新的发展阶段，我们的目标是全面的："使经济更加发展、民主更加健全、科技更加进步、文化更加繁荣、社会更加和谐、人民生活更加殷实。"为了实现这个全面的目标，"妥善处理各方面的利益关系，把一切积极因素调动和凝聚起来，至关紧要"。"对为祖国富强贡献力量的社会各阶层人们都要团结，对他们的创业精神都要鼓励，对他们的合法权益都要保护，对他们中的优秀分子都要表彰，努力形成全体人民各尽所能、各得其所而又和谐相处的局面。"这就是说，工作任务要兼顾各方面，依靠群众要兼顾各方面。当前，我国大局的顺利发展与某些局部的暂时困难同时存在。尤其是在经济体制改革和经济结构调整中，一部分地区、一部分群众生活存在一定的困难，我们在强调服从大局的同时，一定要统筹兼顾、全面安排。对于某些局部、某些群众存在的困难，一定要关心，一定要采取切实有效的措施认真加以解决；否则，大局的发展也会受到影响。我们要记住毛泽东同志的话："凡是有问题的地方都要点一下，这个方法我们一定要学会。"

"兼顾各方"不仅要充分调动各方的积极性，而且要正确处理各方之间的关系，即各方之间的关系应当是有序的而不是无序的。所谓有序，就是结构是合理的，有利于提高系统整体的素质和功能。从哲学上说，结构就是系统内部各种要素相互联系、相互作用的方式，如一定的比例、一定的秩序、一定的结构形式等。系统整体的性质与功能不但决定于构成系统的诸要素的性质与功能，而且决定于要素之间的结构。结构变化了，系统整体的性质与功能也会随之变化。例如，石墨和金刚石都由相同的碳原子构成，但是由于金刚石的碳原子分布均匀，结合紧密，形成一种无色透明、外形为八面体的高硬度晶体；而石墨的碳原子之间距离大、结合力弱，便形成一种软质鳞片状晶体，其硬度接近于零。中国古代有一个讲赛马的故事：甲乙双方各有上中下三等马，如果甲方以上等马对对方的上等马，中等马对对方的中等马，下等马对对方的下等马，结果是平局；如果换一种结构，甲方以上等马对对方的中等马，以中等马对对方的下等马，以下等马对对方的上等马，结果就是 2∶1。马克思在《资本论》中说："一个骑兵连的进攻力量和单个骑兵分散展开的力量的总和有本质的区别"，"12个人在一个 144 个小时的共同工作中所提供的总产品比 12 个劳动者每个劳动 12 小时或者一个劳动者连续劳动 12 天所提供的产品要多得多"。所以，协作可以产生新的战斗力、新的生产力。邓小平同志也提到："搞经济协作区，这个路子是对的。……解放战争时期，毛泽东同志主张第二野战军和第三野战军联合起来作战。他说，两个野战军联合在一起，就不是增加一倍力量，而是增加好几倍的力量。"可见，结构对全局的影响何等之大。我们从事领导工作，照顾全局，协调局部，不能不重视结构问题。工作任务有各个方面，但各个方面的地位和作用是不同的，应当根据这些不同去做出恰当的安排和部署。工作主体有各个方面，但各个方面的地位和作用也是不相同的，应当根据这些不同采取不同的方针和政策。在各个具体的工作领域，都有结构问题。例如，搞经济工作，要研究所有制结构、产业结构、产品结构、投资结构、区域结构、城乡结构，等等，结构不同，效益不同，甚至有天壤之别。当前和今后一个时期我们的经济发展要以结构调整为主线，这是顺应时代发展潮流、市场经济发展需要、提高经济效益和人民生活水平的重大战略决策。在一个社会中，阶级结构十分重要，何者处于领导地位、何者处于被领导地位，何者处于统治地位、何者处于被统治地位，直接决定一个社会的性质。领导班子也有结构问题，包括年龄结构、知识结构、智能结构等，合理的结构可以大大提高领导班子整体的领导水平。这些都是领导干部不能不加以注意的。

三、把握中心

如上所说，组成全局的各个局部在全局发展中所处的地位、所起的作用是不相同的。有的是一般性的作用，有的是比较重要的作用，有的是最重要的、起决定性的作用。因此，在统筹兼顾中不能平均使用力量，而必须抓住重点，突出重点。从一定意义上说，照顾重点就是照顾全局，丢掉重点就是丢掉全局。下棋时，"一着不慎，满盘皆输"，这一着不是任意的一着，不是无全局意义的一着，而是对全局有决定意义的关键的一着。因此，毛泽东同志说："任何一级的首长，应当把自己注意力的重心，放在那些对于他所指挥的全局来说最重要最有决定意义的问题或动作上，而不应当放在其他的问题或动作上。"

所谓抓住重点，首先要求把握中心，即紧紧抓住制约全局工作的主要矛盾和中心任务。因为在复杂的事物所包含的矛盾中，必有一种矛盾是主要矛盾，由于它的存在和发展，规定和影响其他矛盾的存在和发展。抓住了这个主要矛盾，就可以提纲挈领，有力地推动全局的发展，事半而功倍。如果不去寻找主要矛盾，平均使用力量，那就会事倍而功半。如果抓错了主要矛盾，那就会劳而无功，甚至导致全局的失败。20 世纪 50 年代中期以后的 20 年间，我们在指导思想上的最大失误，就是抓错了主要矛盾，在阶级斗争已经不是主要矛盾的社会主义条件下，仍然坚持"以阶级斗争为纲"，离开了经济建设这个中心任务，导致全局工作的失误。党的十一届三中全会以来，我们之所以牢牢把握了全局工作的主动权，使社会主义事业兴旺发达，根本原因在于实现了主要矛盾认识上的拨乱反正，重新抓住了经济建设这个中心任务。沉痛的教训告诉我们：在整个社会主义初级阶段，都必须抓住经济建设这个中心不放，只能有这个中心，不能有别的什么中心；也不能搞多中心，因为多中心即无中心。一切工作都要围绕和服务经济建设这个中心，而不能离开或干扰这个中心，服务中心就是服务大局，离开中心就是离开大局，干扰中心就是干扰大局。讲大局意识，在现阶段，首先就是以经济建设为中心的大局意识。

主要矛盾和中心任务，是就一定空间范围而言的。在一定的历史时期，整个社会有一个主要矛盾以及据此确定的中心任务，各个领域、各个地区、各个单位，都受这个主要矛盾的制约和支配，都要围绕解决这个主要矛盾和实现这个中心任务去开展工作，这样，才能有效地推动全局的发展。然而，全社会的主要矛盾和中心任务在各个不同的领域、地区、单位又有其特殊的表现形式和具体要求，例如，当前在我国，生产单位要以效益为中心，学校要以教学为中心，科研院所要以出科研成果为中心，医院要以医疗为中心，军队要以训练为中心，如此等等，抓住了这些，就是抓住了各自工作的重点和全局，从而以自己全局的发展为实现全社会的中心任务和全局的发展服务。如果离开了这些各个不同部门、单位的具体的中心任务，只讲全社会的中心任务，在许多情况下就会流于空谈。这一点，也是应当注意的。

主要矛盾和中心任务，不仅有空间范围上的层次性区别，而且有时间发展上的阶段性区别。不同的历史阶段有不同的主要矛盾，阶段推移变化了，主要矛盾必然也会变化，从而中心任务也应随之变化。只有适应事物发展的这种变化，及时提出新的中心任务，才能掌握全局工作的主动权，从而有力地推动全局工作的顺利发展。就是在某一特定阶段内，在主要矛盾和中心任务没有发生变化的情况下，在处理各种具体问题及其发展变化时，也要善于捕捉制约该项具体工作的主要环节或称关键环节。例如，在"文化大革命"结束之后，事情千头万绪，矛盾成堆成山，关键抓什么呢？邓小平同志抓住思想路线的拨乱反正，这就抓住了"牵一发而动全身"的关键环节，从而有力地推动了全局工作的发展。随着改革开放的深入，各种意见议论纷纷，特别是姓"社"姓"资"的争论成为影响改革开放的主要思想障碍，邓小平同志及时地提出"三个有利于"的判断标准，结果高屋建瓴、势如破竹，把改革开放推进到一个新阶段。所以，善于抓住不同范围、不同时间的主要矛盾、中心任务、关键环节，这是一项总揽全局的领导艺术。没有重点、中心环节，平均使用力量，"两个拳头打人"，"四面出击"，不行；抓错了重点、中心，颠倒了主次，更不行。

四、突出重点

主要矛盾、中心任务当然是十分重要的，因为它规定了我们工作的战略目标或战略方向，是我们必须紧紧抓住的重点，而且可以说是第一重点。但主要矛盾不是唯一的矛盾，在重视解决主要矛盾的同时，还要切实解决其他一系列矛盾，特别要着力解决那些对解决主要矛盾，从而推动全局发展有重大影响的矛盾。这些重大矛盾决定我们工作的战略布局。实践经验告诉我们，在矛盾系统中或说在复杂矛盾中，不但应当区别主要矛盾和次要矛盾；在众多次要矛盾中还应当区别重大矛盾和一般性矛盾。解决重大矛盾也是应当突出的重点。

我们党一向重视围绕中心，突出重点。以社会主义现代化建设为例：

1956 年 4 月 25 日，毛泽东同志发表《论十大关系》重要讲话。十大关系就是十大矛盾，而且是事关社会主义革命和建设全局的十大矛盾，即重工业和轻工业、农业的关系，沿海工业和内地工业的关系，经济建设和国防建设的关系，国家、生产单位和生产者个人的关系，中央和地方的关系，汉族和少数民族的关系，党和非党的关系，革命和反革命的关系，是非关系，中国和外国的关系。毛泽东同志说，"这十种关系，都是矛盾"，提出这十大关系或说十大矛盾，"都是围绕着一个基本方针，就是要把国内外一切积极因素都调动起来，为社会主义事业服务"。也就是说，解决十个重大矛盾是为党的中心任务服务的。应当说，这篇讲话的基本精神是正确的，弥足珍贵。可惜的是，这些正确的思想后来没有坚持下去。在今天看来，其中许多重要思想仍然具有现实的指导意义，他研究问题的方法，即围绕中心、突出重大矛盾的方法，更具有普遍的和长远的指导意义。

"文化大革命"结束以后，邓小平同志在总结历史经验、总结新鲜经验的基础上，对社会主义建设新时期一系列事关全局的重大关系问题作了全面、系统、深刻的分析，提出了解决这些重大关系问题的一系列基本原则，如经济建设与阶级斗争的关系，"经济建设为中心"与"两个基本点"的关系，两个基本点之间的关系，解放生产力和发展生产力的关系，公有制为主体与发展多种所有制经济的关系，社会主义与市场经济的关系，沿海与内地的关系，物质文明建设与精神文明建设的关系，民主与法制的关系，一个中国内两种制度的关系，中国的发展与世界的关系，等等。在谈到当代世界时，邓小平同志说："现在世界上真正大的问题，带全球性的战略问题，一个是和平问题，一个是经济问题或者说是发展问题。和平问题是东西问题，发展问题是南北问题，概括起来就是东西南北四个字。""还有其他许多问题，但都不像这两个问题关系全局，带有全球性、战略性意义。"所有这些，构成了邓小平建设有中国特色社会主义理论的基本内容，为我国社会主义建设新时期的全局工作提供了根本指导思想。他研究问题的方法同毛泽东同志《论十大关系》是完全一致的。

1992 年，邓小平同志视察南方谈话发表以后，特别是党的十四大以后，我国的改革与发展进入了一个加快推进的新阶段，同时也出现了一些新的矛盾和问题。在这种情况下，江泽民同志在 1995 年 9 月 28 日发表了《正确处理社会主义现代化建设中的若干重大关系》重要讲话，以邓小平理论为指导，结合新的实际，对世纪之交关系中国社会主义现代化建设全局的十二个重大关系作了系统分析，提出了解决这些问题所应遵循的基本原则。其中包括：改革、发展、稳定的关系（这是管总的首要的基本关系），速度和效益的关系，经济建设和人口、资源、环境的关系，第一、第二、第三产业的关系，东部地区和中西部地区的关系（以上是发展中的四大关系），市场机制和宏观调控的关系，公有制经济和其他经济成分的关系，收入分配中国家、企业和个人的关系，对外开放和坚持自力更生的关系，中央和地方的关系（以上是改革中的五大关系），国防建设和经济建设的关系，物质文明建设和精神文明建设的关系（以上是作为改革和发展的保证的两大关系）。江泽民同志说：这十二个重大关系都是"社会主义市场经济条件下搞现代化建设所遇到的涉及全局的新矛盾和新问题"。

当前，我国已经进入全面建设小康社会、加快推进社会主义现代化的新的发展阶段，围绕全面建设小康社会的奋斗目标，也有需要正确处理的一系列重大关系，如小康社会与社会主义初级阶段的关系，总体小康与全面小康的关系，工业化与信息化的关系，农村小康与城镇化的关系，经济建设与人口、资源、环境的关系，先富、后富与共同富裕的关系，物质文明、政治文明、精神文明的关系，发展、改革、稳定的关系，中国的发展与世界的关系，小康社会建设与党的建设的关系，等等，抓住并正确处理这些重大关系，就是抓住了全面建设小康社会的全局。

全国作为全局，有一系列需要正确处理的重大关系；各个地区、各个部门、各个单位，对于自己所管辖的工作而言，也是全局，也有需要正确处理的一系列重大关系。毛泽东说："世界可以是战争的一全局，一国可以是战争的一全局，一个独立的游击区、一个大的独立的作战方面，也可以是战争的一全局。凡属要照顾各方面各阶段的性质的，都是战争的全局。"因此，各个地区、部门、单位都应根据中央的大政方针，结合自己的实际，认真研究、解决自己事关全局的重大问题，如文艺工作中文艺与生活的关系，文艺与群众的关系，文艺主旋律与多样化的关系，文艺的雅与俗、普及与提高的关系，等等；外交工作中韬光养晦与有所作为的关系，坚持原则与有理有利有节的关系，主要矛盾与次要矛盾的关系，真老虎与纸老虎的关系，接触与斗争的关系，等等。总之，凡全局必有中心，围绕中心必有若干重点，把握中心、突出重点，是总揽全局的领导艺术。

五、照应阶段

以上所讲兼顾各方、把握中心、突出重点，都是从空间的角度研究全局，即正确处理系统所包含的各个方面之间的关系。全局不仅包含构成系统的各个方面，而且包含构成过程的各个阶段，因此，总揽全局还需要从时间的角度研究全局，即正确处理各个阶段之间的关系。本节"照应阶段"以及下面两节"抓住机遇""及时补缺"，就是着重从时间的角度来讲总揽全局的。

所谓照应阶段，就是立足现实，又放眼未来，使我们的事业有步骤、分阶段、持续地向前发展。事物都是过程，而过程都包含着许多阶段，阶段之间既互相区别又互相联系。我们为实现当前这个阶段的任务而奋斗的时候，要切记这是实现长远任务的一个必经阶段，而不能忘记或者放弃长远的奋斗目标；要切记在实现这个阶段目标的同时为下一个阶段目标的实现准备必要条件，而不能使下一个阶段目标的实现丧失必要条件。伯恩斯坦的所谓"运动就是一切，最终的目的是没有的"的口号，是彻头彻尾的机会主义口号。马克思、恩格斯说："共产党人为工人阶级的最近目的和利益而斗争，但是，他们在当前的运动中同时代表运动的未来。"毛泽东同志说："现在的努力是朝着将来的大目标的，失掉这个大目标，就不是共产党员了。"在各个历史阶段中，我们党既有现阶段的基本纲领即最低纲领，也有实现长远目标的最高纲领。我们是最低纲领与最高纲领的统一论者。党的奋斗纲领如此，人们的一切实践活动，皆莫不如此。人类在改造自然界的斗争中，曾经多次盲目地陶醉于征服自然界所取得的一时的胜利，然而，后来遭到自然界的残酷报复，经过长期的经验教训，人类才产生可持续发展的战略思想。所谓可持续发展，就是"既满足当代人需要，又不对后代人满足其需要的能力构成危害的发展"。

立足当前、放眼长远，必须对事物的发展有科学的预见。马克思、恩格斯通过解剖资本主义，揭示了资本主义发展的必然趋势，从而对未来共产主义作出科学预见。没有这种科学预见，就不会产生共产主义这个最高纲领和为实现这个最高纲领而奋斗的共产主义运动。我们的一切工作，都要确立工作目标，包括长远目标和近期目标。这就是预见。在实现目标的过程中，由于条件的变化，会出现各种可能性，相应地，就要预先准备应对各种可能性的对策，这也是预见。毛泽东同志说："'凡事预则立，不预则废'，没有事先的计划和准备，就不可能获得战争的胜利。"他在中国共产党第七次全国代表大会所作的结论报告中，对领导和预见的关系作了深刻的阐述，指出："预见就是预先看到前途趋向。如果没有预见，叫不叫领导？我说不叫领导。""坐在指挥台上，如果什么也看不见，就不能叫领导。坐在指挥台上，只看见地平线上已经出现的大量的普遍的东西，那是平平常常的，也不能算领导。只有当着还没有出现大量的明显的东西的时候，当桅杆刚刚露出的时候，就能看出这是要发展成为大量的普遍的东西，并能掌握住它，这才叫领导。"所以，"为着领导，必须有预见"，"没有预见就没有领导，没有领导就没有胜利。因此，可以说没有预见就没有一切"。总之，预见就是见微知著，就是发现事物发展的趋势和各种可能性，并据此确立行动的目标和应对各种可能性的方案。有了科学的预见，才能胸怀远大奋斗目标，才能把握好发展的各个阶段，才能未雨绸缪，争取主动，防患于未然，这是总揽全局的一个重要方面。

六、抓住机遇

在事物全局的发展中，由于各种条件所决定，常常出现加速发展或实现质的飞跃的可能性，对于实践主体来说，这就是夺取更大胜利的良好机遇。战有战机，商有商机，一切工作都有一个机遇问题。抓住和用好机遇，就可以掌握全局的主动权，有效地推动全局的发展。如果丧失机遇，就会影响全局的发展，甚至可能导致全局的失败。

20世纪中期以后，世界发生了重大变化，时代的主题由战争与革命转到和平与发展，许多国家和地区抓住这个机遇，加速发展，实现了后来居上的历史飞跃。对于我国来说，这本来也是一个很好的发展机遇，可惜我们没有抓住这个机遇，不合时宜地认为时代的主题仍然是战争与革命，如邓小平同志所指出的，"过去我们的观点一直是战争不可避免，而且迫在眉睫"。"总是担心打仗，每年总要说一次。"这样，当然不可能聚精会神地搞建设，加上对国内阶级斗争形势的估计过于严重，使我们在指导思想上偏离了经济建设这个中心，丧失了加快发展的大好机遇。党的十一届三中全会以后，我们才逐步改变了这个观点，确立和平与发展是当今世界时代主题的新观点，认为在较长的时间内不发生大规模世界战争的可能性是存在的，维护和平是有希望的。根据这个新认识，邓小平同志指出："现在的问题是要注意争取时间，该上的要上。大战打不起来，不要怕，不存在什么冒险的问题。"

在转到以经济建设为中心以后，仍然有一个抓住机遇的问题。这集中表现在速度问题上。我们当然不能追求不切实际的高速度，不能重复过去急躁冒进的错误。要扎扎实实，讲求质量和效益，稳步协调地向前发展。但是，经济的发展同一切事物的发展一样，都是高一阵、低一阵、波浪式地向前发展，而不是直线式地向前发展的。1992 年，邓小平同志在南方谈话中指出，从国际经验看，一些国家在发展过程中，都曾经有过高速发展时期，或若干高速发展阶段。日本、东南亚一些国家和地区，就是如此。现在，我们国内条件具备，国际环境有利，再加上发挥社会主义制度能够集中力量办大事的优势，在今后的现代化建设长过程中，出现若干个发展速度比较快、效益比较好的阶段，是必要的，也是能够办到的。他认为，要注意经济稳定、协调地发展，但稳定和协调也是相对的，不是绝对的。发展是硬道理。这个问题要搞清楚。如果分析不当，造成误解，就会变得谨小慎微，不敢解放思想，不敢放开手脚，结果是丧失时机，犹如逆水行舟，不进则退。邓小平同志语重心长地告诫我们："抓住时机，发展自己，关键是发展经济"，"要抓住机会，现在就是好机会。我就担心丧失机会，不抓呀，看到的机会就丢掉了，时间一晃就过去了"。

历史发展到 21 世纪，我国进入全面建设小康社会、加快推进社会主义现代化的新的发展阶段，仍然有一个抓住机遇的问题。江泽民同志在党的十六大报告中通过对当前国际国内形势的深刻分析，指出："综观全局，二十一世纪头二十年，对我国来说，是一个必须紧紧抓住并且可以大有作为的重要战略机遇期。"所谓战略机遇期，就是说，这个机遇不是一般的机遇，而是对全局和长远发展有重大战略意义的机遇。这个机遇，是由国际国内各种条件所决定的。从国际上说，和平与发展仍然是当今时代的主题，这使我们有可能集中力量搞建设；科技革命继续迅猛发展，这使我们有可能发挥后发优势，实现跨越式发展；经济全球化趋势加速发展，这使我们有可能进一步扩大对外开放，以开放促改革、促发展。从国内来说，我国离现代化还有很长的距离，在工业化、城市化、产业结构优化、技术进步、消费水平提高等方面，都有很大的潜力，因此国民经济有广阔的增长空间；经过新中国成立 50 多年的建设，我国积累了较为雄厚的物质技术基础，形成了可观的综合国力；不断完善的社会主义市场经济体制和其他各方面体制已经并将继续为我国经济发展和社会全面进步提供有效的制度保证；加入世贸组织使我们更广泛、深入地融入世界经济发展大潮，有利于我国加强和扩大国际经济技术交流与合作；尤其重要的是，我们已经确立起被实践证明是正确的建设中国特色社会主义的基本理论和基本路线。当然，在任何时候，机遇与挑战都是同时存在的。机遇只是为我们夺取胜利提供了客观可能性，要把这种可能性变成现实的东西，还需要经过我们的主观努力，善于应对各种挑战，解决面临的各种问题。

抓住机遇，"及时"二字至关紧要。毛泽东同志告诫我们，"要多谋善断"。多谋，就是多研究，多思考，多同群众商量。多谋是善断的基础，只有多谋才能善断。但是，多谋还不等于善断。所谓善断，一要断得正确，二要断得及时。主观武断固然会丧失机遇，优柔寡断也会丧失机遇。当断不断，反受其乱。当机立断，才能抓住时机，乘势而上。所以，邓小平同志一向不赞成关在房子里坐而论道，不赞成离开发展生产力的根本任务搞抽象争论，他说："不搞争论，是我的一个发明。不争论，是为了争取时间干。一争论就复杂了，把时间都争掉了，什么也干不成。"又说："机会要抓住，决策要及时。"机遇既十分宝贵，又十分难得。机不可失，时不再来。我们应当抓住机遇，用好机遇，这对事物全局的发展有十分重大的意义。

七、及时补缺

所谓及时补缺，就是要善于发现并及时解决制约全局发展的薄弱环节。工作的发展总是不平衡的。抓住事关全局的薄弱环节并采取切实措施加以解决，常常成为推动全局发展的必要条件。管理科学中的"木桶理论"告诉我们：在事物的整体中，有些环节在通常的情况下未必是最重要的环节，但在特定的情况下，有时可能成为影响事物整体发展的最薄弱的环节。据报道：我国某大型水电站四台国产发电机组全部出问题，不是复杂的、高精尖方面的大问题，而是一个"小"问题——止漏环上的螺栓扭不紧！一台机组124个螺栓，66个丢失，35个破断，致使整机不得不拆卸修理，检修工期少则100天，多则120天，一天损失发电上百万元，一百天就是上亿元，可见有些薄弱环节对全局有何等重大的影响。当然，何谓薄弱环节，需要结合具体实际进行具体分析，而且它也不是一成不变的，克服了某一薄弱环节，还会出现新的薄弱环节，"出现"—"解决"—"再出现"—"再解决"，如此循环往复，以至无穷，工作就不断提高到新的水平。

我们党有一个好传统，就是重视总结经验。总结经验，包括总结成绩和成功经验，也包括总结问题和不成功的经验。邓小平同志说："每年领导层都要总结经验，对的就坚持，不对的赶快改，新问题出来抓紧解决。"这里讲的应当"赶快改"的"不对"的地方，应当抓紧解决的"新问题"，都属于应当克服的薄弱环节。我们应当经常着眼于全局工作的发展去思考、发现有待克服的薄弱环节，及时采取有针对性的措施去加以解决。一个年度、一个季度、一个月份过去了，一项重大任务完成了，都要总结一下，凡薄弱环节，都应当重视，凡重大薄弱环节都应当重点重视。这是合于辩证法的。因为辩证法的本质就是：在对现实事物的肯定的理解中同时包含对其否定的理解。毛泽东同志说："事物（经济、政治、思想、文化、军事、党务等等）总是作为过程而向前发展的。而任何一个过程，都是由矛盾着的两个侧面互相联系又互相斗争而得到发展的"，"共产党人必须具备对于成绩与缺点、真理与错误这个两分法的马克思主义辩证思想"①。这是一个世界观、方法论的问题，也是一个领导方法和领导艺术问题，我们应当自觉地照辩证法办事，不断增强克服薄弱环节的自觉性。我们党之所以强调批评与自我批评，并且把它看成推动工作向前发展的动力，就是因为它强调揭露矛盾而不是回避矛盾，更不是掩盖矛盾。

---

① 《毛泽东著作选读》下册，人民出版社 1986 年版，第 843 页。

八、做好结合

第一条讲"着眼全局"，是总揽全局的总要求。第二条至第四条，是从"系统"角度讲总揽全局的三条要求。第五条至第七条，是从"过程"角度讲总揽全局的三条要求。最后，我想再从总的方面讲讲实现上述要求的总方法，主要是讲"三个结合"，即理论与实际相结合，系统与环境相结合，统一性与独立性相结合。

关于理论与实际相结合。马克思主义理论是管方向、管原则、管根本的，因而在本质上是管全局的，它为我们提供科学的世界观和方法论。毛泽东同志把马克思主义比喻为望远镜和显微镜。1936 年，他在《中国革命战争的战略问题》中说："我们的眼力不够，应该借助于望远镜和显微镜。马克思主义的方法就是政治上军事上的望远镜和显微镜。"望远镜可以使我们看得更远，显微镜可以使我们看得更清。1938 年 1 月，毛泽东同志在延安的一次谈话中又比喻说：有了学问，好比站在山上，可以看到很远很多的东西；没有学问，如在暗沟里走路，摸索不着，那会苦煞人。这里讲的学问当然包括管根本的马克思主义这门大学问。邓小平同志说，学习马克思主义基本理论可以"加强我们工作中的原则性、系统性、预见性和创造性"。这"四性"正是总揽全局的根本要求。但是，必须看到，总揽全局都是具体的实践活动，马克思主义为这种具体的实践活动指明了方向和原则，而没有提供现成的方案。毛泽东同志曾说过，他在 1920 年读了考茨基的《阶级斗争》、马克思恩格斯的《共产党宣言》、一个英国人写的《社会主义史》，懂得了阶级斗争的道理，初步地得到认识问题的方法论。可是这些书上，并没有中国的湖南、湖北，也没有中国的蒋介石和陈独秀。他只取了它四个字"阶级斗争"，然后老老实实地开始研究实际的阶级斗争。通过对湖南农民运动的考察、寻乌调查、兴国调查等，"经过了六七年的时间"才逐步懂得了中国农村各个阶级及其相互关系，才真正懂得了中国农村的阶级斗争，从而才能制定出指导这种斗争的正确战略与策略。搞革命如此，搞建设也是如此。邓小平同志说："在中国建设社会主义这样的事，马克思的本本上找不出来，列宁的本本上也找不出来，每个国家都有自己的情况，各自的经历也不同，所以要独立思考。""它要求人们根据它的基本原则和基本方法，不断结合变化着的实际，探索解决新问题的答案，从而也发展马克思主义理论本身。"所以，理论一定要同实际相结合。没有马克思主义指导，革命和建设不会胜利；马克思主义不同具体实际相结合，革命和建设也不会胜利。

关于系统与环境相结合。系统作为整体不但在内部包含诸多要素，而且在外部与周围环境相联系，其发展变化总是受到周围环境的影响，因此，在总揽全局的过程中，眼界要十分开阔，要重视研究环境，重视研究系统与环境的关系。例如，指导中国革命和建设，要研究国际环境；指导一个地区或部门的工作，要研究国际环境、全国环境及周边环境；从事经济工作要研究生态环境；从事思想政治工作要研究市场经济环境，如此等等。不了解20世纪初期的世界帝国主义与无产阶级革命时代的大环境，就不能理解为什么中国的民主革命是世界无产阶级革命的一部分，为什么中国的民主革命只能是无产阶级领导的新民主主义革命。不了解当今时代经济全球化和科学技术革命蓬勃兴起这个世界经济的大环境，就不能制定对外开放这个大战略。目前，我国一些地方正在制定和实施的区域经济发展战略，也是以系统与环境的结合作为考虑问题的依据的，例如：江苏、浙江、上海以"联动发展，共同繁荣"为目标，大力推进"长江三角洲经济区"建设；广东与香港设立粤港联席会议，提出"大珠江三角洲"新概念，大力推进全方位经济协作；湖南正在规划实施"长株潭"城市群发展战略，被列入国家重点支持发展的城镇密集区之一；辽宁提出建设"大沈阳经济圈"、陕西提出西安咸阳经济一体化、位于北京周围的河北保定等地区提出"唱京戏"的发展设想；等等，都是在系统与环境的结合中考虑自己的发展战略的。凡系统，都与周围环境相联系，其间不断进行物质、能量、信息的交换。我们总揽全局，推动系统整体的发展，不能离开环境，孤立地考虑自己的问题，而应当在系统与环境的互动中趋利避害，谋求健康快速有序的发展。

关于统一性与独立性相结合。全局是个相对概念。某个系统和过程，对于它所包含的要素来说是全局，而对于更大的全局来说又是要素，是局部。作为全局，它有自己相对的独立性；作为局部，又要有服从全局的统一性。任何一个地区、部门、单位，都应当在独立性与统一性的结合中确立自己的工作任务和指导方针。什么时候都不能没有统一性，因为局部是全局的一个局部。列宁说："脱离了身体的手，只是名义上的手。"毛泽东同志说："懂得了全局性的东西，就更会使用局部性的东西，因为局部性的东西是隶属于全局性的东西的。"邓小平同志说："毛泽东曾经指出，我们党历来是重视战略的，部队的战士、伙夫都关心战略，只要把战略形势讲清楚，问题就好办了。"所以，任何地区、部门、单位都一定要有全局观念，自觉地服务全局、服从全局。这就叫统一性。但是，不能只讲统一性，不讲独立性。统一性是一般性的要求，而一般性的要求只能通过特殊性的具体实践来实现。不同地区、部门、单位的各个特殊的具体实践，情况千差万别，对于他们的工作，不能用一个模式去要求，对于他们所面临的问题，不能用一种办法去解决。古代打仗有一个说法，叫"将在外，君命有所不受"，这就是独立性。但这个独立性是相对的，不是绝对的，是同统一性相联系的而不是相分离的，大的指导思想、大的战略还是必须统一的。我们贯彻党的路线方针政策，必须坚定，这是统一性，同时又要结合自己的实际创造性地加以贯彻，有的要具体化，有的要变通，有的经过请示要缓办或不办，这又是独立性。统一性与独立性的统一，也就是原则性与灵活性的统一，这是领导干部总揽全局的一个重要条件和重要方法。

马克思主义中国化的重要哲学基础[*]

——纪念《实践论》《矛盾论》发表70周年

由中国辩证唯物主义研究会、中共中央党校哲学教研部、国防大学马克思主义教研部、中国马克思主义研究基金会联合发起召开的纪念毛泽东同志《实践论》《矛盾论》发表 70 周年理论研讨会，现在开会。

这次会议在国防大学召开，有着特殊的纪念意义，使我们感到格外亲切。因为 70 年前毛泽东同志正是在国防大学的前身——中国人民抗日军政大学作的关于《实践论》《矛盾论》的演讲。置身于今天这样的场合，回顾历史，思考现实，展望未来，重温"两论"的光辉思想，使我们仿佛又一次聆听毛泽东同志那立意高远、独具魅力、富有中国特色和中国风格的马克思主义哲学教诲，从而鼓舞我们继续沿着他所开辟的马克思主义中国化道路开拓前进。

国防大学对我们这次会议十分重视，给予了大力支持，今天

---

* 本文原载于《光明日报》2007 年 9 月 11 日。

几位校领导又出席并指导会议，使我们深受感动，让我们向国防大学的领导和同志们表示诚挚的谢意！同时也请允许我代表会议发起单位向全体与会专家表示热烈的欢迎！

《实践论》和《矛盾论》是毛泽东同志最重要、最具有代表性的两篇哲学著作。它们不仅具有重要的历史地位、恒久的科学价值，而且有重大的现实意义。下面我谈三点认识。

一、"两论"是中国革命经验的哲学总结，是马克思主义中国化的重要哲学基础

正如 20 世纪 60 年代初毛泽东同志自己所说："我们在第二次国内革命战争末期和抗战初期写了《实践论》和《矛盾论》，这些都是适合于当时需要不能不写的。"中国革命最初十几年"两起两落"的曲折道路，把总结经验的任务鲜明地提到全党面前。毛泽东同志认为，总结经验必须提到哲学高度，因为"一切大的政治错误没有不是离开辩证唯物论的"。党内"左"、右倾错误最深刻的根源是思想路线的错误，即唯上、唯书、不唯实，把马克思主义教条化，把共产国际指示神圣化，把苏联经验绝对化。如果不从思想路线上，不从哲学上解决问题，那么，纠正一种错误必定还会犯另一种错误。我们党在纠正陈独秀右倾错误以后，连续犯三次"左"倾错误，而且一次比一次严重，最后，王明"左"倾错误几乎使中国革命陷入绝境，根本原因就在于始终没有从思想路线上解决问题，没有对"左"、右倾错误作哲学上的清算。

有鉴于此，毛泽东同志在总结政治、军事斗争经验教训时，

总是结合这些斗争实际进行哲学分析。1935年12月，他作《论反对日本帝国主义的策略》的报告，着重从政治路线、政治策略上总结经验，批评党内长期存在的狭隘关门主义和对于革命的急性病。在分析这些政治错误的同时，指出其思想方法上的错误，即那种认为"圣经上载了的才是对的""山沟里没有马克思主义"的教条主义思想和主张"革命的力量是要纯粹又纯粹，革命的道路是要笔直又笔直"的形而上学思想。1936年12月，毛泽东同志作《中国革命战争的战略问题》的演讲，着重从军事上总结经验，批评"左"倾教条主义者军事路线的错误，但这篇演讲首先提出的是"如何研究战争"，即研究战争的方法论问题，强调研究战争"应该着眼其特点和着眼其发展，反对战争问题上的机械论"。所有这些，都是必要的，但是，在毛泽东同志看来又是很不够的，还没有对"左"、右倾错误作系统的哲学分析、概括和总结，还不可能使人们完整地了解和掌握马克思主义世界观和方法论。于是，在1937年7月至8月，毛泽东同志撰写《实践论》和《矛盾论》，并于同年专门讲授哲学问题。

《实践论》和《矛盾论》都是以扫清党内教条主义为主要目标，对中国民主革命经验进行系统的哲学总结，对广大干部进行系统的马克思主义认识论与辩证法的教育。《实践论》的主题是认识与实践的统一，《矛盾论》的主题是矛盾普遍性与特殊性的统一，这"两个统一"为马克思列宁主义同中国革命具体实践相结合的实事求是的思想路线奠定了坚实的哲学基础，为反对党内主观主义特别是教条主义提供了锐利的思想武器。《实践论》深刻揭示了"左"、右倾错误的认识论根源，指出：我们反对革命队伍中的顽固派，他们的思想不能随变化了的客观情况而前进，在历史上表现为右倾机会主义；我们也反对"左"倾空谈主义，他们的思想超过客观过程的一定发展阶段，有些把幻想看作真理，有些则把仅在将来有现实可能性的理想，勉强地放在现实来做，离开了当前大多数人的实践，离开了当前的现实性，在行动上表现为冒险主义。一句话，"唯心论和机械唯物论，机会主义和冒险主义，都是以主观和客观相分裂，以认识和实践相脱离为特征的。以科学的社会实践为特征的马克思列宁主义认识论，不能不坚决反对这些错误思想"①。《矛盾论》深刻揭示了"左"、右倾错误的形而上学实质，指出，他们不懂得由特殊到一般、又由一般到特殊的认识过程的辩证法，拒绝对于具体事物做任何艰苦的研究工作，把一般真理看成凭空出现的东西，是人们不能捉摸的纯粹抽象的公式；他们也不了解应当用不同的方法去解决不同的矛盾，而只是千篇一律地使用一种自以为不可改变的公式到处硬套，这就只能使革命遭受挫折，或者将本来做得好的事情弄得很坏。因此，"两论"的精神实质是对马列主义同中国革命具体实践相结合的必要性作充分的哲学论证，对否认这种"结合"的主观主义特别是教条主义作深刻的哲学批判，对如何实现这种"结合"在方法论上给予系统总结。它们的问世，标志着毛泽东哲学思想的系统形成，从而为实现马克思主义的中国化奠定了重要的哲学基础。

　　"两论"的发表大大推进了马克思主义中国化的历史进程。从哲学的层面说，促进了群众性哲学学习和实事求是思想路线在全党的确立。1938 年，在毛泽东同志的倡导下，延安成立了

---

① 《毛泽东选集》第一卷，人民出版社 1991 年版，第 295 页。

研究和普及马克思主义哲学的学术团体——延安新哲学会，组织干部结合研究中国革命的历史经验学习马克思主义哲学。1938年，毛泽东同志在党的六届六中全会上作《论新阶段》的政治报告，明确提出使马克思主义中国化的历史任务，指出："马克思列宁主义的伟大力量，就在于它是和各个国家的具体的革命实践相联系的。对于中国共产党来说，就是要学会把马克思列宁主义的理论应用于中国的具体环境。……离开中国特点来谈马克思主义，只是抽象的空洞的马克思主义。因此，使马克思主义在中国具体化，使之在其每一表现中带着必须有的中国特性，即是说，按照中国的特点去应用它，成为全党亟待了解并亟待解决的问题。"1941年9月，毛泽东同志在致中央研究组及高级研究组的信中提出，研究历史经验要学习理论，而理论学习"暂时以研究思想方法论为主"，并具体列出艾译《新哲学大纲》、李译《辩证唯物论教程》等书目。直到1942年开展和领导以反对主观主义为主要内容的延安整风运动，全党确立起理论同实际相结合的实事求是的马克思主义思想路线。从实践的层面说，以马克思主义认识论和辩证法为指导，注重总结历史经验，注重对于实际情况的调查研究和对于国情的科学分析，逐步形成了一整套符合中国实际的关于中国新民主主义革命的理论和一系列正确的方针政策，实现了马列主义同中国实际相结合的历史性飞跃，最后在党的七大确立了马列主义同中国革命具体实践相结合的思想——毛泽东思想在全党的指导地位。实践证明，"两论"是党的思想路线的哲学基础，是马克思主义中国化的哲学基础，是反对主观主义和"左"、右倾错误的强大思想武器。

二、"两论"是马克思主义哲学在中国的重大发展，是中国特色马克思主义哲学形成的主要标志

中国革命实践需要马克思主义哲学的指导，而马克思主义哲学指导下的中国革命实践的发展又丰富和发展了马克思主义哲学。因此，"两论"不仅在中国革命史上占有重要地位，而且在马克思主义哲学史和中国哲学史上都占有重要地位，具有恒久的科学价值。

《实践论》作为一篇认识论的著作，不是简单复述认识论的一般原理，而是根据马克思列宁主义同中国革命具体实践相结合的需要，抓住旧唯物主义认识论的要害和教条主义者在认识问题上的致命弱点，突出强调了马克思主义哲学的实践唯物主义精神，集中阐明了认识与实践之具体历史统一的科学原理，引导我们在中国革命的实践中取得对于中国革命规律的认识，在中国革命的实践中坚持和发展马克思主义，在中国革命的实践中检验我们对于中国革命规律的认识是否正确。在这个过程中，从许多方面扩展和深化了马克思主义认识论的研究。第一，毛泽东同志全面、系统地阐明了实践在认识中的地位和作用，形成了一个完整的以实践为基础的认识论系统。其中关于实践是认识的来源、实践是认识发展的动力、实践是认识的标准、实践是认识的目的等，毛泽东同志都把它们作为以实践为基础的认识过程当中一系列相互联系的环节来加以对待，说明人的认识一时一刻也离不开实践。这就把实践是认识的基础的思想贯彻到底了。第二，毛泽东同志把辩证法运用于认识论，对认识过程作了深入研究，提出了"两次飞跃"的著名论断。他指出，在社会实践的基础上，从

感性认识上升到理性认识，又从理性认识回到实践，是认识过程的两个阶段、两次能动的飞跃。他不仅科学地论述了实现第一次飞跃的方法和条件，而且特别强调了第二次飞跃的重大意义，指出："辩证唯物论的认识运动，如果只到理性认识为止，那么还只说到问题的一半。而且对于马克思主义的哲学说来，还只说到非十分重要的那一半。……认识的能动作用，不但表现于从感性的认识到理性的认识之能动的飞跃，更重要的还须表现于从理性的认识到革命的实践这一个飞跃。"在这里，毛泽东同志把第二次飞跃既看作以实践检验认识的过程和发展认识的过程，又看作实现认识目的的过程；既充分体现了认识过程的辩证法，又进一步突出了马克思主义哲学的实践性特点。第三，毛泽东同志第一次对人类认识的总规律作了科学的概括和总结，指出："实践、认识、再实践、再认识，这种形式，循环往复以至无穷，而实践和认识之每一循环的内容，都比较地进到了高一级的程度。这就是辩证唯物论的全部认识论，这就是辩证唯物论的知行统一观。"这一论述，高度概括了人类认识的客观规律，充分体现了马克思主义以实践为基础的唯物主义反映论和辩证法，凝结了中国革命曲折发展的历史经验，是对马克思主义认识论的重大贡献。特别是把"再认识"作为人类认识总过程中的一个基本环节加以强调，这在马克思主义哲学发展史上还是第一次，不仅具有深刻的理论意义，而且有重大的实践意义。

《矛盾论》作为一篇辩证法的著作，不是简单复述辩证法的一般原理，而是根据马克思列宁主义同中国革命具体实践相结合的需要，抓住形而上学的要害和教条主义者在思维方式上的致命弱点，突出强调了唯物辩证法的实质和核心，集中阐明了矛盾普遍性和特殊性相互关系的科学原理，引导我们在马克思主义一般原理指导下，具体研究中国的特殊国情、中国革命和中国革命战争的特殊规律，据以制定符合中国实际的关于中国革命的理论和策略。在这个过程中，从许多方面扩展和深化了马克思主义辩证法的研究。第一，毛泽东同志首次提出关于矛盾问题精髓的科学思想。他说："矛盾的普遍性和矛盾的特殊性的关系，就是矛盾的共性和个性的关系。其共性是矛盾存在于一切过程中，并贯串于一切过程的始终，矛盾即是运动，即是事物，即是过程，也即是思想。否认事物的矛盾就是否认了一切。这是共通的道理，古今中外，概莫能外。所以它是共性，是绝对性。然而这种共性，即包含于一切个性之中，无个性即无共性。假如除去一切个性，还有什么共性呢？因为矛盾的各各特殊，所以造成了个性。一切个性都是有条件地暂时地存在的，所以是相对的。""这一共性个性、绝对相对的道理，是关于事物矛盾问题的精髓，不懂得它，就等于抛弃了辩证法。"这一论断，在马克思主义哲学史上是一个新命题，深化了列宁关于辩证法的实质和核心的科学思想，也是中国革命的基本经验在哲学上的升华，对于人们的认识和实践活动，具有根本性的指导意义。第二，毛泽东同志对矛盾普遍性的科学内涵作了完整的概括和表述。马克思主义经典作家对矛盾普遍性的论述主要是强调每一事物或现象都包含矛盾，毛泽东同志则进一步指出，每一事物或现象自始至终存在矛盾。他说："矛盾的普遍性或绝对性这个问题有两方面的意义。其一是说，矛盾存在于一切事物的发展过程中；其二是说，每一事物的发展过程中存在着自始至终的矛盾运动。"这就从空间和时间两个方面论述了矛盾的普遍性，使矛盾普遍性的思想得到彻底贯彻。第三，毛泽东同志对矛盾特殊性问题作了系统而详尽的发挥。他指出，各种物质运动形式的矛盾都有特殊性；每一物质运动形式在其不同过程中矛盾都有特殊性；同一过程中，矛盾双方各有其特殊性；在众多矛盾中，各种矛盾的地位具有特殊性；在每一矛盾中，矛盾双方各有特殊性；解决矛盾的斗争形式有对抗和非对抗的区别，这也是矛盾的特殊性。这样，就形成了一个分析复杂现实矛盾的逻辑体系，为我们在实践中科学分析和正确处理各种具体矛盾提供了方法论的指导。第四，创造性地阐明了关于矛盾发展不平衡性理论，即关于主次矛盾和矛盾主次方面的理论。这也是矛盾特殊性问题，但由于其具有特殊的重要性，毛泽东同志专门用一节来研究这个问题。这一理论是对马克思主义辩证法思想的重大贡献。马克思和恩格斯在分析复杂问题时，总是十分重视区别主要的东西和次要的东西、决定性的东西和从属性的东西，有主有从、辩证地处理各方面的关系。但是，他们没有使用过主要矛盾、次要矛盾和矛盾主要方面、次要方面这样一些概念。列宁提出了链与环的概念，说历史进程、政治事件好比一条链子，"你要抓住整条链子，就必须抓住主要环节"。苏联 20 世纪 30 年代的哲学教科书中出现了主要矛盾、次要矛盾这样的提法，但分散于教科书的许多章节的叙事之中，并没有作为专门的哲学概念来使用。毛泽东同志的贡献在于他提出了一个完整的关于矛盾不平衡问题的系统思想，指出主要矛盾和次要矛盾、矛盾的主要方面和次要方面都是矛盾特殊性在矛盾地位上的表现，并把这些概念明确地上升为哲学概念，对它们的科学内涵作了明确规定，对它们之间的相互联系、相互区别和在一定条件下相互转化的辩证关系作了系统阐述，强调"对于矛盾的各种不平衡情况的研究，对于主要的矛盾和非主要的矛盾、主要的矛盾方面和非主要的矛盾方面的研究，成为革命政党正确地决定其政治上和军事上的战略战术方针的重要方法之一，是一切共产党人都应当注意的"。所有这些，都是马克思主义辩证法理论宝库中的新思想。

《实践论》和《矛盾论》还是马克思主义哲学中国化的奠基之作。在"两论"问世以前，我国学者所著的马克思主义哲学著作主要有被毛泽东同志称誉为"真正通俗而又有价值"的艾思奇的《大众哲学》和被毛泽东同志赞赏为"中国人自己写的第一本马列主义的哲学教科书"的李达的《社会学大纲》等。这些著作在历史上都产生了很大影响，但它们的共同特点是译介型、学理型、诠释型和通俗普及型，距马克思主义哲学中国化还有很长的距离。正如艾思奇所说："过去的哲学只做了一个通俗化的运动，把高深的哲学用通俗的词句加以解释，这在打破从来哲学神秘观点上，……是有极大意义的，而且这也就是中国化现实化的初步，……然而在基本上，整个是通俗化并不等于中国化现实化。因此它也没有适应这激变的抗战形势的力量，而另一方面，因为整个并没有做到中国化现实化，所以也不够充分的通俗化。"而"两论"的问世，一改这种局面。一方面，如前所述，它是中国革命基本经验的哲学总结，在理论内容上体现了马克思主义哲学的中国化；另一方面，它又是毛泽东同志运用马克思主义哲学批判继承中国传统哲学的结果，在思想资料和表达形式上体现了马克思主义哲学的中国化。这后一方面，同样是"两论"的重大贡献。首先，"两论"批判地继承了几千年中国历史上唯物主义和辩证法的优秀传统，并对中国哲学史上一些重大理论问题作出了马克思主义的分析和总结。《实践论》的副标题就是论知和行的关系，以马克思主义的实践论回答了中国历史上长期争论不休的这个知行关系的古老问题。《矛盾论》批判地总结了中国古代《易传》和《老子》这两大朴素辩证法思想传统，吸收了阴阳之道、相反相成、物极必反等对立统一思想，使这些思想在马克思主义哲学科学体系中得到发扬光大；同时对中国哲学史上源远流长的"天不变，道亦不变"的形而上学思想给予了深刻的马克思主义的批判。其次，"两论"从中国历史上的文学著作、名言警句、成语典故中吸收了大量的思想智慧，用以说明马克思主义哲学观点的精神实质，使马克思主义哲学的深刻道理在生动活泼的民族形式中得到体现，从而使马克思主义哲学获得了浓厚和鲜明的中国特色、中国风格和中国气派。从思想理论内容和表达形式两方面看，可以说"两论"是马克思主义哲学中国化的奠基之作，是中国特色马克思主义哲学形成的主要标志。

三、"两论"是建设中国特色社会主义的锐利思想武器，要重视学习哲学，坚定不移地贯彻解放思想、实事求是的思想路线

毛泽东同志的"两论"作为党的实事求是思想路线的哲学基础，无论革命时期还是建设时期，都是我们手中锐利的思想武器。邓小平同志在总结中国社会主义最初 20 年的经验教训时指出："中国搞社会主义走了相当曲折的道路。二十年的历史教训告诉我们一条最重要的原则：搞社会主义一定要坚持马克思主义的辩证唯物主义和历史唯物主义，也就是毛泽东同志概括的实事求

是，或者说一切从实际出发。"①

党的十一届三中全会以来建设中国特色社会主义的历史，就是解放思想、实事求是的历史。我们破除"两个凡是"的思想禁锢，坚持"实践是检验真理的唯一标准"；破除苏联那种僵化的社会主义模式观念，坚持走自己的道路；破除超阶段的"左"的思想观念，坚持一切从社会主义初级阶段实际出发；破除抽象谈论姓"社"姓"资"的思维定式，坚持"三个有利于"的判断标准；破除把马克思主义教条化的思想影响，坚持根据现在的情况认识、继承和发展马克思主义。在这个过程中，围绕"什么是社会主义、怎样建设社会主义"这个首要的基本问题提出许多新思想、新观点、新论断，如关于社会主义本质的新概括，关于中国社会主义初级阶段基本国情的新判断，关于中国社会主义初级阶段基本经济制度的新论断，关于改革开放是社会主义社会发展重要动力的新思想，关于建立和完善社会主义市场经济体制的新论断，关于科学技术是第一生产力的新概括，关于"三个代表"重要思想的新概括，关于以人为本、全面、协调、可持续发展的新概括，关于构建社会主义和谐社会的新概括，等等。因此，"解放思想、实事求是"是中国特色社会主义理论的精髓，它贯穿于中国特色社会主义理论的各个方面，又贯穿于中国特色社会主义理论形成和发展的全过程。可以说，最近29年来，我们在理论上的每一个重大突破，在政策上的每一次重大调整，在实践上的每一步重大跨越，都是解放思想、实事求是的结果，都是马克思主义哲学的胜利。

---

① 《邓小平文选》第三卷，人民出版社1993年版，第118页。

2007 年 6 月 25 日，胡锦涛同志在中共中央党校发表重要讲话，强调：中国特色社会主义，是当代中国发展进步的旗帜，是全党全国各族人民团结奋斗的旗帜。我们必须始终不渝地坚持以邓小平理论和"三个代表"重要思想为指导，深入贯彻落实科学发展观，毫不动摇地坚持和发展中国特色社会主义。为此，他要求我们要做到"四个坚定不移"，其中第一个坚定不移，就是坚定不移地坚持解放思想，他说，这是党的思想路线的本质要求，是我们应对前进道路上各种新情况新问题、不断开创事业新局面的一大法宝。"四个坚定不移"对保持党和国家事业顺利发展的大局至关重要，而"四个坚定不移"中坚定不移地解放思想，是前提，是基础。没有解放思想这个坚定不移，就没有其他三个坚定不移。

为了更加自觉地坚持"解放思想、实事求是"的思想路线，必须重视马克思主义哲学的学习，必须重视毛泽东同志《实践论》《矛盾论》等哲学著作的学习。重视学习哲学，这是我们党的一个好传统。1937 年七八月，正是红军长征到达陕北不久而立足未稳的时候，也正是日本帝国主义向中国内地发动大举进攻、企图灭亡全中国的时候，可以说形势很紧张，内忧外患，国家危机，民族危机，革命危机。在这种情况下，毛泽东同志潜心研究哲学，并亲自到抗日军政大学讲授哲学，这件事本身就充分表明，马克思主义哲学对于我们党、国家和民族是何等重要。毛泽东同志当时在《辩证法唯物论》讲课提纲中说：如果辩证法唯物论被中国无产阶级、共产党及一切愿意站在无产阶级立场的人们和广大革命分子所采取的话，那么，他们就得到了一种最正确和最革命的宇宙观和方法论，他们就能够正确地了解革命运动的发展变化，提出革命的任务，团结自己同盟者的队伍，战胜反动的理论，采取正确的行动，避免工作的错误，达到解放中国与改造中国的目的。他特别强调：辩证法唯物论对于指导革命的干部人员，尤属必修的科目。在起草《关于建国以来党的若干历史问题的决议》的过程中，鉴于过去长期"左"的错误和偏离实事求是思想路线的深刻教训，邓小平同志和陈云同志都十分强调学习马克思主义哲学和毛泽东哲学著作。邓小平同志说：陈云同志建议中央提倡学习，主要是学习马克思主义哲学，重点是学习毛泽东同志的哲学著作。陈云同志说，他学习毛泽东同志的哲学著作，受益很大。毛泽东同志亲自给他讲过三次要学哲学。他在延安的时候，把毛泽东同志的哲学著作认真读了一遍，这对他后来的工作影响极大。现在我们的干部中很多人不懂哲学，很需要从思想方法、工作方法上提高一步。《实践论》《矛盾论》《论持久战》《战争和战略问题》《论联合政府》等著作，选编一下。还要选一些马恩列斯的著作。总之，很需要学习马克思主义哲学就是了。这是两位老革命家对我们的殷切希望，也是他们终身受益的切实感受，这一教诲在今天仍然有很强的现实意义。

本文开头引用了毛泽东同志关于"两论"是"适合于当时需要不能不写"的话。紧随这句话，还有一句话，毛泽东同志说："现在我们已经进入社会主义时代，出现了新的一系列的问题，如果不适应新的需要，写出新的著作，形成新的理论，也是不行的。"这充分表明了毛泽东同志在哲学上与时俱进的科学态度。正是在这样一种态度下，中华人民共和国成立以后，毛泽东同志一如既往地关注哲学，研究哲学，视野不断拓宽，研究不断深入。他重视研究经济领域中的哲学问题，在 1956 年写出充满哲学智慧的《论十大关系》。1959 年底至 1960 年初，他研读苏联《政治经济学教科书》，发表了许多经济哲学见解，强调没有哲学头脑的作家，要写出好的经济学来是不可能的，"马克思能够写出《资本论》，列宁能够写出《帝国主义论》，因为他们同时是哲学家，有哲学家的头脑，有辩证法这个武器"。他重视研究社会主义社会矛盾问题，在 1957 年写出《关于正确处理人民内部矛盾的问题》这篇具有独创性的马克思主义哲学著作。他重视研究自然科学中的哲学问题，特别是对物质结构问题发表了十分深刻的哲学见解，在国际物理学界引起巨大反响。正如毛泽东同志在《实践论》中所说："马克思列宁主义并没有结束真理，而是在实践中不断地开辟认识真理的道路。"我们纪念"两论"，要学习"两论"，坚持"两论"，运用"两论"，同时还应当按照毛泽东同志的期望，根据新的实际，总结新的经验，在建设中国特色社会主义伟大实践中不断丰富和发展"两论"。

解放思想与中国社会主义的历史命运[*]

——纪念真理标准问题讨论30周年

30 年前那场真理标准问题的大讨论，在停滞、徘徊、迷茫的中国吹响了解放思想的号角，广大干部群众冲破"两个凡是"的思想禁锢，以实践作为检验真理的唯一标准，重新思考什么是毛泽东思想、怎样完整准确地理解毛泽东思想，什么是马克思主义、怎样科学对待马克思主义，什么是社会主义、中国怎样建设社会主义等一系列重大问题，推进了党的指导思想和各条战线的拨乱反正，推进了全面改革和对外开放，推进了马克思主义与时俱进和观念更新，从而使社会主义在中国的命运发生了根本改变——一个同中国国情相结合、同时代发展同进步、同人民群众共命运的生机勃勃的社会主义国家在世界的东方兴起。30 年沧桑巨变，使我们得出一个重要的历史结论：解放思想是党的思想路线的本质要求，是发展中国特色社会主义的一大法宝，只有解放思想、实事求是、与时俱进，勇于变革、勇于创新，永不僵化、

---

* 本文原载于《光明日报》2008 年 5 月 8 日。

永不停滞，社会主义才能永葆生机和活力。

一、一场关系党和国家前途命运的解放思想大讨论

关于实践是检验真理唯一标准问题的大讨论，是在我国重大历史关头发生的一场关系党和国家前途命运的大讨论，其实质是：粉碎"四人帮"以后的中国究竟向何处去？按照"两个凡是"的方针，就是要继续坚持所谓无产阶级专政下继续革命的理论，继续维护"文化大革命"的"左"的错误，那就只能使中国继续陷入混乱和动乱。广大干部群众强烈要求拨乱反正，纠正"文化大革命"的错误，开辟社会主义建设的新道路。

引发真理标准问题大讨论的《实践是检验真理的唯一标准》一文，锋芒直指"两个凡是"，强调"实践不仅是检验真理的标准，而且是唯一的标准"，"革命政党的路线是否正确，同样必须由社会实践来检验"；强调"理论与实践的统一，是马克思主义的一个最基本的原则"，"坚持实践是检验真理的唯一标准，就是坚持马克思主义，坚持辩证唯物主义"；强调"马克思主义的理论宝库并不是僵死不变的教条，它要在实践中不断增加新的观点、新的结论，抛弃那些不再适合新情况的个别旧观点、旧结论"，绝不能"躺在马列主义、毛泽东思想的现成条文上，甚至拿现成的公式去限制、宰割、剪裁无限丰富、飞速发展的革命实践"，而要"勇于研究生动的实际生活，研究现实的确切事实，研究新的实践中提出的新问题"。这篇文章本身的鲜明针对性和它不同寻常的发表方式，使它产生了巨大而深远的影响，受到广大干部群众的热烈拥护，开了当代中国解放思想的先河。在邓小平

同志等老一辈革命家的支持和领导下，从理论界到实际工作部门，从高层到基层，从城市到农村，一场席卷全国的真理标准问题大讨论轰轰烈烈地开展起来，极大地促进了全国人民的思想大解放。

思想的变革成了政治和社会变革的先导。真理标准问题大讨论，为成功召开具有划时代意义的党的十一届三中全会，为在这次全会上重新确立我们党的马克思主义思想路线、政治路线，为推进拨乱反正和改革开放，为开辟建设中国特色社会主义新道路，奠定了坚实的思想基础。邓小平同志在《解放思想，实事求是，团结一致向前看》的讲话中高度评价了这场讨论的伟大历史意义："目前进行的关于实践是检验真理的唯一标准问题的讨论，实际上也是要不要解放思想的争论，很有必要，意义很大，是个思想路线问题，是个政治问题，是个关系到党和国家的前途和命运的问题。"他强调："一个党，一个国家，一个民族，如果一切从本本出发，思想僵化，迷信盛行，那它就不能前进，它的生机就停止了，就要亡党亡国。"他深刻论述了当前解放思想对拨乱反正、推进改革、实现社会主义现代化的重大现实意义，指出："只有思想解放了，我们才能正确地以马列主义、毛泽东思想为指导，解决过去遗留的问题，解决新出现的一系列问题，正确地改革同生产力迅速发展不相适应的生产关系和上层建筑，根据我国的实际情况，确定实现四个现代化的具体道路、方针、方法和措施。"这篇重要讲话，实际上成为实现伟大历史转折的党的十一届三中全会的主题报告，成为重新确立党的解放思想、实事求是思想路线的主要标志，成为开辟中国特色社会主义道路、探索中国特色社会主义理论的宣言书。

二、解放思想使社会主义焕发蓬勃生机和活力

党的十一届三中全会以来的 30 年，是我国改革开放的 30 年，是我国持续快速发展的 30 年，也是我们围绕"什么是社会主义、怎样建设社会主义"这个当代中国首要基本问题解放思想的 30 年。解放思想使社会主义在中国焕发出蓬勃的生机和活力。

解放思想使我们认识社会主义的思维方式发生了重大变化。我们破除"两个凡是"的思想禁锢，坚持实践是检验真理的唯一标准；破除苏联那种僵化的社会主义模式观念，坚持走自己的道路；破除长期以来超阶段的"左"的框框，坚持一切从中国社会主义初级阶段实际出发；破除抽象谈论姓"社"姓"资"的思维定式，坚持"三个有利于"的判断标准；破除把马克思主义教条化的倾向，坚持根据现在的情况认识、继承和发展马克思主义。这一系列的"破除"和"坚持"，集中体现了"解放思想、实事求是"的思想路线，使我们对社会主义的认识真正奠定在现实的基础之上。

解放思想把我们对什么是社会主义的理解提高到新的科学水平。我们在深刻总结国际国内、历史现实经验教训的基础上，拨乱反正、正本清源，澄清了对社会主义的许多曲解、误解和教条化理解，加深了对科学社会主义本质和特征的科学认识，使我们深刻认识到：贫穷不是社会主义，发展太慢也不是社会主义，社会主义的根本任务是发展生产力、提高人民物质文化生活水平；平均主义不是社会主义，两极分化也不是社会主义，社会主义的根本目标是实现共同富裕；计划经济不等于社会主义，市场经济不等于资本主义，社会主义也可以搞市场经济；没有民主就没有

社会主义，民主是社会主义的生命；没有精神文明不可能建设社会主义，社会主义精神文明是社会主义的重要特征；社会和谐是中国特色社会主义的本质属性，是国家富强、民族振兴、人民幸福的重要保证。

解放思想使我们开辟了建设中国特色社会主义的新道路。我们抛弃了"以阶级斗争为纲"的"左"的错误，不搞"全盘西化"，坚持把科学社会主义的基本原则同我国国情和时代特征相结合，走中国特色社会主义道路。这条道路的基本点，就是在中国共产党的领导下，立足中国社会主义初级阶段的基本国情，坚持"一个中心、两个基本点"的基本路线，坚持经济、政治、文化、社会"四位一体"的总体建设布局，为把我国建设成为一个富强、民主、文明、和谐的社会主义现代化国家而奋斗。其中，基本路线是总纲，必须毫不动摇地加以坚持；总体布局是基本内容，必须全面系统地加以贯彻落实。中国特色社会主义道路是引领当代中国发展进步的道路，是实现中华民族伟大复兴的道路。

解放思想使我们形成和发展了中国特色社会主义理论体系。中国特色社会主义理论就是包括邓小平理论、"三个代表"重要思想以及科学发展观等重大战略思想在内的科学理论体系。这个理论体系，坚持和发展了马列主义、毛泽东思想，凝结了几代中国共产党人带领人民不懈探索、实践的智慧和心血，是马克思主义中国化的最新成果。它的精髓就是解放思想、实事求是、与时俱进。

30年改革开放和现代化建设的实践证明，中国特色社会主义理论体系是不断发展的开放的理论体系，解放思想使社会主义在中华大地焕发出勃勃生机，给中国人民带来空前的福祉，使中华民族大踏步赶上时代前进潮流、迎来伟大复兴的光明前景。

三、在新的历史起点上坚定不移地继续解放思想

国内外形势的新变化，人民对于美好生活的新期待，全面建设小康社会的新要求，决定我们必须把发展的新起点同时作为解放思想的新起点。

解放思想是一个永无止境的过程。实践在发展，事物在发展，人们的思想也必须向前发展。解放思想应该成为人们思想的常态，什么时候思想僵化了，什么时候就要犯错误了；什么地方思想僵化了，什么地方就要落后了。当前，我国正处于经济体制转型期，机会前所未有，挑战也前所未有，许多新事物需要我们去认识，许多新问题需要我们去解决，许多新矛盾需要我们去处理，我们必须继续解放思想、更新观念、拓宽思路、勇于创新，以新的思想解放促进新的发展，夺取新的胜利。

解放思想贵在创新。创新是一个民族进步的灵魂，是一个国家兴旺发达的不竭动力，是一个政党永葆先进的活力源泉。要全面推进理论创新、体制创新、科技创新和各方面工作创新。首先是理论创新，它是其他一切创新的思想基础和政治前提。中国特色社会主义理论体系既是我们解放思想、锐意创新的理论成果，又是我们进一步解放思想、发展理论的新起点，我们要紧紧围绕回答"什么是社会主义、怎样建设社会主义""建设一个什么样的党、怎样建设党""实现什么样的发展、怎样发展"这些建设中国特色社会主义基本问题不断进行理论创新，使中国特色社会主义道路越走越宽广，使中国特色社会主义理论体系越来越丰

富，并且以理论创新为指导大力推进各方面创新，使中国特色社会主义事业越来越兴旺发达。

解放思想重在实效。思想的解放要落实到事业发展上来，在现阶段，最主要的是落实到坚持改革开放、推动科学发展、促进社会和谐上来，落实到以改革创新精神推进党的建设新的伟大工程上来，落实到治国理政的各个环节之中。尤其要紧紧围绕深入贯彻落实科学发展观继续解放思想。在解放思想的过程中，要注重调查研究，从实际生活中提出问题、解决问题，不能坐而论道、流于空谈；要注重开阔视野，从国内外的比较中吸收营养、拓宽思路，不能闭目塞听、坐井观天；要注重总结经验，从成功和失败的分析中坚持真理、修正错误，不能把已有的认识和做法绝对化、神圣化。从领导的角度说，要努力创造有利于解放思想的政治环境和社会氛围，鼓励探索，允许失误，保护创新。关键是发扬民主，民主是解放思想的重要条件。

解放思想的关键是尊重实践和尊重群众。要有在实践中进行探索的勇气。要坚持实践是检验真理的唯一标准，既不把别人的本本和经验当作教条，也不把自己以往的经验和做法当作桎梏，一切由实践作结论，一切"拿事实来说话"。要把尊重实践和尊重群众统一起来，把实践标准和人民利益标准统一起来。人民群众的实践是我们认识和发展真理的源泉，人民群众的利益是我们衡量是非得失的标准。30年解放思想的经验告诉我们：尊重人民群众的实践创造和人民群众的利益，是我们党解放思想、不断创新的强大动力和源头活水。在任何时候，我们都要自觉地从人民群众的实践中吸收丰富的养料而使自己的思想永远富有活力。这是马克思主义的基本原则，也是科学社会主义的真正生命力之所在。

今天我们怎样读《共产党宣言》*

马克思和恩格斯的著作《共产党宣言》（本文简称《宣言》），作为马克思主义诞生的标志性著作，作为世界上无产阶级政党的第一个党纲，作为列宁所说的"每个觉悟工人必读的书籍"，它已经公开发表 160 多年；对于 160 多年以前的历史文献，我们今天应当怎样读它，显然这是一个需要我们认真思考和回答的问题。

众所周知，《宣言》问世之后，马克思和恩格斯为它的各种版本写了七篇序言，其中第一篇是 1872 年德文版序言，最后一篇是 1893 年意大利文版序言，这些序言总结了《宣言》问世后 25 年至 45 年的历史经验，根据这些历史经验，马克思和恩格斯对如何阅读和对待《宣言》提出了明确的指导性意见。所以，读《宣言》是不能不认真阅读这几篇序言的。

重温马克思和恩格斯为《宣言》所写的序言，我认为，今天我们读《宣言》，要着力把握以下三条原则。

---

* 本文原载于《理论视野》2008 年第 7 期。

一、《宣言》的基本思想是完全正确的，必须坚定不移地加以坚持

马克思和恩格斯在为《宣言》1872年德文版所写的序言中说："不管最近 25 年来的情况发生了多大的变化，这个《宣言》中所阐述的一般原理整个说来直到现在还是完全正确的。"这是对《宣言》总体思想科学性的一个基本评价。那么，这里所说的一般原理指的是什么呢？在几篇序言里都有论述，概括地说，主要是 1883 年德文版序言中所阐述的以下三个相互联系的基本思想。第一，人类社会的历史首先是生产方式发展的历史，即"每一历史时代主要的经济生产方式和交换方式以及必然由此产生的社会结构，是该时代政治的和精神的历史所赖以确立的基础，并且只有从这一基础出发，这一历史才能得到说明"。这里讲的是马克思主义唯物主义历史观。第二，自从原始社会解体以来，迄今为止人类社会的历史都是阶级斗争的历史，"即剥削阶级和被剥削阶级之间、统治阶级和被统治阶级之间斗争的历史"。这里讲的是马克思主义阶级斗争理论。第三，阶级斗争发展到现阶段，主要表现为无产阶级反对资产阶级的斗争，即无产阶级"如果不同时使整个社会一劳永逸地摆脱一切剥削、压迫以及阶级差别和阶级斗争，就不能使自己从进行剥削和统治的那个阶级（资产阶级）的奴役下解放出来"。这里讲的是马克思主义无产阶级革命理论。这三个相互联系的基本思想，揭示了人类社会发展规律、阶级社会发展规律、资本主义社会发展规律；最后得出的结论，就是"两个必然"，即"资产阶级的灭亡和无产阶级的胜利是同样不可避免的""代替那存在着阶级和阶级对立的资产阶级

旧社会的，将是这样一个联合体，在那里，每个人的自由发展是一切人的自由发展的条件"。这就是马克思主义的社会历史观，马克思主义的社会革命论，马克思主义最崇高的社会理想。

《宣言》基本思想的科学性，不但为以后资本主义发展中不断发生的经济、政治危机和帝国主义发动的两次世界大战给人类造成的历史性灾难所反复证明，而且由于俄国十月革命的胜利和中国等一系列国家革命的胜利而得到更加充分有力的证明。当然，历史发展的道路从来都不是笔直的，社会主义的发展也不可能总是一帆风顺。20世纪90年代的东欧剧变、苏联解体使世界社会主义运动遭受严重挫折，一些人认为马克思主义不灵了，社会主义不行了，邓小平同志说，哪有这回事！"人民经受锻炼，从中吸收教训，将促使社会主义向着更加健康的方向发展"，"社会主义经历一个长过程发展后必然代替资本主义。这是社会历史发展不可逆转的总趋势"。改革开放以来，中国经济、社会持续快速发展，一个生机勃勃的中国特色社会主义在世界东方崛起，它有力地向世人证明，马克思主义不但能够救中国，而且能够发展中国。沿着中国特色社会主义道路继续前进，到本世纪中叶，中国全面建成社会主义现代化强国，那就"不但是给占世界总人口四分之三的第三世界走出了一条路，更重要的是向人类表明，社会主义是必由之路，社会主义优越于资本主义"。

二、《宣言》一般原理的实际运用以历史条件为转移，必须坚持马克思主义同本国实际相结合

《宣言》一般原理的实际运用以历史条件为转移，这是《宣

言》和序言反复强调的，也是列宁十分重视的。列宁说："这些原理的应用具体地说，在英国不同于法国，在法国不同于德国，在德国又不同于俄国。"同样，在中国既不同于西欧，也不同于俄国，因为中国的国情带有更大的特殊性。所以，毛泽东同志强调，马克思主义必须中国化。马克思主义中国化是一个过程。搞革命的时候要实现马克思主义中国化，我们中国化的结果就是形成了毛泽东思想。在毛泽东思想指引下，我们取得了革命的胜利。在那个时候的中国，坚持毛泽东思想，就是真正坚持马克思主义。进入社会主义建设时期以后，马克思主义需要进一步中国化。邓小平同志说："我们多次重申，要坚持马克思主义，坚持走社会主义道路。但是，马克思主义必须是同中国实际相结合的马克思主义，社会主义必须是切合中国实际的有中国特色的社会主义。"我们在实现马克思主义中国化的进程中，又一次取得了重大成果，就是开创了中国特色社会主义道路，形成和发展了中国特色社会主义理论体系。

例如：《宣言》的一个基本思想，就是消灭资本主义私有制，这是《宣言》的基本原理、一般原理、核心思想，什么时候都不能怀疑和动摇。离开了这一条，就从根本上离开了《宣言》，离开了马克思主义。坚持这条原理，同时又要从中国实际出发运用这条原理。鉴于我国生产力水平低，又存在多层次的特点，我们实行的是一种独特的社会主义初级阶段的基本经济制度，即以公有制为主体、多种所有制共同发展的经济制度。这就是马克思主义中国化，这就是创造性应用马克思主义。如果我们只停留在"消灭资本主义私有制"这一句话，还是不能完全解决中国的问题。只有坚持这句话，又把这句话与中国实际相结合，找到一个中国社会主义初级阶段的基本经济制度，才算是真正解决了中国的问题。

又例如：按劳分配是科学社会主义基本原则，我们坚持这一原则，同时又从中国实际出发，实行按劳分配为主体、多种分配方式同时并存的分配制度；民主是科学社会主义的基本原则，我们坚持这一原则，同时又从中国实际出发，创造并实行人民代表大会制度、共产党领导的多党合作和政治协商制度、民族区域自治制度以及基层群众自治制度等。所以，在当代中国，坚持中国特色社会主义道路，就是真正坚持社会主义；坚持中国特色社会主义理论体系，就是真正坚持马克思主义。我们不能离开中国国情，去抽象地、空洞地坚持马克思主义、社会主义。

三、《宣言》的理论内容也要与时俱进，必须根据新的实践丰富和发展马克思主义

马克思和恩格斯为《宣言》所写的七篇序言，几乎每一篇都讲到对待《宣言》的具体结论，应当采取实事求是的、具体问题具体分析和与时俱进的科学态度，指出有些地方"已经过时"，"有些地方没有谈到"，有些新的经验需要总结，有些新的问题需要探索。这里试举几例。

例一：关于对阶级社会的认识。1848 年德文单行本《宣言》中说："至今一切社会的历史都是阶级斗争的历史。"这个论断是不确切的。40 年以后，恩格斯在 1888 年英文版《宣言》上加了一个脚注，说："这是指有文字记载的全部历史。在 1847 年，社会的史前史，成文史以前的社会组织，几乎还没有人知道。后

来，哈克斯特豪森发现了俄国的土地公有制，毛勒证明了这种公有制是一切条顿族的历史起源的社会基础，而且人们逐渐发现，农村公社是或者曾经是从印度到爱尔兰的各地社会的原始形态。最后，摩尔根发现了氏族的真正本质及其对部落的关系，这一卓绝发现把这种原始共产主义社会的内部组织的典型形式揭示出来了。随着这种原始公社的解体，社会开始分裂为各个独特的、终于彼此对立的阶级。"这就说明，阶级不是从来就有的，而是"同生产发展的一定阶段相联系的"，而这一点，1848 年的马克思和恩格斯是没有认识到的，是后来吸收了西方学者研究的成果才逐步明确起来的。这个例子说明，马克思主义者是可以而且应当从非马克思主义者那里吸收营养来丰富和发展自己的理论的。

例二：关于无产阶级夺取政权的方式。《宣言》说："共产党人不屑于隐瞒自己的观点和意图。他们公开宣布：他们的目的只有用暴力推翻全部现存的社会制度才能达到。"巴黎公社失败以后，马克思和恩格斯的思想发生了变化，提出无产阶级夺取政权有两种可能的方式。马克思在 1872 年指出：像英、美这样的国家"可能用和平手段达到自己的目标"，而在大陆上的多数国家，"暴力应当是我们革命的杠杆"。恩格斯晚年根据资本主义和平发展时期的特点，高度重视和平手段，他赞扬德国工人阶级在革命实践中所作的一个贡献："给了世界各国的同志们一件新的武器——最锐利的武器中的一件武器，向他们表明了应该怎样使用普选权。"当然，这时恩格斯仍然不排除使用"非法"的暴力手段，因为无产阶级利用和平手段"必须以敌人也在法律范围内活动为前提"。可见，关于无产阶级以何种方式夺取政权这个问题，马克思和恩格斯并没有给出某种固定模式，他们至少有三种说法，而每一种说法都基于一定历史条件的分析，我们对《宣言》中的有关论述，不应当作教条主义理解。

例三：关于对"全世界无产者，联合起来"这一口号的理解。《宣言》提出的这一口号反映了资本的国际性和全世界无产者反抗资本统治的国际性，是完全正确的。但是在资本主义进入帝国主义阶段以后，形成了世界范围内的压迫民族和被压迫民族，出现了殖民地和半殖民地国家。基于这一情况，列宁认为，应当使全世界争取社会主义的革命斗争与殖民地半殖民地争取民族解放的斗争联合起来，共同反对帝国主义统治。根据列宁这一思想，1920 年共产国际的一个机关刊物《东方民族》提出："全世界无产者和被压迫民族联合起来！"当时有人质疑：为什么作这样的改动？认为这不符合《宣言》精神。列宁解释说："当然，从《共产党宣言》的观点来看，这样的提法是不正确的。但是，《共产党宣言》是在完全不同的条件下写成的，而从现在的政治情况来看，这样的提法是正确的。"列宁的思想反映了新的历史条件下民族解放运动同工人阶级社会主义运动之间的密切关系，具有十分重要的现实意义。

恩格斯说："我们的理论是发展着的理论，而不是必须背得烂熟并机械地加以重复的教条。"[①] 马克思主义不仅必须同本国国情相结合，使之民族化（在中国就是中国化），而且必须同时代、科学和实践的发展相结合，使之时代化。邓小平同志说："世界形势日新月异，……现在的一年抵得上过去古老社会几十年、上百年甚至更长的时间。不以新的思想、观点去继承、发展马克思主

---

① 《马克思恩格斯选集》第四卷，人民出版社 1995 年版，第 588 页。

义，不是真正的马克思主义者。"马克思和恩格斯的贡献在于他们把社会主义理论由空想变为科学，用科学社会主义理论武装工人阶级，为无产阶级革命做了思想理论上的准备；列宁和毛泽东同志的贡献在于把科学社会主义理论运用于俄国和中国，通过革命的手段把科学社会主义由理论变成了现实；现实的社会主义如何建设、巩固和发展，又是一个崭新的历史课题，要求当代的马克思主义者给予回答。中国特色社会主义理论体系的贡献就在于以一系列新的思想、观点创造性地回答了这个重大历史课题，其中许多认识反映了时代的发展与变化，如关于和平与发展是当今时代两大主题的科学判断，关于科学技术是第一生产力的科学判断，关于社会主义市场经济的科学理论，关于按照"三个代表"重要思想要求加强党的建设的科学思想，关于树立和落实科学发展观、构建社会主义和谐社会的战略思想等，都是马克思主义与时俱进的重大成果。

总之，实践告诉我们，老祖宗不能丢，马克思主义的立场观点方法、基本原理必须坚持，同时又要讲新话。新话既包括符合本国国情的新话，又包括符合时代特征的新话。我们必须以正在做的事情为中心，把坚持和发展马克思主义统一起来。我想，这就是我们对待《宣言》应当具有的科学态度。

科学对待马克思主义[*]

　　新中国成立后特别是改革开放以来，中国共产党人创造性地探索和回答了什么是马克思主义、怎样对待马克思主义，什么是社会主义、怎样建设社会主义，建设什么样的党、怎样建设党，实现什么样的发展、怎样发展等重大理论和实际问题。这四个重大问题贯穿于建设中国特色社会主义的各个方面和发展的全部过程，是需要我们在实践中长期探索和回答的基本问题。其中"什么是马克思主义、怎样对待马克思主义"，更具有基础性和根本性，集中体现着我们党的指导思想的理论基础。科学回答这一问题，对于正确回答其他基本问题具有决定性的意义。

　　根据长期历史经验特别是改革开放以来的历史经验，科学对待马克思主义，最根本的是坚持以下四条基本原则。

---

[*] 本文原载于《光明日报》2009 年 1 月 13 日，后经修改补充于 2011 年 3 月作为讲稿印发中共中央党校学员供学习参考。这是当年的讲稿。

一、毫不动摇地坚持马克思主义

中国为什么一定要坚持马克思主义？这不是个理论的问题，而是一个实践的问题。正如毛泽东同志所指出的："我们说马克思主义是对的，决不是因为马克思这个人是什么'先哲'，而是因为他的理论，在我们的实践中，在我们的斗争中，证明了是对的。我们的斗争需要马克思主义。"

那么，对于中国来说，究竟是什么实践、什么斗争证明马克思主义是对的呢？概括起来，主要是三个方面的基本实践。

（一）中国近代以来的历史证明，只有马克思主义而没有别的什么主义能够救中国

从 1840 年鸦片战争失败、中国沦为半殖民地半封建社会，到 1919 年五四运动之前，无数中国人为了挽救民族危亡、实现国家振兴，提出过各种各样的救国方案，进行过各种各样的斗争，但结果都以失败告终。

旧式农民起义搞过了——这就是 1851 年爆发的太平天国运动，持续 14 年之久，遍及 18 个省，建立了百万农民军，最后还是被镇压下去了。他们沉重地打击了封建王朝，但是最终战胜不了封建王朝。因为农民阶级不是先进生产力的代表，提不出代表先进生产力发展要求的制度和纲领。

洋务运动搞过了——这就是从 19 世纪 60 年代到 90 年代，以曾国藩、李鸿章、左宗棠、张之洞等为代表的封建地主阶级内部的一些人，为了维护摇摇欲坠的封建王朝而兴办"洋务"的运动，包括兴办近代工业、近代交通、近代教育、近代军事，等

等。这些"洋务"对于促进中国的工业化、现代化有一定的积极意义。但是，他们的指导思想是"中学为体、西学为用"，洋务运动的实质是封建地主阶级的"自救"运动，这就使得他们的各项"洋务"不可避免地带有强烈的封建性和买办性，从而在帝国主义进攻面前不堪一击，甲午海战中北洋水师全军覆没就是证明。封建主义抵御不了资本主义。

资产阶级改良主义搞过了——这就是1898年的戊戌变法，代表人物有康有为、梁启超、谭嗣同、严复等人。康有为六次上书光绪皇帝要求变法，提出"兴民权""开议院""君民共主"等政治主张，清政府以光绪皇帝的名义颁布设立新式机构、奖励工商、改革科举、开办新式学堂以及提倡"西学"等项法令100多道，但是，以慈禧太后为首的封建顽固派一朝政变，将光绪皇帝囚禁起来，慈禧重新"垂帘听政"，变法就"流产"了，只存在3个多月，史称"百日维新"。维新派遭到追捕和屠杀，康、梁逃往国外，谭嗣同等六人被砍头，新政全废，只剩下一个京师大学堂。资产阶级改良主义在中国遭到了失败。

旧式资产阶级民主革命也搞过了——这就是孙中山领导的资产阶级民主革命。1911年10月10日爆发的辛亥革命推翻了清王朝的统治。1912年元旦，孙中山就职中华民国南京临时政府大总统，宣告延续2000多年的封建帝制历史的终结，中国历史揭开了新的一页。但是，由于中国民族资产阶级的软弱性，政权很快被封建军阀袁世凯所篡夺，袁死后中国陷入大大小小的军阀混战，帝国主义乘机加紧对中国进行侵略和掠夺，中华民族危机日深，中国还是没有出路。

最后中国怎样才解决了问题呢？是马克思主义解决了问题。

俄国十月革命一声炮响，给中国送来了马克思列宁主义，从此中国革命的面貌为之一新。马克思列宁主义同中国工人运动相结合，产生了中国共产党。中国共产党领导的革命就叫新民主主义革命，在这一革命进程中，中国共产党把马克思列宁主义普遍真理同中国革命具体实践相结合，创立了中国化的马克思主义——毛泽东思想，从而引导中国民主革命取得了彻底胜利，进而在中国建立起社会主义制度。中国革命的胜利，是毛泽东思想的胜利，也是马克思主义在中国的胜利。

对于中国近代以来的历史经验，毛泽东同志在 1949 年《唯心史观的破产》一文中做了一个总结。他说："从一八四〇年鸦片战争到一九一九年的五四运动的前夜，共计七十多年中，中国人没有什么思想武器可以抵御帝国主义。旧的顽固的封建主义的思想武器打了败仗了，抵不住，宣告破产了。不得已，中国人被迫从帝国主义的老家即西方资产阶级革命时代的武器库中学来了进化论、天赋人权论和资产阶级共和国等项思想武器和政治方案，组织过政党，举行过革命，以为可以外御列强，内建民国。但是这些东西也和封建主义的思想武器一样，软弱得很，又是抵不住，败下阵来，宣告破产了。""一九一七年的俄国革命唤醒了中国人，中国人学得了一样新的东西，这就是马克思列宁主义。中国产生了共产党，这是开天辟地的大事变。……从此以后，中国改换了方向。"所以，在中国，选择马克思主义，这是实践的选择，历史的选择，人民的选择。

（二）当代国际共产主义运动遭受挫折的教训，特别是苏东剧变的历史教训证明，马克思主义这个武器是丢不得的

丢了马克思主义，共产党就会垮台，社会主义就会灭亡，历史就会倒退，人民就会遭殃。昔日可以和美国相抗衡的超级大国苏联，今日已灰飞烟灭，国家四分五裂，经济社会发展受到严重破坏，这就是一个证明。普京上台之初的俄罗斯是一个什么样子呢？普京有一个很坦率的说明："俄罗斯正处于其数百年来最困难的一个时期。大概这是俄罗斯近 200—300 年来首次真正面临沦为世界二流国家，抑或三流国家的危险。"美国经济学家在《俄罗斯改革的悲剧》一书中罗列了一系列数据说：20 世纪 30 年代美国大萧条期间国内生产总值减少了 30%，第二次世界大战期间苏联国内生产总值减少了 24%，而俄罗斯自 1992 年到 1998 年期间国内生产总值下降了 44%，其中工业生产下降了 56%。

造成苏东剧变这种悲剧，既有历史的原因，又有现实的原因，而其直接的现实的原因则是苏联领导人放弃了马克思列宁主义。苏东的前车之覆，就是中国的后车之鉴。中国绝不能走"全盘西化"的道路，在经济上绝不能搞全面私有化，在政治上绝不能搞资产阶级自由化，在意识形态上绝不能搞指导思想多元化。这是我们从国际比较中得出的一个极其重要的历史结论。

（三）改革开放以来，中国社会主义现代化建设所取得的历史性巨大成就证明，马克思主义不但能够救中国，而且能够发展中国

苏东剧变以后，面对西方敌对势力所谓"共产主义大失败"的狂喜和曾经信仰过马克思主义的某些人的悲观情绪，邓小平同

志斩钉截铁地说："一些国家出现严重曲折，社会主义好像被削弱了，但人民经受锻炼，从中吸收教训，将促使社会主义向着更加健康的方向发展。因此，不要惊慌失措，不要认为马克思主义就消失了，没用了，失败了。哪有这回事！"改革开放以来，中国发展的事实充分证明了这一点。

从 1978 年到现在的 30 多年间，我国经济持续健康快速发展，年均增长接近两位数，是世界经济同期年均增长 3% 的三倍多。1978 年，我国人均 GDP 不到 300 美元，现在则达到 6000 多美元。我国人民生活水平大幅度提高，实现了由温饱不足到总体小康的历史性跨越。我国的综合国力大幅度跃升，经济总量由 1978 年的世界第十位，上升到现在的第二位。我国的政治建设、文化建设、社会建设等各方面建设，都取得令世人瞩目的巨大成就。中国的发展，不仅使中国人民稳定地走上了富裕安康的广阔道路，而且为世界经济发展和人类文明进步作出了重大贡献。

这些伟大成就的取得，根本原因就是我们既坚持了马克思主义、科学社会主义的基本原则，又根据我国国情和时代特征赋予其鲜明的中国特色，形成和发展了当代中国马克思主义——中国特色社会主义理论体系。党的十七大报告指出："《共产党宣言》发表以来近一百六十年的实践证明，马克思主义只有与本国国情相结合、与时代发展同进步、与人民群众共命运，才能焕发出强大的生命力、创造力、感召力。在当代中国，坚持中国特色社会主义理论体系，就是真正坚持马克思主义。"也可以说，中国特色社会主义的胜利，就是马克思主义在中国的胜利。

现在，我们正在为到 2020 年全面建成小康社会而奋斗，实现了这个目标，我们这个历史悠久的文明古国和发展中社会主义大国，将成为工业化基本实现、综合国力显著增强、国内市场总体规模位居世界前列的国家，成为人民富裕程度普遍提高、生活质量明显改善、生态环境良好的国家，成为人民享有更加充分民主权利、具有更高文明素质和精神追求的国家，成为对外更加开放、更加具有亲和力、为人类文明作出更大贡献的国家。在此基础上，继续前进，到本世纪中叶，我们就将全面建成社会主义现代化强国，实现中华民族伟大复兴，到那时，如邓小平同志所说，就"不但是给占世界总人口四分之三的第三世界走出了一条路，更重要的是向人类表明，社会主义是必由之路，社会主义优于资本主义"。对此，我们充满信心。国外的一些有识之士，也有较为公允的评论。美国高盛资产管理公司董事长、"金砖四国"概念的提出者吉姆·奥尼尔则说："未来 10 年对全世界 GDP 贡献最大的将是中国。"他预计，到 2050 年中国将超过美国成为世界最大的经济强国。美国学者约翰·奈斯比特认为，到 2050 年中国将成为世界中心，"不仅将改变全球经济，而且也将以其自身的模式来挑战西方的民主政治"。曾经极力鼓吹资本主义是人类历史"终结者"的弗朗西斯·福山在 2009 年接受日本《中央公论》杂志采访时也不得不承认："客观事实证明，西方自由民主可能并非人类历史进化的终点。随着中国崛起，所谓'历史终结论'有待进一步推敲和完善，人类思想宝库需为中国传统留有一席之地。"

二、完整准确地理解马克思主义

坚持马克思主义，必须弄清什么是马克思主义，完整准确地理解马克思主义。1945 年，毛泽东同志在党的七大口头政治报告中说："我们历史上的马克思主义有很多种，有香的马克思主义，有臭的马克思主义，有活的马克思主义，有死的马克思主义"，"我们所要的是香的马克思主义，不是臭的马克思主义；是活的马克思主义，不是死的马克思主义"。

（一）什么是马克思主义

1914 年，列宁为俄国《格拉纳特百科辞典》写了一个条目《卡尔·马克思》，副标题是"传略与马克思主义概述"，其中写道："马克思主义是马克思的观点和学说的体系。"显然，这里讲的是狭义的马克思主义，即作为马克思主义创始人的学说。马克思主义是由马克思和恩格斯共同创立的，其之所以以马克思的名字命名，恩格斯在 1886 年有一个说明，他说："我和马克思共同工作 40 年，在这以前和这个期间，我在一定程度上独立地参加了这一理论的创立，特别是对这一理论的阐发。但是，绝大部分基本指导思想（特别是在经济和历史领域内），尤其是对这些指导思想的最后的明确的表述，都是属于马克思的。我所提供的，马克思没有我也能够做到，至多有几个专门的领域除外。至于马克思所做到的，我却做不到。马克思比我们大家都站得高些，看得远些，观察得多些和快些。马克思是天才，我们至多是能手。没有马克思，我们的理论远不会是现在这个样子。所以，这个理论用他的名字命名是理所当然的。"恩格斯的这段话是符合实际的，当然，同时也表明了恩格斯那种令人尊敬的谦逊品格，在今天读来仍然令我们深深感动。关于马克思学说的主要内容，列宁在本词条"马克思的学说"部分和前一年发表的《马克思主义的三个来源和三个组成部分》一文中做了系统概括，这就是马克思主义哲学、马克思主义政治经济学、马克思主义科学社会主义。其中的唯物主义历史观"是科学思想中的最大成果"，"剩余价值学说是马克思经济理论的基石"，在这两大成果的基础上，使社会主义由空想变为科学。所以，"马克思的观点极其彻底而严整"。

作为中国共产党的指导思想的马克思主义，是广义的马克思主义。它既包括由马克思、恩格斯创立的马克思主义的基本理论、基本原则和基本方法，又包括帝国主义和无产阶级革命时代的马克思主义——列宁主义，特别是中国化的马克思主义——毛泽东思想和包括邓小平理论、"三个代表"重要思想及科学发展观等重大战略思想在内的中国特色社会主义理论体系。正如党的十八大通过的党章所指出的："中国共产党以马克思列宁主义、毛泽东思想、邓小平理论、'三个代表'重要思想和科学发展观作为自己的行动指南。""马克思列宁主义揭示了人类社会历史发展的规律，它的基本原理是正确的，具有强大的生命力"，"以毛泽东同志为主要代表的中国共产党人，把马克思列宁主义的基本原理同中国革命的具体实践结合起来，创立了毛泽东思想。毛泽东思想是马克思列宁主义在中国的运用和发展，是被实践证明了的关于中国革命和建设的正确的理论原则和经验总结，是中国共产党集体智慧的结晶"，"邓小平理论是马克思列宁主义的基本原理同当代中国实践和时代特征相结合的产物，是毛泽东思想在新的历史条件下的继承和发展，是马克思主义在中国发展的新阶段，是当代中国的马克思主义"，"'三个代表'重要思想是对马克思列宁主义、毛泽东思想、邓小平理论的继承和发展，反映了当代世界和中国的发展变化对党和国家工作的新要求，是加强和改进党的建设、推进我国社会主义自我完善和发展的强大理论武器"，"科学发展观，是同马克思列宁主义、毛泽东思想、邓小平理论和'三个代表'重要思想既一脉相承又与时俱进的科学理论，是马克思主义关于发展的世界观和方法论的集中体现，是马克思主义中国化的最新成果"。总之，作为当代中国共产党人指导思想的马克思主义，是由马克思、恩格斯所创立并由列宁和中国共产党人继承和发展了的关于无产阶级和人类解放的科学思想体系。

（二）坚持马克思主义主要坚持什么

当然不是它的词句，不是它的个别结论，而是它的科学思想体系，它的立场、观点、方法，它的具有普遍意义的基本原理。其中最主要的是以下三个方面的内容：

一是马克思主义的政治立场，即无产阶级和人民大众的立场。这是马克思主义的阶级本质。恩格斯说：马克思是第一个"给现代整个工人运动提供了科学基础的人"，他的学说"是无产阶级解放的条件的理论概括"。列宁说，马克思主义是"世界各文明国家工人运动的理论和纲领"。由于无产阶级是人类历史上最后一个受剥削、受压迫的阶级，它的解放也必然是全人类的最后解放，无产阶级的阶级利益同最广大人民群众的根本利益是一致的，因此，马克思、恩格斯在《共产党宣言》中说："过去的一切运动都是少数人的或者为少数人谋利益的运动。无产阶级的运动是绝大多数人的、为绝大多数人谋利益的独立的运动。"[①] 中国共产党强调立党为公、执政为民、以人为本，强调自己既是中国工人阶级的先锋

---

① 《马克思恩格斯选集》第一卷，人民出版社 1995 年版，第 283 页。

队，同时是中国人民和中华民族的先锋队，就是这一政治立场的具体体现。马克思主义理论的主题就是研究如何实现无产阶级和人类解放，中国共产党人的一切奋斗都是为了实现中国最广大人民的根本利益。这是马克思主义160多年一脉相承的政治立场之脉。离开了这一条，就是从根本上离开了马克思主义。

二是马克思主义的世界观、方法论，即以科学实践观为基础的辩证唯物主义和历史唯物主义世界观、方法论。这是整个马克思主义理论的哲学基础。它的产生，是人类思想史上的伟大革命：它坚持实践的唯物主义，区别于唯心主义和直观唯物主义；坚持历史唯物主义，区别于历史唯心主义；坚持辩证唯物主义，区别于形而上学唯物主义，从而第一次在科学实践观的基础上实现了唯物主义自然观与历史观的统一、唯物主义与辩证法的统一，为无产阶级和广大人民群众认识世界、改造世界提供了科学的世界观、方法论。从马克思主义的产生来说，它以马克思主义哲学的产生为理论起点，有了马克思主义哲学特别是唯物主义历史观，才有了马克思主义政治经济学特别是剩余价值学说，从而才使社会主义由空想变为科学，产生了科学社会主义。从马克思主义的应用来说，一刻也离不开马克思主义哲学的指导；离开了马克思主义哲学的指导，即使是科学社会主义的理论和原则，在实践中也会变成空想的东西。马克思主义的具体观点会随着条件的改变而改变，而它的哲学世界观、方法论，是普遍管用、长期管用、根本管用的，它是贯穿于整个马克思主义的活的灵魂，其基本观点和基本方法，如唯物论和一切从实际出发的原则、实践论和实践标准、生产力最终决定论和生产力标准、人民群众主体论和人民利益标准、矛盾论和矛盾分析方法，等等，所有这些，在任何时候都是不能违背的，违背了，就会犯方向性、全局性错误。我们党历来重视从哲学高度总结经验、研究问题和解决问题，其根本原因就在这里。

三是马克思主义的崇高社会理想，即社会主义、共产主义理想。如前所述，马克思主义的产生，以哲学为理论起点。而其落脚点，则是科学社会主义。正如恩格斯所说："现代的唯物主义，它和过去相比，是以科学社会主义为其理论终结的。"马克思和恩格斯运用唯物主义历史观研究资本主义生产方式，揭示了资本主义生产方式的基本矛盾——生产资料的资本主义私有制同生产社会化的矛盾，以及这一基本矛盾的阶级表现——资产阶级同无产阶级的矛盾，得出"资产阶级的灭亡和无产阶级的胜利是同样不可避免的"历史结论，论证了社会主义、共产主义是人类历史发展的必由之路，论证了无产阶级的历史地位、历史使命以及实现历史使命的条件、手段和途径，论证了未来社会主义、共产主义社会的一般原则。马克思和恩格斯在《共产党宣言》中对未来社会做出了这样的概括："代替那存在着阶级和阶级对立的资产阶级旧社会的，将是这样一个联合体，在那里，每个人的自由发展是一切人的自由发展的条件。"胡锦涛同志根据马克思主义经典作家的一贯思想和国际共产主义运动的实践经验，进一步指出，实现物质财富极大丰富、人民精神境界极大提高、每个人自由而全面发展的共产主义社会，是马克思主义最崇高的社会理想。这是马克思主义160多年一脉相承的社会理想之脉。尽管实现这一社会理想的道路是漫长而复杂的，会有曲折和挫折，乃至局部的倒退，但是，这个历史发展的总趋势是不可改变的。正是因为有这样一个崇高社会理想，无数的共产党人矢志不移，始终保持一种必胜的信念。当巴黎公社正在巷战的时候，马克思就指出："无论公社在巴黎的命运怎样，它必然将遍立于全世界。"当新生的俄国苏维埃政权受到 14 个帝国主义国家的包围而陷入十分危机的情况下，列宁坚定地说："无产阶级的最终胜利是不可避免的。"当中国革命十分弱小、处于低潮的时候，毛泽东同志高瞻远瞩地指出："星星之火，可以燎原。"当苏东剧变、世界社会主义遭受严重挫折的时候，邓小平同志坚定地说："不要惊慌失措，不要认为马克思主义就消失了，没用了，失败了。哪有这回事！""我坚信，世界上赞成马克思主义的人会多起来的，因为马克思主义是科学""社会主义经历一个长过程的发展必然代替资本主义""这是社会历史发展不可逆转的总趋势"。

（三）怎样把握马克思主义科学原理

马克思主义作为一门科学，是由一系列相互联系的科学原理所构成的科学体系。列宁说："马克思主义的全部精神，它的整个体系，要求我们对每一个原理都要（α）历史地，（β）都要同其他原理联系起来，（γ）都要同具体的历史经验联系起来加以考察。"列宁提出的这三条原则，对于我们完整、准确理解和把握马克思主义科学原理具有十分重大的指导意义。

所谓"历史地"加以考察，就是说，要把每一个科学原理放在一定社会历史条件下加以考察，坚持真理的具体性。真理都是一定时间、地点、条件下的真理，没有抽象的真理。时间、地点、条件变了，人们的认识也必须随着改变。没有什么一成不变的东西。俄国十月革命以城市为中心夺取全国政权，实践证明是正确的，在中国，这条道路就走不通，必须走"农村包围城市、武装夺取政权"的道路，因为两国的国情不同，道路也就不同，不能简单移用。在土地革命战争时期，我们党的农村政策是平分土地，到了抗日战争时期，则是减租减息，因为形势变了，社会主要矛盾变了，党的政策也必须随之改变，不能以不变应万变。在夺取全国政权以前，我们党的工作重心在农村；在夺取全国政权以后，我们党的工作重心转移到城市，这都是正确的。毛泽东同志说："真正的马克思主义是：当需要在乡村时，就在乡村；当需要转到城市时，就转到城市。"具体问题具体分析，是马克思主义活的灵魂。针对林彪、"四人帮"任意肢解毛泽东思想的荒谬做法，邓小平同志指出："把毛泽东同志在这个问题上讲的移到另外的问题上，在这个地点讲的移到另外的地点，在这个时间讲的移到另外的时间，在这个条件下讲的移到另外的条件下，这样做，不行嘛！"在这里，他表达的也是具体问题具体分析的马克思主义科学态度。

所谓"同其他原理联系起来"考察，就是说，要坚持真理的全面性。不能只知其一，不知其二，更不能为了主观的需要，只讲其一，不讲其二。马克思主义的某一原理是正确的，同它相联系的另一原理也是正确的，我们应当在统一中加以把握，既不能孤立地、片面地强调某一原理，也不能主观地、随意地抛弃另一原理。恩格斯在致约·布洛赫的信中曾就这一点批评一些所谓最新的"马克思主义者"，说："根据唯物史观，历史过程中的决定性因素归根到底是现实生活的生产和再生产。无论马克思或我都从来没有肯定过比这更多的东西。如果有人在这里加以歪曲，说经济因素是唯一决定性的因素，那么他就是把这个命题变成毫无内容的、抽象的、荒诞无稽的空话。经济状况是基础，但是对历史斗争的进程发生影响并且在许多情况下主要是决定着这一斗争的形式的，还有上层建筑的各种因素。"就是说，既要讲经济的最终决定作用，又要讲上层建筑的反作用，缺了哪一句都不是唯物主义历史观。同样地，在今天，我们既要讲坚持马克思主义，又要讲发展马克思主义，缺了哪一句都不是马克思主义；既要讲反对平均主义，又要讲反对两极分化，缺了哪一句都不是社会主义；既要讲金山银山，又要讲绿水青山，缺了哪一句都不是科学发展观；既要讲立足中国国情，又要讲放眼世界，缺了哪一句都不是战略思维；如此等等。总之，真理是全面的，我们要学会讲两句话，防止片面性、绝对化。这是我们多年来学习马克思主义的一条重要经验，绝不能抓住一两句话就片面进行宣传，绝不能刮风，"攻其一点、不及其余"。

所谓"同具体的历史经验联系起来加以考察"，就是说，要在实践中检验真理和发展真理。马克思说："人的思维是否具有客观的〔gegenst ndliche〕真理性，这不是一个理论的问题，而是一个实践的问题。人应该在实践中证明自己思维的真理性，即自己思维的现实性和力量，自己思维的此岸性。"马克思主义之所以被称作真理，不但在于马克思、恩格斯科学构建它的时候，而且在于它为之后的革命斗争实践所证实的时候。正是联系于各个历史时期的实践经验，使我们确信，马克思主义是科学，是颠扑不破的真理；也正是联系于各个历史时期的实践经验，使我们不断丰富和发展马克思主义。所以，我们历来强调，学习马克思主义，一定要联系实际，根据实际的经验思考它为什么是正确的，也根据实际的经验思考它还有哪些不够完善的地方。这样，马克思主义才能真正在我们的头脑中扎根，并且能够随着实际经验的积累而不断丰富和发展。马克思为什么提出"工人阶级不能简单地掌握现成的国家机器，并运用它来达到自己的目的"？这是考察1848年欧洲革命经验，特别是考察1871年巴黎公社革命经验的结果。列宁为什么提出新经济政策？这是考察1918—1920年实行战时共产主义政策遭受挫折教训的结果。毛泽东同志为什么提出"农村包围城市、武装夺取政权"的道路？这是考察大革命失败后夺取大城市遭受失败教训的结果。邓小平同志为什么能够提出中国特色社会主义理论？这是长期考察中国社会主义建设历史经验，特别是"文化大革命"历史教训的结果。所以，列宁提出"同具体的历史经验联系起来加以考察"，这是研究马克思主义的一个根本的方法，也是学习马克思主义的一个根本方针。

三、创造性地运用马克思主义

坚持马克思主义不是目的，目的是运用，以解决我们所面临的各种实际问题。这种运用又不是简单的理论推演，而是结合实际的创造性运用。根据长期历史经验，创造性运用马克思主义，要坚持三个"结合"。

（一）理论和实际相结合

马克思主义为我们的实践提供了总的指导思想、基本原则和基本方法，但是，没有提供解决各种具体问题的具体方案。恩格斯在1888年为《共产党宣言》英文版所写的序言中说："这些原理的实际运用，正如《宣言》中所说的，随时随地都要以当时的历史条件为转移。"列宁说，马克思的理论"提供的只是总的指导原理，而这些原理的应用具体地说，在英国不同于法国，在法国不同于德国，在德国又不同于俄国"。同样，在中国既不同于俄国，也不同于欧美，必须把马克思列宁主义的基本原理同中国革命和建设的具体实际相结合，使之中国化。这就是毛泽东同志所说的："学会把马克思列宁主义的理论应用于中国的具体的环境""使马克思主义在中国具体化""使之在其每一表现中带着必须有的中国的特性"。为此就要调查研究，真正了解实际、了解国情。毛泽东同志在 1941 年谈到他对这个问题的体会，说："记得我在 1920 年，第一次看了考茨基著的《阶级斗争》，陈望道翻译的《共产党宣言》，和一个英国人作的《社会主义史》，我才知道人类自有史以来就有阶级斗争，阶级斗争是社会发展的原动力，初步地得到认识问题的方法论。可是这些书上，并没有中国的湖南、湖北，也没有中国的蒋介石和陈独秀。我只取了它四个字：'阶级斗争'，老老实实地来开始研究实际的阶级斗争。"在大革命时期，他对湖南农民运动做了系统考察；在土地革命战争时期，他做了《宁冈调查》《永新调查》《寻乌调查》《兴国调查》《长冈乡调查》《才溪乡调查》，等等。有了这些调查，才真正取得了关于中国革命的发言权；没有这种调查，就没有关于中国革命的发言权。所以，理论同实际相结合，是以周密、系统的调查研究为基础的。

在社会主义建设新时期，邓小平同志反复重申："要坚持马克思主义，坚持社会主义。但是，马克思主义必须是同中国实际相结合的马克思主义，社会主义必须是切合中国实际的有中国特色的社会主义。"他有两句著名的话，一句话是"老祖宗不能丢"，他说："我们搞改革开放，把工作重心放在经济建设上，没有丢马克思，没有丢列宁，也没有丢毛泽东。老祖宗不能丢啊！"另一句话是"独立思考"，他说："在中国建设社会主义这样的事，马克思的本本上找不出来，列宁的本本上也找不出来，每个国家都有自己的情况，各自的经历也不同，所以要独立思考。"这两句话的结合，就是马克思列宁主义普遍真理同当代中国具体实际相结合。

（二）领导和群众相结合

理论是重要的，它的重要性在于一旦被群众所掌握就会变成改造世界的物质力量。理论同实际相结合，离不开领导和群众相结合。

按照马克思主义认识论，认识从实践中来，当然包括从个人的实践中来，但是，任何个人的实践，包括领导者个人的实践，同无比丰富、无比生动的群众的实践比较起来，总是狭隘的、片面的、有限的。人民群众是创造历史的主体，也是认识的主体。领导机关和领导人员要形成正确的思想，作出正确的决策，对工作实行正确的指导，就必须向群众的实践请教。中国共产党人创立了具有中国特色的群众路线，即一切为了群众，一切依靠群众，从群众中来，到群众中去。这是马克思主义的政治路线、工作路线，也是马克思主义的认识路线。"实践—认识—实践"同"群众—领导—群众"，这两个公式是完全一致的。马克思主义普遍真理同具体实践的结合，是在亿万人民群众的奋斗中实现的。人民群众的实践需要是"结合"的动力之源，人民群众的实践经验是"结合"的智慧之源，人民群众的实践结果是检验"结合"是否正确的根本标准。

邓小平同志反复强调："我个人做了一点事，但不能说都是我发明的。其实很多事是别人发明的，群众发明的，我只不过是把它们概括起来，提出了方针政策。"这不是什么"伟大谦虚"，而是真正的实事求是。他说，农村搞家庭联产承包，这个发明权是农民的；乡镇企业异军突起，是基层创造的；办经济特区，是广东同志提出的，"我同意了他们的意见，我说名字叫经济特区"，如此等等。他强调，要把"人民拥护不拥护""人民赞成不赞成""人民高兴不高兴""人民答应不答应"作为考虑一切问题的出发点和落脚点，体现了马克思主义实践标准与价值标准的统一。中国特色社会主义理论是代表当代中国人民根本利益的理论，也是集中了全党全国人民集体智慧的理论。每一个共产党员都要把人民当主人，全心全意为人民服务；把人民当英雄，全心全意依靠人民；把人民当老师，全心全意向人民学习。

（三）学习借鉴外国和独立自主相结合

中国的革命和建设事业都离不开世界。必须重视研究和借鉴外国经验，必须争取一切可能争取的外援，必须重视吸取人类创造的一切文明成果。闭关自守、盲目排外，只能导致落后和失败。但是，这种学习、借鉴、借助都不能代替我们自己的努力和奋斗。独立自主、自力更生，是从实际出发、依靠群众进行革命和建设的必然结论。毛泽东同志历来强调，中国国情靠中国人民自己去认识，中国革命的胜利靠中国人民自己去争取，我们的方针要放在自己力量的基点上。他说："我们的方针是，一切民族、一切国家的长处都要学，政治、经济、科学、技术、文学、艺术的一切真正好的东西都要学。但是，必须有分析有批判地学，不能盲目地学，不能一切照抄，机械搬运。""如果每句话，包括马克思的话，都要照搬，那就不得了。我们的理论，是马克思列宁主义的普遍真理同中国革命的具体实践相结合。"没有独立自主，就没有毛泽东思想，就没有中国革命的胜利。

在社会主义建设新时期，我们开辟了一条建设中国特色社会主义的成功之路。1982年9月1日，邓小平同志在党的十二大的开幕词，就是一篇中国共产党和中国人民独立自主建设社会主义的宣言书。他说："我们的现代化建设，必须从中国的实际出发。无论是革命还是建设，都要注意学习和借鉴外国经验。但是，照抄照搬别国经验、别国模式，从来不能得到成功。这方面我们有过不少教训。把马克思主义的普遍真理同我国的具体实际结合起来，走自己的道路，建设有中国特色的社会主义，这就是我们总结长期历史经验得出的基本结论。"他重申："中国的事情要按照中国的情况来办，要依靠中国人自己的力量来办。独立自主，自力更生，无论过去、现在和将来，都是我们的立足点。中国人民珍惜同其他国家和人民的友谊和合作，更加珍惜自己经过长期奋斗而得来的独立自主权利。任何外国不要指望中国做他们的附庸，不要指望中国会吞下损害我国利益的苦果。"这段气势磅礴的讲话，体现了中国人民高度的自尊心和自豪感，也体现了中国共产党人实事求是的科学态度。没有独立自主，就没有中国特色社会主义道路和理论体系。胡锦涛同志在纪念党的十一届三中全会召开30周年大会上的讲话中强调：必须把坚持独立自主同参与经济全球化结合起来。这是我们党一贯坚持的独立自主方针在新的历史条件下的具体体现和新的发展，也是我们在改革开放中必须长期坚持的基本方针。

四、与时俱进地发展马克思主义

马克思主义是历史的产物，但它没有成为只是留在人们记忆中的历史陈迹，原因就在于它是开放的、随着历史的发展而不断丰富和发展的科学。这是它的真正的生命力之所在。科学地对待马克思主义，必须与时俱进地发展马克思主义。

（一）与时俱进是马克思主义认识论的题中应有之义

毛泽东同志说："马克思列宁主义并没有结束真理，而是在实践中不断地开辟认识真理的道路。"之所以这样讲，从认识论上说，是因为每一时代人们的认识总是不可避免地受到三个方面的限制。

一是受到客体状况的限制。客体具有无限的复杂性，它包括无限多的方面和无限多的层次。从宏观上说，宇宙无限大，地球之外有太阳系、银河系，银河系之外还有无数个"银河系"；从微观上说，宇宙无限小，分子可分，原子可分，原子核可分，"基本"粒子仍然可分。所以，每一真理性的认识只能大致地、近似地正确反映事物某一方面、某一次的本质，而不可能穷尽一切方面、一切层次的本质。列宁说："人的思想由现象到本质，由所谓初级的本质到二级的本质，这样不断地加深下去，以至于无穷。"客体不仅具有无限的复杂性，而且具有发展的无限性。每一事物都是过程。作为过程，当它所包含的矛盾尚未充分暴露时，人们难以充分揭示其本质；当它从一个阶段转向另一个阶段的时候，原有的认识又需要有新的发展，以适应变化了的情况。因此，光有马克思的《资本论》不行，还需要有列宁的《帝国主义论》；

光有毛泽东同志的《新民主主义论》不行，还需要有邓小平同志的社会主义初级阶段理论，如此等等。人们通过一个又一个的相对真理而走向绝对真理，这种走向是永无止境的，因为事物的发展是永无止境的。

二是受到主体状况的限制。从人的肉体状况说，人的生命有限，精力有限，实践范围有限，因而认识能力有限。恩格斯说，任何人在自己的专业之外都只能是个半通。从人的精神状况说，由于人们出身不同、教养不同、努力程度不同，人们的立场观点方法、思维方式、知识结构、经验储备、价值取向等是很不相同的，这些不同都影响着人们的认识能力。但是，不论怎样不同，有一点是肯定的：任何人的精神状况都不可能是尽善尽美的，因而在认识上也就不可能达到尽善尽美的程度。所谓无所不知、无所不能、洞察一切等，都只能是欺人之谈。

三是受到社会实践水平的限制。实践的广度和深度决定认识的广度和深度。实践经验越丰富，可供思维加工的材料也就越丰富，认识的结果也就越容易全面、深刻和正确。当没有经验或经验不足的时候，错误便难以避免。毛泽东同志说："在民主革命时期，经过胜利、失败、再胜利、再失败，两次比较，我们才认识了中国这个客观世界，……在以前不可能，因为没有经过大风大浪，没有两次胜利和两次失败的比较，还没有充分的经验。"这里所说的经验，主要不是说的哪一个个人的经验，而是全党的经验，这种经验不足是历史条件、历史实践的广度和深度所决定的。进入社会主义时期以后，一开始我们又面临经验不足的问题，在经验不足的情况下就容易照搬外国的经验（苏联的经验），或照搬过去的经验（战争时期的经验），或照搬书本上的条文，而这就必然导致主观与客观相脱离。这是社会主义建设初期我们犯"左"倾错误的一个重要的客观原因。社会实践水平对人们认识的限制，不仅表现在一定历史条件下实践所积累的经验有限，而且表现在一定历史条件下实践所提供的认识工具有限。生产力和科学技术的发展不断为我们提供新的认识工具，从而不断开拓认识的新领域，提高人们的认识能力和水平；同时，这种提供在任何时候都不可能达到尽善尽美的程度，因而又总是限制着人们的认识水平和能力。

由于以上种种原因，决定人们的认识不是简单的、直线的、一次完成的，而是一个实践、认识、再实践、再认识的无限循环往复的过程。在这个过程中，出现某种错误或片面性，存在不够完善或不够深刻的情况，是合乎规律的现象。认识上的与时俱进，就是指认识的过程性，即从不知到知、从知之不多到知之较多、从知之不够全面到知之比较全面、从知之不够深刻到知之比较深刻、从知之不够正确到知之比较正确的过程。我们应当记住恩格斯的话："世界体系的每一思想映象，总是在客观上受到历史状况的限制，在主观上受到得出该思想映象的人的肉体状况和精神状况的限制"，因而每一时代人们的认识"所包括的需要改善的东西，无例外地总是要比不需要改善的或正确的东西多得多"。

（二）马克思、恩格斯的与时俱进

马克思、恩格斯创立了马克思主义，深刻回答了什么是资本主义、资本主义为什么必然灭亡、社会主义为什么必然胜利以及社会主义怎样才能取得胜利这些重大的历史课题。这是人类思想史上最伟大的与时俱进。然而马克思主义的创立并不是马克思、恩格斯理论活动的终结，而是他们理论活动继续前进的新起点。他们反复强调："我们的理论是发展着的理论，而不是必须背得烂熟并机械地加以重复的教条。"在马克思主义问世以后的几十年间，他们总是自觉地根据新的实践和新的研究，不断修正、完善和发展自己的理论。例如：

1. 关于对阶级斗争的认识。《共产党宣言》中说："至今一切社会的历史都是阶级斗争的历史。"这个论断是不确切的。《共产党宣言》问世后的 40 年，恩格斯在该书 1888 年英文版中就加了一个脚注："这是指有文字记载的全部历史。"这就确切了。因为在漫长的原始社会中并不存在阶级和阶级斗争。而马克思、恩格斯在写作《共产党宣言》的时候，人们对原始社会几乎一无所知。后来西方的学者陆续发现了人类社会的原始状态，特别是美国学者莫尔根的《古代社会》系统地揭示了原始社会组织的典型状态，这才使马克思和恩格斯明确了"阶级的存在是同生产发展的一定阶段相联系的"，而不是从来就有的。这个实例说明，马克思主义是随着科学的发展而向前发展的，在这个过程中，马克思主义者可以而且应当从非马克思主义者那里吸收营养。

2. 关于《雇佣劳动与资本》的一个重要修改。《雇佣劳动与资本》是马克思的一部重要的政治经济学著作，原为 1847 年 12 月在布鲁塞尔德意志工人协会上的演说，曾以社论形式在《新莱茵报》上连载，1880 年首次以单行本出版。11 年后，1891 年出了新的单行本。这时马克思已经去世。恩格斯根据《资本论》的论述，在新的单行本中作了必要的修改，指出："我所作的全部修改，都归结为一点。在原稿上是，工人为取得工资向资本家出卖自己的劳动，在现在这一版本中则是出卖自己的劳动力。"这"并不是单纯的咬文嚼字，而是牵涉到全部政治经济学中一个极重要的问题"。因为只有区别劳动和劳动力这两个不同的概念，才能科学揭示资本家剥削的秘密，才能正确说明剩余价值的本质。

3. 关于 19 世纪中叶欧洲大陆资本主义灭亡是否具有现实性的问题。恩格斯在晚年坦率承认，他们当时对资本主义的发展潜力认识不足，说："历史表明，我们以及所有和我们有同样想法的人，都是不对的。历史清楚地表明，当时欧洲大陆经济发展的状况还远没有成熟到可以铲除资本主义生产的程度；历史用经济革命证明了这一点，从 1848 年起经济革命席卷了整个欧洲大陆，在法国、奥地利、匈牙利、波兰以及最近在俄国刚刚真正确立了大工业，而德国简直就成了一个头等工业国，——这一切都是以资本主义为基础的，可见这个基础在 1848 年还具有很大的扩展能力。"

4. 关于无产阶级夺取政权的方式问题。马克思、恩格斯 1848年在《共产党宣言》中说："共产党人不屑于隐瞒自己的观点和意图。他们公开宣布：他们的目的只有用暴力推翻全部现存的社会制度才能达到。" 1871 年巴黎公社失败以后，革命进入低潮时期，马克思提出，夺取政权究竟采取哪种形式，要依具体情况而定，"有些国家，像美国、英国，……工人可能用和平手段达到自己的目的"，而"在大陆上的大多数国家中，暴力应当是我们革命的杠杆"。形式服从内容，手段服从目的，不应当无条件地坚守某种固定模式，而应当具体问题具体分析，灵活地采取暴力的或和平的两种斗争形式，如恩格斯所说："我们的策略不是凭空臆造的，而是根据经常变化的条件制定的。""如果旧的东西足够理智，不加抵抗即行死亡，那就和平地代替；如果旧的东西抵抗这种必然性，那就通过暴力来代替。"

（三）列宁的与时俱进

列宁说："我们决不把马克思的理论看作某种一成不变的和神圣不可侵犯的东西；恰恰相反，我们深信：它只是给一种科学奠定了基础，社会党人如果不愿落后于实际生活，就应当在各方面把这门科学推向前进。"在帝国主义和无产阶级革命的新时代，在指导俄国革命的实践中，列宁坚持马克思主义，又以一系列新思想丰富和发展了马克思主义，深刻回答了什么是帝国主义、在帝国主义时代无产阶级怎样进行革命的重大历史课题，形成了列宁主义。例如：

1. 关于一国或数国首先胜利的问题。马克思、恩格斯一向认为，社会主义革命只能在欧洲主要资本主义国家同时发动才能取得胜利。1847年，恩格斯说："共产主义革命将不是仅仅一个国家的革命，而是将在一切文明国家里，至少在英国、美国、法国、德国同时发生的革命。"1872年，马克思在谈到巴黎公社失败的教训时，把没有"同时发动"作为重要教训之一，说："巴黎公社之所以失败，就是因为在一切主要中心，如柏林、马德里以及其他地方，没有同时爆发同巴黎无产阶级斗争的高水平相适应的伟大的革命运动。"恩格斯一直到晚年还是强调："无论是法国人、德国人或英国人，都不能单独赢得消灭资本主义的光荣。"但是，列宁没有对这个观点采取教条主义态度。他根据帝国主义发展的不平衡规律，以及帝国主义战争有利于革命发生的客观形势，得出了不同以往的全新的结论："社会主义可能首先在少数甚至在单独一个资本主义国家内获得胜利。""社会主义不能在所有国家内同时获得胜利。它将首先在一个或者几个国家内获得胜利，而其余的国家在一段时间内仍将是资产阶级的或资产阶级以前的国家。"十月革命取得胜利以后，列宁进一步指出，剥削者在一国被打倒是"典型的情况"，而"几国同时发生革命是罕有的例外"。在这个问题上，充分表明了列宁实事求是的科学态度和不拘泥于任何理论权威的创新勇气。

2. 关于"全世界无产者和被压迫民族联合起来"这一口号的看法问题。马克思、恩格斯在《共产党宣言》中提出了一个响亮的口号："全世界无产者，联合起来！"这一口号反映了资本的国际性和全世界无产者反抗资本统治的国际性，是完全正确的。当自由资本主义发展到帝国主义阶段以后，形成了世界范围内的压迫民族和被压迫民族，出现了民族殖民地和半殖民地国家。基于这种情况，列宁认为，应当使全世界争取社会主义革命的斗争同殖民地半殖民地的民族解放斗争联合起来，共同反对帝国主义。根据列宁这一思想，1920 年共产国际的一个机关刊物《东方民族》提出："全世界无产者和被压迫民族联合起来！"当时有人质问："为什么做这种改动？"列宁解释说："当然，从《共产党宣言》的观点来看，这样的提法是不正确的，但是，《共产党宣言》是在完全不同的条件下写成的，而从现在的政治情况来看，这样的提法是正确的。"列宁的这个新思想反映了新的历史条件下民族解放运动同工人阶级社会主义运动之间的密切关系，具有十分重要的现实指导意义。

3. 关于新经济政策。十月革命胜利后，苏维埃俄国在 1918 年到 1920 年实行的是战时共产主义政策。其主要内容是：在农村实行余粮收集制；在城市把所有大中型企业和大部分小企业收归国有，国家对企业实行实物供给制，企业产品由国家直接调拨分配；禁止贸易自由，取消货币关系，国家负责产品采购、产品分配和供应。当时实行这个政策有客观原因，即在帝国主义武装干涉和国内战争爆发的条件下，实行这种高度集中的管理体制，以应对战争的需要，有一定的历史合理性；同时也有主观上的原因，即同对社会主义的误解有关。在马克思看来，社会主义社会已经消灭了商品、货币。列宁最初也持这种观点。可实践的结果证明，这种政策不利于发展社会主义社会的生产力，不利于提高人民的生活水平。后来列宁多次指出：十月革命后，我们为革命的热情浪潮所激励，"我们曾计划依靠这种热情直接实现与一般政治任务和军事任务同样伟大的经济任务。我们计划……用无产阶级国家直接下命令的办法在一个小农国家里按共产主义原则来调整国家的产品生产和分配。现实生活说明我们错了"。"由于我们企图过渡到共产主义，到 1921 年春天我们就遭到了严重的失败，……这次失败表现在：我们上层制定的经济政策同下层脱节，它没有促成生产力的提高，而提高生产力本是我们党纲规定的迫切的基本任务。"于是，在 1921 年 3 月召开的俄共（布）第十次代表大会上，根据列宁提议，大会决定立即废止"战时共产主义"，实行新经济政策，其主要内容是：用粮食税代替余粮收集制；允许多种经济成分并存，允许私人经营企业，将部分国有化了的中小企业退还给原企业主，鼓励农民、手工业者发展私人小工业；发展商品经济，允许自由贸易；培植国家资本主义，利用资本主义建设社会主义。新经济政策实施后，收到明显效果，短短的一两年，苏俄的经济就得到了恢复，并有了较快的增长。

这个新政策的实质是利用市场而不是行政命令建设社会主义。邓小平同志说："社会主义究竟是个什么样子，苏联搞了很多年，也并没有完全搞清楚。可能列宁的思路比较好，搞了个新经济政策。但是后来苏联的模式僵化了。"

（四）毛泽东思想的与时俱进

毛泽东同志一贯主张把坚持和发展马克思主义结合起来。他说："马克思这些老祖宗的书，必须读，他们的基本原理必须遵守，这是第一。但是，任何国家的共产党，任何国家的思想界，都要创造新的理论，写出新的著作，产生自己的理论家，来为当前的政治服务，单靠老祖宗是不行的。"[1] 他领导全党确立了实事求是的思想路线，形成了适合中国国情的关于中国革命和建设的正确理论原则——毛泽东思想，深刻回答了什么是中国革命、在中国如何进行革命的重大历史课题，对中国如何建设社会主义也进行了初步探索，以一系列独创性的理论观点丰富和发展了马克思列宁主义。例如：

1.关于"两步走"的中国革命发展战略。中国革命既不同于西方的资产阶级革命，也不同于俄国的十月社会主义革命。这是由中国半殖民地半封建社会的国情和无产阶级革命时代特点所决定的。从这个国情和时代特点出发，毛泽东同志领导我们党逐步形成了具有中国特色的"两步走"的中国革命发展战略，即第一步新民主主义革命，第二步社会主义革命。毛泽东同志说这是一篇文章的上下篇。"一篇文章"是说，这两次革命都是在中国共

---

① 《毛泽东文集》第八卷，人民出版社1999年版，第109页。

产党的统一领导下进行的。前篇是后篇的必要准备，后篇是前篇发展的必然结果，中间不能横插一个资产阶级共和国。"上下篇"是说，两次革命的性质是不同的，一次是民主革命，一次是社会主义革命，不能加以混淆。这个革命发展战略，既反对了右的"二次革命论"，又反对了"左"的"毕其功于一役"的"一次革命论"。实践证明是完全正确的。

2. 关于"农村包围城市、武装夺取政权"的道路。这条道路不同于巴黎公社城市武装起义道路和俄国十月革命由城市发展到农村的武装斗争道路。这也是由中国国情决定的。一是中国是一个农民占多数的国家，民主革命的基本问题是土地问题、农民问题，这就决定我们必须把主要的立足点放到农村。二是敌人统治力量在农村的薄弱和在城市的强大这种敌我力量对比的基本态势，决定我们在革命初期只能在农村寻求发展的余地。

3. 关于革命军队建设和军事战略。这方面内容的丰富性和创造性，在马克思主义思想史上是无与伦比的。这是由我们党长期武装斗争的实践所决定的。毛泽东同志创立了人民军队的理论，规定全心全意为人民服务是人民军队的唯一宗旨；坚持党指挥枪而不是枪指挥党的建军原则；实行政治、经济、军事三大民主；实行官兵一致、军民一致和瓦解敌军的原则。毛泽东同志创立了人民战争的理论，即在党的领导下，以人民军队为骨干广泛动员人民直接间接参与战争，开展以人民武装斗争和其他各种斗争形式相结合的全民战争。毛泽东同志创立了实行人民战争的一系列战略战术原则：把游击战争提高到战略地位，认为中国革命战争在长时期内的主要作战形式是游击战和带游击性的运动战；制定了敌强我弱形势下实行战略的持久战和战役、战斗的速决战，集中优势兵力、各个歼灭敌人等一系列人民战争的战略战术。

4.关于党的建设的理论。毛泽东同志创造性地解决了在中国这样一个无产阶级人数很少而战斗力很强、农民和其他小资产阶级占人口大多数的国家里，怎样建设一个具有广大群众性的、马克思主义的无产阶级政党的问题。他强调党的建设是一项"伟大的工程"，要密切联系党的政治路线，加强党的建设；要着重从思想上建设党，把思想建设放在党的建设的首位；要加强党的组织建设，坚持民主集中制，加强党的团结；要加强党的作风建设，发扬理论联系实际、密切联系群众、批评与自我批评的作风；等等。

毛泽东同志对社会主义建设问题也进行了艰辛的探索，取得许多重要成果。他的《论十大关系》和《关于正确处理人民内部矛盾的问题》是其中最重要的理论成果。但是，由于全党经验不足和毛泽东同志晚年的错误，导致一系列重大决策失误，使中国的社会主义建设遭受严重挫折。

（五）中国特色社会主义理论体系的与时俱进

邓小平同志深刻总结"文化大革命"的历史教训，领导全党重新确立解放思想、实事求是的思想路线，强调必须以新的思想、观点丰富和发展马列主义、毛泽东思想。他指出："世界形势日新月异，特别是现代科学技术发展很快。现在的一年抵得上过去古老社会几十年、上百年甚至更长的时间。不以新的思想、观点去继承、发展马克思主义，不是真正的马克思主义者。"①在和平与发

---

① 《邓小平文选》第三卷，人民出版社1993年版，第291—292页。

展成为时代主题的新的历史条件下，他深刻总结中国社会主义的历史经验，借鉴其他国家社会主义兴衰成败的历史经验，总结中国改革开放以来的新鲜经验，以及当代世界各国发展的经验与教训，第一次系统地初步地回答了"什么是社会主义、怎样建设社会主义"这个当代中国所面临的首要的基本问题，把对社会主义的认识提高到新的科学水平，创立了中国特色社会主义理论。以江泽民同志为核心的党的第三代中央领导集体高举邓小平理论伟大旗帜，面对世纪之交世界的新变化和中国的新发展，回答新问题，总结新经验，形成了"三个代表"重要思想，进一步回答了"什么是社会主义、怎样建设社会主义"的问题，创造性地回答了"建设什么样的党、怎样建设党"的问题，以一系列新的思想丰富和发展了中国特色社会主义理论。党的十六大以后，以胡锦涛同志为总书记的党中央坚持以邓小平理论和"三个代表"重要思想为指导，适应新世纪新阶段全面建设小康社会的新要求，提出树立和落实科学发展观等一系列重大战略思想，进一步丰富和发展了中国特色社会主义理论。中国特色社会主义理论体系是一个科学的思想体系，它包括邓小平理论、"三个代表"重要思想和科学发展观，是在新的历史条件下对马列主义、毛泽东思想的继承和发展。其中有许多新的思想、观点，例如：

1. 关于中国社会主义初级阶段的理论。在国际共产主义运动中，超阶段是一个带有普遍性的倾向。中国过去超阶段的主要表现是发展生产力急于求成，调整生产关系盲目求纯，意识形态建设只讲先进性而忽视广泛性。党的十一届三中全会以来，确认我国现在处于并将长期处于社会主义初级阶段即不发达阶段，这是我们对国情认识的一个重大飞跃。据此确立了社会主义初级阶段的基本路线，即以经济建设为中心、坚持改革开放、坚持四项基本原则的"一个中心、两个基本点"的基本路线；确立了社会主义初级阶段的基本经济制度，即以公有制为主体、多种所有制共同发展的经济制度；确立了"分三步"走基本实现现代化的基本发展战略；等等。强调社会主义初级阶段是一个很长的历史阶段，从 20 世纪中叶起，至少要经历上百年的时间，我们想问题、办事情都要从这个实际出发，绝不能脱离这个实际。

2. 关于社会主义市场经济理论。这是党的十一届三中全会以来我们党在社会主义观念上的一个重大更新，突破了长期以来认为计划经济是社会主义、市场经济是资本主义的思想框框。邓小平同志提出，计划和市场都是手段，社会主义也可以搞市场经济；党的十四大明确地把我国经济体制改革的目标确立为建立社会主义市场经济体制。

3. 关于科学技术是第一生产力的理论。马克思说："生产力中也包括科学。"邓小平同志表示赞同，但是他说，现在看来还不够，科学技术是第一生产力。这是一个重大的新判断。据此他强调，发展经济必须依靠科技和教育，四个现代化关键是科学技术现代化。江泽民同志根据邓小平理论，领导全党作出科教兴国的战略决策。胡锦涛同志领导全党作出建设创新型国家的战略决策。

4. 关于科学发展的理论。党的十六大以来，以胡锦涛同志为总书记的党中央，针对新世纪新阶段我国经济社会发展中存在的突出问题，提出树立和落实以人为本、全面协调可持续的科学发展观。这一科学发展观既是对毛泽东思想、邓小平理论和"三个代表"重要思想关于科学发展一系列论述的继承，也是立足新的实践所作出的理论创新，同时也借鉴了其他国家发展的经验教训。正如胡锦涛同志所说："坚持以人为本，全面、协调、可持续的发展观，是我们以邓小平理论和'三个代表'重要思想为指导，从新世纪新阶段党和国家事业发展全局出发提出的重大战略思想。科学发展观总结了二十多年来我国改革开放和现代化建设的成功经验，吸取了世界上其他国家在发展进程中的经验教训，概括了战胜非典疫情给我们的重要启示，揭示了经济社会发展的客观规律，反映了我们党对发展问题的新认识。"

5. 关于社会和谐的理论。针对新世纪新阶段我国社会矛盾的新变化，以胡锦涛同志为总书记的党中央强调，社会和谐是中国特色社会主义的本质属性，必须把社会建设同经济建设、政治建设、文化建设一道，纳入中国特色社会主义事业的总体布局；必须把发展社会事业和解决民生问题作为社会建设的重点，把积极扩大就业、完善社会保障体系、理顺分配关系、加快社会事业发展作为现阶段构建社会主义和谐社会的着力点，千方百计解决好人民群众最关心、最直接、最现实的利益问题；必须创新社会管理方式，整合社会管理资源，提高社会管理水平，健全党委领导、政府负责、社会协同、公众参与的社会管理格局，实现社会管理方式的与时俱进。所有这些，都是对我们党关于正确处理人民内部矛盾、"统筹兼顾、适当安排"、保持社会活力与社会稳定等战略思想的继承和发展。

6. 关于党的建设的理论。强调加强党的领导必须改善党的领导，以改革创新的精神全面加强党的建设，包括思想建设、组织建设、作风建设、制度建设。适应党的地位、任务、环境的变化，提出"三个代表"重要思想，创造性回答了在新的历史条件下"建设什么样的党、怎样建设党"的问题，强调我们党要始终代表中国先进生产力的发展要求、始终代表中国先进文化的前进方向、始终代表中国最广大人民的根本利益。这是党的建设指导思想的重大与时俱进。

总之，马克思主义不但需要结合具体实践使之具体化、中国化，而且需要结合实践的发展使之时代化。历史之河川流不息，新的问题层出不穷，特别是在历史大变动时期，迫切要求我们在理论上不断与时俱进。解放思想是发展马克思主义、发展社会主义的一大法宝，既不应当把别人的本本和经验当作教条，也不应当把自己以往的经验和做法当作桎梏，一切以时间、地点、条件为转移。只有思想解放了，才能提出新问题、作出新判断、找出新办法、走出新路子、形成新理论，才能在发展了的马克思主义基础上使人们的认识和行动统一起来，去开创新的局面，夺取新的胜利。

努力掌握马克思主义思想方法[*]

新中国 60 年来马克思主义中国化的历史经验极其丰富，需要从各个方面系统地、深入地回顾、探索和总结。本文仅从思想方法这个侧面谈一些体会。毛泽东同志说："在人们的思想方法方面，实事求是和主观主义是对立的。"只有搞通思想方法，才能正确理解和运用整个马克思主义理论和各方面具体知识。思想方法不同，对理论的理解和建构就不同，对形势的分析和判断就不同，解决问题的思路和办法就不同，思想作风和工作作风就不同，从而实践的结果也就不同。因此，我们应当努力学习和掌握马克思主义思想方法。

一、重视思想方法是毛泽东同志为我们开创的一个好传统

毛泽东理论与实践活动的一个显著特点，是十分重视并且善

---

* 本文原载于《理论视野》2009 年第 12 期。

于从哲学世界观和方法论的高度提出问题和解决问题。在中国革命的各个历史时期，他都把解决思想方法问题放在非常突出的地位，他在这方面的著作之多，内容之丰富和系统，表达形式之简明生动和富有特色，在马克思主义思想史上是空前的。

早在青年时期，毛泽东同志就主张，既读"有字之书"，又读"无字之书"，要"踏着人生的实际说话"。1920年，在筹备建党的过程中，他明确提出："唯物史观是吾党哲学的根据。"1929年，他在致林彪的一封信中提出了"思想路线"这一科学概念，并在这一年写的"古田会议决议"中专门写了一节"关于主观主义"，对主观主义的危害和纠正方法作了深刻阐述。1930年，他写了《反对本本主义》一文，提出"没有调查，没有发言权"这一著名口号，强调马克思主义本本"必须同我国的实际情况相结合"，"纠正脱离实际情况的本本主义"。1934年，他发表《关心群众生活，注意工作方法》的讲话，说："我们不但要提出任务，而且要解决完成任务的方法问题。"1936年，他在《中国革命战争的战略问题》的演讲中，首先提出的是"如何研究战争"，即研究战争的方法问题，指出，研究战争"应该着眼其特点和着眼其发展，反对战争问题上的机械论"。1937年，他撰写《实践论》《矛盾论》并进行授课，系统阐述马克思主义认识论与辩证法，强调认识与实践的统一、矛盾普遍性与特殊性的统一，对割裂这种统一的主观主义特别是教条主义作了深刻批判。1938年，他在党的六届六中全会上的报告《论新阶段》中，有一节专门讲学习，重点讲要学习马恩列斯"观察问题和解决问题的立场和方法"，"学会把马克思列宁主义的理论应用于中国的具体环境"，提出了具有重大而深远意义的"马克思主义的中国化"的历史课题。为了开展延安整风运动，1941 年他在给中央研究组和高级研究组诸同志的一封信中提出，总结历史经验，要学习理论，而学习理论"暂时以研究思想方法论为主"，在他的倡议和指导下，当时选编和出版了《马恩列斯思想方法论》一书，作为"干部必读"的十二本书之一；1941 年和 1942 年，他连续发表《改造我们的学习》《整顿党的作风》《反对党八股》等系列讲话，对给中国革命造成严重危害的主观主义特别是教条主义进行了系统批判，对实事求是的马克思主义学风进行了系统阐述，通过延安整风运动，在全党确立起理论同实际相结合的实事求是的马克思主义思想路线。1943 年，他又代中央起草《关于领导方法的若干问题》的决定，对党的群众路线作了集中概括和系统阐述，指出："从群众中来，到群众中去"及其"无限循环"，"是基本的领导方法"，这也"就是马克思主义的认识论"。把群众路线同认识论统一起来，这是毛泽东同志的一个独创性贡献。1949 年，他在党的七届二中全会的结论报告中专门讲一篇《党委会的工作方法》，一共十二条，具有很强的理论性和针对性。新中国成立以后，1958 年他写了《工作方法六十条》，1963 年写了《人的正确思想是从哪里来的？》，1963 年至 1965 年写了《关于马克思主义的认识论和辩证法》。可以说，重视思想方法，贯穿于毛泽东理论与实践活动的全过程，因为在毛泽东同志看来，"一切大的政治错误没有不是离开辩证唯物论的"，"马克思主义的方法就是政治上军事上的望远镜和显微镜"。

毛泽东同志关于思想方法的理论极其丰富、系统，又极富中国特色、中国风格。他结合中国革命和建设的实践经验及中华民族的优秀文化传统，以简洁、生动、通俗的语言，深入浅出地阐述了一系列具有中国共产党人特色的思想方法，如实事求是，调查研究，一切从实际出发；理论同实际相结合，领导和群众相结合，一般号召与个别指导相结合；在实践中发现真理，发展真理，检验真理；两点论，具体问题具体分析，正确区别和处理两类不同性质矛盾；抓住中心带动一般，抓好两头带动中间，一切经过试验和试点；要"胸中有数"，自觉走曲折前进的道路；"在战略上藐视困难，在战术上重视困难"；"统筹兼顾、适当安排"，学会"弹钢琴"，如此等等，可以说把马克思主义哲学从方法论角度作了淋漓尽致的发挥，形成了系统的思想方法论的科学体系。这是毛泽东思想的重要组成部分，是我们党极为宝贵的精神财富，我们应当十分珍惜，认真学习、自觉运用，使之成为我们手中锐利的思想武器。

二、改革开放以来每前进一步都得益于思想方法问题的科学解决

在改革开放以来的社会主义建设新时期，我们开创中国特色社会主义道路，形成和发展中国特色社会主义理论体系，发展中国特色社会主义事业，每前进一步都以解决思想方法问题为先导并贯穿于建设中国特色社会主义的全过程。这个经验值得我们很好地加以总结并在实践中长期加以坚持。

"文革"结束不久，在总结新中国成立以来历史经验的时候，邓小平同志说："现在我们的干部中很多人不懂哲学，很需要从思想方法、工作方法上提高一步。"[①]1985 年，他在同外宾的一次

① 《邓小平文选》第二卷，人民出版社 1994 年版，第 303 页。

谈话中又说："中国搞社会主义走了相当曲折的道路。二十年的历史教训告诉我们一条最重要的原则：搞社会主义一定要坚持马克思主义的辩证唯物主义和历史唯物主义，也就是毛泽东同志概括的实事求是，或者说一切从实际出发。"可以说，这是对我国社会主义建设历史经验的一个带有根本性质的总结。正是有鉴于此，他总是把解决思想方法问题作为解放思想、统一思想的根本途径而贯穿于改革开放和现代化建设的始终。他领导我们深刻批判"两个凡是"的错误方针，广泛深入开展实践是检验真理唯一标准问题的大讨论，使我们党重新确立起实事求是的思想路线，强调实事求是"是马克思主义的根本观点，根本方法"，"是马克思主义的精髓"，"是毛泽东思想的精髓"，从而极大地推动了党的指导思想和各条战线的拨乱反正，实现了新中国成立以来我国历史发展的伟大转折。他深刻总结我国和国际共产主义运动的经验教训，坚持毛泽东同志关于马克思主义中国化的正确方向，强调："各国必须根据自己的条件建设社会主义。固定的模式是没有的，也不可能有。""把马克思主义的普遍真理同我国的具体实际结合起来，走自己的道路，建设有中国特色的社会主义，这就是我们总结长期历史经验得出的基本结论。"他破除对马克思主义的教条化理解，坚持在实践中不断开辟认识真理的道路，主张老祖宗不能丢、又要讲新话，勇于在实践中探索、在干中学习，以新的思想观点丰富和发展马克思主义。他深刻总结我国社会主义建设中超阶段的"左"的错误的教训，确认我国处于并将长期处于社会主义初级阶段，强调"一切都要从这个实际出发，根据这个实际来制订规划"。他批评那种离开发展生产力抽象谈论姓"社"姓"资"的思维定式，提出"三个有利于"的判断标准，即"主要看是否有利于发展社会主义社会的生产力，是否有利于增强社会主义国家的综合国力，是否有利于提高人民生活水平"。他十分尊重人民群众的利益、经验和创造，把"人民拥护不拥护""人民赞成不赞成""人民高兴不高兴""人民答应不答应"作为考虑一切问题的出发点和归宿，把人民群众的经验和创造作为制定政策的重要依据。他提倡"照辩证法办事"，主张"讲两句话""两手抓、两手都要硬""一手抓物质文明，一手抓精神文明""一手抓建设，一手抓法制""一手抓改革开放，一手抓惩治腐败"，如此等等。这些论述，围绕"什么是社会主义、怎样建设社会主义"这个重大基本问题，从世界观和方法论的高度，深刻回答了长期束缚人们思想的许多认识问题，使人们一次又一次地获得思想上的大解放，不断开创了我国社会主义现代化建设的新局面，开拓了马克思主义在中国发展的新境界，形成了独创性的中国特色社会主义理论。

以江泽民同志为核心的党的第三代中央领导集体强调："解放思想，实事求是，是建设有中国特色社会主义理论的精髓。"江泽民同志说，学习这个理论，最重要的是掌握和运用好这个精髓，达到解放思想和实事求是的统一，认识和实践的统一，主观和客观的统一，革命热情和求实精神、科学态度的统一。他认为，在学习和运用邓小平理论解决实际问题上，有的好些，有的差些，原因固然很多，"从思想方法上看，学习和运用科学世界观和方法论上的差异，是一个十分重要的原因。通过学习，多掌握一点唯物辩证法，少一点唯心论和形而上学，是对各级领导干部的一条重要要求"。他提出，与时俱进是马克思主义的理论品质，学习马克思主义要以我国改革开放和现代化建设的实际问题、以我们

努力掌握马克思主义思想方法　/

正在做的事情为中心，着眼于马克思主义理论的应用，着眼于对实际问题的理论思考，着眼于新的实践和新的发展。他说，离开本国实际和时代发展来谈马克思主义，没有意义；静止地孤立地研究马克思主义，把马克思主义同它在现实生活中的生动发展割裂开来、对立起来，没有出路。我们决不能停留在对马克思主义的某些原则、某些本本的教条式理解上，或者停留在对社会主义的一些不科学的甚至扭曲的认识上，或者停留在那些超越社会主义初级阶段的不正确的思想上，而必须用辩证唯物主义和历史唯物主义的世界观、方法论去分析和解决问题，使思想适应发展变化的新形势。他强调，创新是一个民族进步的灵魂，是一个国家兴旺发达的不竭动力，也是一个政党永葆生机的源泉，要大力推进理论创新、体制创新、科技创新和各项工作创新。他提出按照"三个代表"的要求全面推进党的建设新的伟大工程，集中体现了人类社会发展中生产力的最终决定作用，先进文化的导向作用和人民群众的主体作用，是辩证唯物主义和历史唯物主义世界观、方法论在党的建设问题上的创造性运用。以上这些论述，从思想方法论的高度进一步回答了"什么是社会主义、怎样建设社会主义"的问题，创造性地回答了"建设一个什么样的党、怎样建设党"的问题，丰富和发展了中国特色社会主义理论体系。

党的十六大以来，以胡锦涛同志为总书记的党中央坚持解放思想、实事求是、与时俱进，不断推进实践创新和理论创新，强调解放思想"是党的思想路线的本质要求"，"是发展中国特色社会主义的一大法宝"，要坚定不移地继续解放思想，"勇于变革、勇于创新，永不僵化、永不停滞"。胡锦涛同志深刻总结我国改革开放以来"十个结合"的历史经验，并把这些经验归结到一点，"就是把马克思主义基本原理同中国具体实际相结合"，生动地体现了马克思主义的认识论与辩证法。他深刻总结国际共产主义运动的经验教训，提出马克思主义一定要"与国情相结合、与时代发展同进步、与人民群众共命运"，不断推进马克思主义中国化、时代化、大众化。作为中国特色社会主义理论体系中最新成果的科学发展观，集中体现了马克思主义关于发展的世界观和方法论，其核心是以人为本，即发展为了人民、发展依靠人民、发展的成果由全体人民共享；其根本方法是统筹兼顾，即正确认识和处理中国特色社会主义事业中的重大关系：统筹城乡发展、区域发展、经济社会发展、国内发展和对外开放，统筹中央和地方的关系，统筹个人利益和集体利益、局部利益和整体利益、当前利益和长远利益，充分调动各方面积极性。统筹国内和国际两个大局，树立世界眼光，加强战略思维，善于从国际形势发展变化中把握发展机遇，应对风险挑战。他强调，既要总揽全局、统筹规划，又要抓住牵动全局的主要工作、事关群众利益的突出问题，着力推进，重点突破。以上这些论述，从世界观和方法论高度，进一步回答了什么是社会主义、怎样建设社会主义，建设一个什么样的党、怎样建设党的问题，创造性地回答了实现什么样的发展、怎样发展的问题，在新的历史条件下进一步丰富和发展了中国特色社会主义理论体系。

三、在建设马克思主义学习型政党中要更加自觉地学习和掌握马克思主义思想方法

党的十七届四中全会把建设马克思主义学习型政党作为重大

而紧迫的战略任务，鲜明地提到我们面前，要求广大党员、干部"重点学习马克思主义理论""牢固树立辩证唯物主义和历史唯物主义世界观和方法论"。这是由我们所面临的复杂多变的国内外形势和艰巨繁重的现代化建设任务所决定的。历史经验告诉我们，问题越是复杂，越是要求我们学会分析；情况越是多变，越是要求我们与时俱进；利益越是多样化，越是要求我们学会统筹兼顾；任务越是艰巨繁重，越是要求我们提高领导艺术。我们应当以思想方法的科学化推进我国社会主义现代化和党的建设科学化。

学习和掌握马克思主义思想方法，要同解决我们所面临的事关全局的重大问题紧密结合起来。胡锦涛同志在纪念党的十一届三中全会召开 30 周年大会上的讲话中指出，30 年来，我们党的全部理论和全部实践，归结起来就是创造性地探索和回答了什么是马克思主义、怎样对待马克思主义，什么是社会主义、怎样建设社会主义，建设什么样的党、怎样建设党，实现什么样的发展、怎样发展等重大理论和实际问题。这些重大问题仍然是当前和今后需要我们继续探索和回答的重大理论与实际问题。只有从思想方法的高度正确回答这些重大问题，才能从根本上统一人们的思想，从全局上推动我们事业的发展。其中"什么是马克思主义、怎样对待马克思主义"是更具基础性和根本性的问题，它集中体现着我们党的指导思想的理论基础；科学回答这一问题，对于正确回答其他问题具有决定性意义。党的十七大报告指出，《共产党宣言》发表以来近一百六十年的实践证明，马克思主义只有与本国国情相结合、与时代发展同进步、与人民群众共命运，才能焕发出强大的生命力、创造力、感召力。这一概括，是对国际共产主义运动历史经验的科学总结，是对我们党的马克思主义中国化理论的丰富和发展，为我们科学对待马克思主义进一步指明了方向。它告诉我们，马克思主义中国化，既要立足国情，又要放眼世界；既要坚持已有成果，又要与时俱进；既要代表群众，又要武装群众，把中国化、时代化、大众化统一起来。这是我们全部历史经验中最基本的经验，也是科学对待马克思主义的基本原则、基本方法。

学习和掌握马克思主义思想方法，要始终坚持马克思主义的实践标准、生产力标准和人民利益标准。这是我们解放思想、实事求是、与时俱进的根本思想武器。坚持真理观上的实践标准，就是要树立实践的权威：一种理论，一种路线，一种观点，一种思路，一种办法，是否正确，只能"由实践作结论"，"让事实来说话"。不管什么本本，中国人写的也好，外国人写的也好；不管什么人说的话，小人物的也好，大人物的也好，都要在实践面前接受检验而后决定取舍，择其善者而从之，其不善者不从之，决不能迷信、盲从。坚持历史观上的生产力标准，就是要树立生产力的权威：一切有利于发展生产力的东西都是社会主义所要求的，或者是社会主义所允许的；一切不利于发展生产力的东西，都是违反科学社会主义的，是社会主义所不允许的。不管什么主张，什么政策，什么口号，其作用的好坏大小，归根到底，都要用生产力标准去衡量，凡不利于发展生产力的东西，都在改革、破除之列。坚持价值观的人民利益标准，就是要树立人民的权威：共产党人的一切言论行动，必须以合乎最广大人民群众的最大利益、为最广大人民所拥护为最高标准，把"人民拥护不拥护""人民赞成不赞成""人民高兴不高兴""人民答应不答应"作为考虑一切问题的出发点和归宿，切实实现好、维护好、发展好最广大人民群众的根本利益。凡是符合人民利益的，就拥护、就坚持；凡是违背人民利益的，就改正、就反对。"三个标准"统一于建设中国特色社会主义的伟大实践，这个统一，就是马克思主义真理观、历史观、价值观的统一。

学习和掌握马克思主义思想方法，要不断提高战略思维、创新思维、辩证思维能力。这是党的十七届四中全会《中共中央关于加强和改进新形势下党的建设若干重大问题的决定》向各级领导干部特别是党的高级干部所提出的要求。《中共中央关于加强和改进新形势下党的建设若干重大问题的决定》指出："切实提高战略思维、创新思维、辩证思维能力，带头探索和回答重大理论和实践问题。"所谓战略思维，就是要高瞻远瞩、总揽全局，抓住重点又统筹兼顾，立足当前又放眼长远，熟悉国情又了解世界，防止只见现象、不见本质，只见树木、不见森林，防止急功近利、鼠目寸光。所谓创新思维，就是破除迷信、解放思想，求真务实、勇于探索，不断研究新情况，回答新问题，创造新理论、新业绩，反对因循守旧、思想僵化、形式主义、无所作为。所谓辩证思维，就是承认矛盾、分析矛盾、解决矛盾，在对立中把握统一、在统一中把握对立，反对肯定一切、否定一切、极端化、片面性，反对任何一种形而上学。

学习和掌握马克思主义思想方法，就要认真学习马克思主义哲学。马克思主义哲学既是世界观又是方法论，是认识事物的方法、评价事物的方法、改变事物的方法，因而也就是我们的领导方法、工作方法，概括起来，就是思想方法。毛泽东同志说："世界本来是发展的物质世界，这是世界观；拿了这样的世界观转过来去看世界，去研究世界上的问题，去指导革命，去做工作，去从事生产，去指挥作战，去议论人家长短，这就是方法论，此外并没有别的什么单独的方法论。"对于党员、干部来说，各门具体科学当然都是需要学习的，但是，哲学是更加需要学习的，因为它是普遍管用的东西，根本管用的东西，长期管用的东西。学好哲学，终身受益——这是许多同志的体会。我们不能把学习理解为单纯知识的学习，更不能引导到只是某些技能的学习，而要十分重视"管总"的学习，哲学的学习，使我们在世界观和方法论上不断得到提高。只有思想方法科学化，才能有科学的认识、科学的决策和科学的实践，才能不断推进马克思主义中国化、时代化、大众化，才能使中国特色社会主义道路越走越宽广，使中国特色社会主义理论体系越来越丰富，使中国特色社会主义事业越来越兴旺发达。

科学运用马克思主义世界观方法论*

党的十八大以来，习近平总书记的一系列重要论述，围绕坚持和发展中国特色社会主义这条主线，深刻阐明了当前和今后一个时期关系党和国家工作全局的一系列重大理论和实际问题，具有十分重要的指导意义。其中，贯穿唯物辩证的马克思主义世界观方法论，体现了严谨求实的科学态度和积极进取的创新精神。学习这些重要论述，应在领会和掌握其中的马克思主义立场、观点、方法上下功夫。

一、用发展的观点坚持马克思主义、坚持社会主义

坚持和发展中国特色社会主义是当代中国发展进步的根本方向，是党的十一届三中全会以来党和国家全部实践活动和理论活动的主题，是实现社会主义现代化、谱写中华民族伟大复兴的大文章。习近平总书记指出，坚持和发展中国特色社会主义是一篇

---

* 本文原载于《人民日报》2013 年 8 月 19 日。

大文章，邓小平同志为它确定了基本思路和基本原则，以江泽民同志为核心的党的第三代中央领导集体、以胡锦涛同志为总书记的党中央在这篇大文章上都写下了精彩的篇章。现在，我们这一代共产党人的任务，就是继续把这篇大文章写下去。

改革开放 30 多年来，在新中国成立后近 30 年艰辛探索和艰苦奋斗的基础上，中国特色社会主义取得了历史性的重大突破和举世瞩目的巨大成就。我们对社会主义的认识、对中国特色社会主义规律的把握达到了前所未有的新高度，这一点不容置疑。同时应清醒地看到，我国社会主义还处在初级阶段，我们还面临很多没有弄清楚的问题和待解决的难题，对许多重大问题的认识和处理还处在不断深化的过程中，这一点也不容置疑。事物是过程，认识是过程，对社会主义的认识也是过程。我们搞社会主义才几十年，对它的认识和把握是比较有限的，必须自觉地在实践中不断开辟认识真理的道路。

历史经验告诉我们，世界上没有放之四海而皆准的发展道路和发展模式，也没有一成不变的发展道路和发展模式。我们过去取得的实践和理论成果，能够帮助我们更好地面对和解决前进中的问题，但不能成为我们骄傲自满的理由，更不能成为我们继续前进的包袱。在前进的道路上，新情况新问题层出不穷，许多可以预料和难以预料的风险和挑战也会不断出现，正如邓小平同志所说："发展起来以后的问题不比不发展时少。"这就要求我们增强忧患意识，做到居安思危，懂就是懂，不懂就是不懂；懂了的就努力创造条件去做，不懂的就要抓紧学习弄懂，来不得半点含糊。解放思想、实事求是、与时俱进，是马克思主义活的灵魂，是我们适应新形势、应对新挑战、认识新事物、完成新任务的根

科学运用马克思主义世界观方法论 /

本思想武器。我们一定要坚持马克思主义的发展观点，坚持以实践为检验真理的唯一标准，发挥历史的主动性和创造性，清醒认识世情、国情、党情的变和不变，发扬"逢山开路、遇河架桥"的精神，锐意进取，大胆探索，敢于和善于分析回答现实生活中和群众思想上迫切需要解决的问题，不断深化改革开放，不断有所发现、有所创造、有所前进，不断推进理论创新、实践创新和制度创新，在坚持和发展中国特色社会主义这篇大文章上继续写出令人民满意的新篇章。

二、用系统思维和整体思维推进改革开放

习近平总书记指出："改革开放是前无古人的崭新事业，必须坚持正确的方法论，在不断实践探索中推进。"现在，我国进一步发展面临一系列突出矛盾和挑战。解决这些矛盾、应对这些挑战，必须进一步推进改革开放，特别要在增强改革开放的系统性、整体性和协调性上下功夫。

统筹谋划，提高改革开放决策的科学性。实现"两个一百年"的奋斗目标，应以改革开放为抓手，提出相应的战略举措。也就是说，要有全面深化改革开放的总体设计和总体规划，包括战略目标、战略重点、优先顺序、主攻方向、工作机制、推进方式，以及总体方案、路线图、时间表等。我们强调要加强改革的顶层设计，就是要对经济体制、政治体制、文化体制、社会体制、生态文明体制改革作出统筹设计，加强对各项改革关联性的研判，努力做到全局和局部相配套、治本和治标相结合、渐进和突破相促进。改革也要辨证施治，既要养血润燥、化瘀行血，又

要固本培元、壮筋续骨，使各项改革发挥最大效能。这就需要我们提高战略思维能力，既突出重点又统筹兼顾，既立足当前又放眼长远，既熟悉国情又了解世界。

协调推进，增强改革开放措施的协调性。我们的改革历来是全面的改革，许多重大改革牵一发而动全身，必须全面考量、协调推进，不能畸轻畸重。对看准了的改革，要下决心推进，争取早日取得成效。对涉及面广泛的改革，要同时推进配套改革，聚合各项相关改革协调推进的正能量。对看得还不那么准，但又必须取得突破的改革，可以先进行试点，摸着石头过河，尊重实践、尊重创造，鼓励大胆探索、勇于开拓，在实践中开创新路，取得经验后再推开。

坚持"摸着石头过河"，在实践中探索前进。这是富有中国特色、符合我国国情和马克思主义认识论的改革方法。不能说改革开放初期要"摸着石头过河"，现在就不用了。我国是一个有13亿人口的大国，决不能在根本性问题上出现颠覆性错误，那将是无可挽回、无可弥补的。同时，又不能因此就什么都不动、什么也不改，那将导致僵化、封闭、保守。正确的做法只能是试点探索、投石问路，取得了经验、增进了共识，看得准了再推开。这就是积小胜为大胜的渐进性改革，而不是草率从事、急躁冒进的折腾。在战略上，我们强调道路自信、理论自信、制度自信，在方法上，我们强调"治大国若烹小鲜"。"大国政贵有恒"，不能朝令夕改，今天喊这个口号，明天喊那个口号，这不叫新思路，而叫不稳当。顶层设计并不排斥"摸着石头过河"，而正是在"摸着石头过河"的基础上取得系列经验后进行的，否则就是闭门造车，不可能是科学的顶层设计。

三、用两点论观察和处理问题

矛盾分析方法是我们认识世界、改造世界的基本方法。我们观察形势、分析事物、制定政策、解决问题，都要坚持矛盾分析方法，坚持"两点论"。

在走什么道路问题上，坚持走中国特色社会主义道路，既坚持以经济建设为中心，又全面推进经济建设、政治建设、文化建设、社会建设、生态文明建设以及其他各方面建设；既坚持四项基本原则，又坚持改革开放；既不断解放和发展社会生产力，又逐步实现全体人民共同富裕、促进人的全面发展。我们既不偏离经济建设这个中心，也不偏废改革开放和四项基本原则两个基本点；既不走封闭僵化的老路，也不走改旗易帜的邪路，而是走中国特色社会主义道路。主张什么，防止什么，反对什么，立场极其鲜明而又十分辩证。

在学习实践科学发展观问题上，要特别注意掌握蕴含其中的辩证方法，科学发展观是充分贯彻和体现马克思主义唯物辩证法的发展观。它所强调的发展，是正确处理局部与全局、数量与质量、速度与效益关系的又好又快发展，是正确处理人与人、人与社会、人与自然关系的协调发展，是正确处理城市与农村、发达地区与欠发达地区、国内发展与对外开放关系的统筹发展，是正确处理经济、政治、文化、社会以及生态等各方面关系的全面发展，是正确处理当前与长远、现在与未来关系的可持续发展。

在全面深化改革问题上，必须从纷繁复杂的事物表象中把准改革脉搏，把握全面深化改革的内在规律，特别是要把握全面深化改革的重大关系，处理好解放思想和实事求是的关系、整体推进和重点突破的关系、顶层设计和"摸着石头过河"的关系、胆子要大和步子要稳的关系、改革发展稳定的关系，等等。

在观察判断国际国内形势问题上，面对错综复杂、快速变化的形势，我们要保持清醒头脑，既看到我国经济社会发展基本面长期趋好的态势，又看到国际国内各种不利因素的长期性、复杂性、曲折性，不回避矛盾，不掩盖问题。要善于运用"底线思维"方法，凡事从坏处准备，努力争取最好的结果，做到有备无患，遇事不慌，牢牢把握主动权。

四、用群众路线开展工作

群众观点和群众路线是历史唯物主义的重要内容，坚持群众观点和群众路线是无产阶级政党的本质特征。在新一届中央政治局常委会见中外记者的时候，习近平总书记指出："人民对美好生活的向往，就是我们的奋斗目标。"这是我们党对全国人民的庄严承诺。目前正在进行的以为民务实清廉为主要内容的党的群众路线教育实践活动，是实践这一承诺的一个重大举措。群众路线是我们党的生命线和根本工作路线，它集中地体现了马克思主义政党的价值观、历史观和领导工作的认识论。

一切为了群众，这是我们党的根本宗旨、执政的根本理念和发展的根本目的。离开了人民群众，我们党的一切奋斗不但不能成功，而且会变得毫无意义。消除贫困、改善民生、实现共同富裕，是社会主义的本质要求；经济的发展、社会的进步，最终的落脚点是改善人民生活、促进人的全面发展。习近平总书记强调，在前进道路上，我们一定要坚持从维护最广大人民根本利益的高度，多谋民生之利，多解民生之忧，在学有所教、劳有所得、病有所医、老有所养、住有所居上持续取得新进展。习近平总书记指出，要正确处理最广大人民根本利益、现阶段群众共同利益、不同群体特殊利益的关系，切实把人民利益维护好、实现好、发展好。要认真贯彻落实中央各项惠民政策，把好事办好、实事办实，让群众时刻感受到党和政府的关怀。对涉及群众切身利益的重大决策，要认真进行社会稳定风险评估，充分听取群众意见和建议，充分考虑群众的承受能力，把可能影响群众利益和社会稳定的问题和矛盾解决在决策之前。对群众反映强烈的突出问题，都要通过强化责任、健全制度、落实到人，推动有关方面形成合力，妥善加以解决。对损害群众权益的失职渎职和违纪违法行为，要坚决查处，决不姑息。

一切依靠群众，这是我们党的力量之源、胜利之本和战胜一切困难的法宝。人民群众是历史的主体，是推动社会发展进步的决定力量，是创造人间奇迹的真正英雄。离开了人民群众，我们就将"失去根基，失去血脉，失去力量"，我们就将一事无成。建设中国特色社会主义是亿万人民群众自己的事业，必须充分调动亿万人民群众的积极性、主动性和创造性，必须发展"更加广泛、更加充分、更加健全的人民民主"，必须"与人民心心相印、与人民同甘共苦、与人民团结奋斗"，必须"把群众工作做实、做深、做细、做透"。任何脱离群众的官僚主义、命令主义，任何依靠少数人包打天下的观点，都是完全错误的。

从群众中来、到群众中去，这是我们党的根本工作路线和工作方法，也是领导工作的认识论。认识从实践中来、到实践中去；对于领导机关和领导人员来说，就是从群众的实践中来、到群众的实践中去。领导不是百事通，不是万能的。要做群众的先生，先做群众的学生。领导干部要放下架子，甘当小学生，多同群众交朋友，多向群众请教。人民群众中有的是能者和智者，要虚心向他们求教问策，把政治智慧的增长、执政本领的增强、领导艺术的提高深深扎根于人民群众的实践沃土之中，不断从人民群众中吸收营养和力量。要从群众中寻找解决问题的方案和办法，使作出的决策和决策的执行充分体现民心民意。

全面深化改革必须坚持正确的方法论[*]

习近平总书记十分重视改革的方法问题，他指出，"改革开放是前无古人的崭新事业，必须坚持正确的方法论，在不断实践探索中前进"，并就全面深化改革的方法论作了一系列重要论述。在改革进入攻坚期和深水区的今天，各种矛盾错综复杂。我们只有认真学习领会并在实践中创造性地运用习近平总书记有关重要论述，才能以正确的方法推进全面深化改革。

改革要与发展相匹配。这是提出全面深化改革的根据，也是实现"两个一百年"奋斗目标的重要保证。我国持续 30 多年的快速发展，靠的是改革；当前和今后实现又好又快发展，同样要靠改革。发展出题目，改革做文章，通过改革扫除制约科学发展的体制机制障碍，是实现发展目标的必由之路。离开改革，不可能快速发展；离开全面深化改革，不可能全面协调可持续发展。习近平总书记指出，我们必须通过全面深化改革，着力解决我国发展面临的一系列突出矛盾和问题，不断推进中国特色社会主义

---

* 本文原载于《人民日报》2014 年 3 月 25 日。

制度的自我完善和发展。改革要同"两个一百年"奋斗目标相适应，实现"两个一百年"奋斗目标要以改革为抓手，要有相应的改革举措。这就要求我们做到发展与改革同时研究、同时部署、同时推进，使二者相互匹配。党的十八届三中全会《中共中央关于全面深化改革若干重大问题的决定》指出："全面深化改革的总目标是完善和发展中国特色社会主义制度，推进国家治理体系和治理能力现代化。"这一总目标同党的十八大确定的"两个一百年"的总任务是一致的。只有形成一整套系统完备、科学规范、运行有效，涵盖社会生活各个领域的制度体系，把我国建设成为社会主义法治国家，实现国家治理体系和治理能力现代化，我国才能真正成为社会主义现代化国家。因此，必须把改革与发展统一起来，在改革与发展的互动中推进中国特色社会主义和中华民族伟大复兴的历史伟业。

改革要加强顶层设计。重视宏观思考和顶层设计，是习近平总书记关于改革的一个重要战略思想。当前我国改革的一个显著特点是：面临的矛盾错综复杂，许多问题牵一发而动全身，必须从大局出发，更加注重改革的系统性、整体性、协同性。这就要求加强顶层设计，全面推进改革。所谓顶层设计，就是对经济体制、政治体制、文化体制、社会体制、生态文明体制作出统筹设计，加强对各项改革关联性的研判，努力做到全局和局部相配套、治本和治标相结合、渐进和突破相促进。党的十八届三中全会《中共中央关于全面深化改革若干重大问题的决定》是我们党关于全面深化改革的顶层设计，明确提出了全面深化改革的指导思想、目标任务、重大原则，描绘了以经济体制改革为重点，包括经济、政治、文化、社会、生态文明以及国防和军队、党的建设在内的全面深化改革的宏伟蓝图。这一顶层设计同中国特色社会主义"五位一体"总体布局是一致的，标志着我国改革进入了全面深化的新阶段。为适应这种新阶段、新形势、新任务的需要，我们必须增强全局意识，加强宏观思考，提高战略思维能力。

坚持"摸着石头过河"。这是富有中国特色、符合中国国情的改革方法。不能说"摸着石头过河"只适用于改革初期，现在已经过时了。中国是一个大国，决不能在根本性问题上出现颠覆性错误，一旦出现就无法挽回、无法弥补。因此，许多时候要采取试点探索、投石问路的方法，取得了经验，达成了共识，看得很准了，感觉很稳当了，再推开。渐进性改革，就是积小胜为大胜。"顶层设计"同"摸着石头过河"并非不能相容。"顶层设计"是在"摸着石头过河"取得经验的基础上进行的，否则就是闭门造车，不可能是科学的顶层设计；"摸着石头过河"是在"顶层设计"的指引下进行的，否则就会碎片化，难以有效推动全局发展。"摸着石头过河"是以实践为基础的马克思主义认识论的一种通俗表达，其实质就是在实践中试验、探索，在实践中总结经验、坚持真理、修正错误，这是认识的普遍规律。习近平总书记指出："要加强宏观思考和顶层设计，更加注重改革的系统性、整体性、协同性，同时也要继续鼓励大胆试验、大胆突破，不断把改革开放引向深入。"

各项改革要协同有序推进。有了顶层设计，在实施的过程中，还有一个优先顺序、方法步骤问题。改革走到今天，单兵突进不行，畸轻畸重不行，齐头并进也不行，必须全面考量、协调推进，根据实际情况作出有序安排和部署。根据习近平总书记的论述，应注意区别三种情况。一是对看准了的改革，要下决心推进，争取早日取得成效。在这样的问题上不要犹豫不决、左顾右盼，否则就会贻误时机。二是对涉及面广泛的改革，要同时推进配套改革，聚合各项相关改革协调推进的正能量。在这样的问题上，不能孤军奋战、顾此失彼，更不能相互掣肘，应有综合配套措施，联合攻关。三是对看得还不那么准但又必须取得突破的改革，可以先进行试点，"摸着石头过河"，尊重实践、尊重创造，鼓励大胆探索、勇于开拓，在实践中开创新路，取得经验后再推开。在这样的问题上，不能盲目冒进，而应坚持试验和试点，取得经验再推开。总之，应根据情况，区别对待，协同有序推进各项改革。

理解和执行各项改革政策要讲辩证法。学习贯彻党的十八届三中全会精神，要防止一知半解、断章取义、生搬硬套，要弄清楚整体政策安排与某一具体政策的关系、系统政策链条与某一政策环节的关系、政策顶层设计与政策分层对接的关系、政策统一性与政策差异性的关系、长期性政策与阶段性政策的关系，既不能以局部代替整体、又不能以整体代替局部，既不能以灵活性损害原则性、又不能以原则性束缚灵活性。这里把整体与部分、过程与阶段、顶层与基层、统一性与多样性等的辩证关系运用于改革实践，有很强的指导意义。辩证法的实质是对立统一，反对任何一种片面性，不能只知其一，不知其二。按照辩证法办事，要学会讲两句话，既要讲充分发挥市场在配置资源中的决定性作用，又要讲更好发挥政府作用；既要讲分好蛋糕，又要讲做大蛋糕；既要讲积极发展混合所有制经济，又要讲推动国有企业完善现代企业制度；既要讲允许农村集体土地有序流转，又要讲长期稳定农村家庭联产承包责任制；等等。总之，应学会在对立中把握统一、在统一中把握对立。

着眼于维护公平正义和增进人民福祉。全心全意为人民服务，是我们党的根本宗旨、执政的根本理念、发展的根本目的，也是改革的根本原则。党的十八届三中全会《中共中央关于全面深化改革若干重大问题的决定》指出，全面深化改革"以促进社会公平正义、增进人民福祉为出发点和落脚点"。习近平总书记指出："人民对美好生活的向往，就是我们的奋斗目标。"这要体现在一切实际工作中，包括体现在改革实践中。要正确处理最广大人民根本利益、现阶段群众共同利益、不同群体特殊利益的关系，切实把人民利益实现好、维护好、发展好。对涉及群众切身利益的重大决策，要认真进行社会风险评估，充分听取群众意见和建议，充分考虑群众的承受能力。在前进道路上，我们一定要坚持从维护最广大人民根本利益的高度，多谋民生之利，多解民生之忧，在学有所教、劳有所得、病有所医、老有所养、住有所居上持续取得新进展。能否做到这一点、做好这一点，应该成为衡量改革是否成功以及在多大程度上成功的根本标准。

继续解放思想。全面深化改革的过程，也是不断解放思想的过程。习近平总书记指出："冲破思想观念的障碍、突破利益固化的藩篱，解放思想是首要的。"他强调，在当前全面深化改革的实践中，一些思想观念的障碍往往不是来自体制外，而是来自体制内。思想不解放，我们就很难看清各种利益固化的症结所在，很难找准突破的方向和着力点，很难拿出创造性的改革举措。因此，一定要有自我革新的勇气和胸怀，跳出条条框框限制，克服部门利益掣肘，以积极主动精神研究和提出全面深化改革的具体举措。搞改革，现有的工作格局和体制运行不可能一点都不打破，不可能都是四平八稳、没有任何风险，只要经过充分论证和评估，只要符合实际，必须做的就要大胆去做，在实践中不断总结经验、坚持真理、修正错误，在实践中不断开辟认识真理的道路。

关键在于落实。习近平总书记多次强调，空谈误国，实干兴邦。这是马克思主义实践论的真理，也是古今中外历史经验的总结。习近平总书记强调，制定出一个好文件，只是万里长征走完了第一步，关键还在于落实文件，"要防止徒陈空文、等待观望、急功近利，必须有时不我待的紧迫意识和夙夜在公的责任意识抓实、再抓实"。一分部署，九分落实。抓落实是领导工作中极为重要的环节，是党的思想路线和群众路线的根本要求，也是衡量党员干部世界观正确与否和党性强不强的重要标志。所谓落实，就是把中央精神落实到实践中去、落实到基层中去、落实到群众中去，使之成为广大党员、干部、群众的自觉行动，以确保党和国家确定的目标任务顺利实现。实践证明，抓而不紧等于不抓，抓而不实等于白抓，一定要在求实、务实、落实上下功夫。这就要求把中央精神同本地区、本部门的实际结合起来，使之具体化、项目化、责任化；力戒从原则到原则、从会议到会议，反对一切形式主义和表面文章。要以抓铁有痕、踏石留印的劲头，坚持不懈地抓下去，言必信，行必果，务必抓出成效。

学习领会习近平治国理政战略思想*

战略问题，对于党和国家来说，是一个根本性的问题。习近平总书记指出："战略上判断得准确，战略上谋划得科学，战略上赢得主动，党和人民事业就大有希望。"党的十八大以来，习近平总书记关于治国理政的一系列重要论述，涵盖经济、政治、文化、社会、生态等各个领域，涵盖改革发展稳定、内政外交国防、治党治国治军各个方面，集中体现了中国共产党在新的历史条件下高瞻远瞩、总揽全局的战略眼光、战略智慧和战略定力，为中国改革开放和现代化建设进一步指明了方向，提供了根本遵循。

一、坚持当代中国发展进步的根本方向

旗帜就是方向，道路决定命运。举什么旗、走什么路，是关系党和国家事业全局的战略抉择。中国近代以来 170 多年的历史证明，只有社会主义才能救中国，只有中国特色社会主义才能发

---

* 本文原载于《紫荆》杂志 2015 年 9 月号。

展中国。党的十一届三中全会以来，中国共产党的全部实践活动和理论活动的主题就是坚持和发展中国特色社会主义。这是当代中国发展进步的根本方向。在这个重大战略方向问题上，我们必须立场坚定、旗帜鲜明，不为任何干扰所惑，不为任何风险所惧，真正做到"千磨万击还坚劲，任尔东西南北风"，毫不动摇地坚持和发展中国特色社会主义。

党的十八大闭幕后不久，习近平总书记有两次重要讲话，主题都是强调坚持和发展中国特色社会主义。一次是2012年11月17日，在中央政治局第一次集体学习时，习近平总书记指出，中国特色社会主义道路，中国特色社会主义理论体系，中国特色社会主义制度"是党和人民90多年奋斗、创造、积累的根本成就，必须倍加珍惜、始终坚持、不断发展"，要把坚持和发展中国特色社会主义作为学习贯彻党的十八大精神的"聚焦点、着力点、落脚点"。另一次是2013年1月5日，在新进中央委员会的委员、候补委员学习贯彻党的十八大精神研讨班上，习近平总书记指出："党的十八大精神，说一千道一万，归结为一点，就是坚持和发展中国特色社会主义。"

在这两次讲话和其他多次讲话中，习近平总书记回答了有关中国特色社会主义的一系列重大理论与实践问题，澄清了许多错误或模糊认识。习近平总书记指出："中国特色社会主义是社会主义而不是其他什么主义，科学社会主义基本原则不能丢，丢了就不是社会主义。"在这个根本问题上，必须有很强的战略定力。中国特色社会主义是植根中国大地、反映中国人民意愿、适应中国和时代发展进步要求的社会主义，"中国特色社会主义道路是实现我国社会主义现代化的必由之路，是创造人民美好生活的必由之路"，是科学社会主义的新版本，我们必须在实践中不断丰富其"实践特色、理论特色、民族特色、时代特色"。中国特色社会主义是不断发展、不断前进的，世界上没有放之四海而皆准的发展道路和发展模式，也没有一成不变的发展道路和发展模式，我们要不断推进理论创新、实践创新、制度创新，在实践中努力谱写中国特色社会主义新篇章。

总之，高举中国特色社会主义伟大旗帜，"既不走封闭僵化的老路，也不走改旗易帜的邪路"，坚定不移走中国特色社会主义道路，这就是我们的经验，这就是我们的结论，这就是当代中国发展进步的根本方向和战略抉择。

二、担当中华民族伟大复兴的历史使命

党的十八大闭幕后不久，习近平总书记在集中论述坚持和发展中国特色社会主义这个战略方向的同时，在参观《复兴之路》展览时的讲话，在十二届人大第一次会议上的讲话以及在全国劳模代表座谈会、各界优秀青年代表座谈会上的讲话中，对实现中华民族伟大复兴的中国梦，作了深刻和系统的阐述，进一步指明了全国各族人民团结奋斗的共同战略目标，充分体现了中国共产党高度的历史担当和使命追求。

实现中华民族伟大复兴，是中华民族近代以来最伟大的梦想，凝聚了几代中国人的夙愿，是每一个中华儿女共同的期盼。为达此目的，无数仁人志士前仆后继，历经千辛万苦，上下求索，最终才在中国共产党的领导下，实现了民族独立、人民解放，继而开始了建设自己国家的新征程。特别是改革开放以来，

我们总结国际国内经验，开创中国特色社会主义新局面，终于找到实现中华民族伟大复兴的正确道路，取得了令世人瞩目的伟大成就，经济持续快速发展，综合国力显著增强，人民生活水平大幅提高，实现了从温饱不足到总体小康的历史性跨越，现在正在为实现"两个一百年"的目标而奋斗。习近平总书记指出："现在我们比历史上任何时期都更接近中华民族伟大复兴的目标，比历史上任何时期都更有信心、更有能力实现这个目标。""到中国共产党成立 100 年时全面建成小康社会的目标一定能实现，到新中国成立 100 年时建成富强民主文明和谐的社会主义现代化国家的目标一定能实现，中华民族伟大复兴的梦想一定能实现。"这是习近平总书记和党中央对全国人民的庄严承诺，也是向全国人民发出的庄严号召和向伟大目标进军的动员令。

习近平总书记对什么是中国梦即中国梦的本质作了深刻阐述。"中国梦的本质是国家富强、民族振兴、人民幸福。"这就是说，实现中国梦，意味着中国经济实力、综合国力和国家影响力将大大提升；中华民族将以更加昂扬向上、生气勃勃、文明开放的姿态屹立于世界民族之林，为人类作出更大的贡献；中国人民将过上更加富裕、安康、幸福、美满的新生活。因此，中国梦是国家的梦、民族的梦，也是每一个中国人的梦。中国人民的梦想同中国共产党的社会主义理想是完全一致的。

习近平总书记对如何实现中国梦作了系统论述。"实现中国梦必须走中国道路。""实现中国梦必须弘扬中国精神。""实现中国梦必须凝聚中国力量。"这"三个必须"为我们实现中国梦指明了方向。中国道路，就是中国特色社会主义道路。只有这条道路才能发展中国、富强中国，而其他的道路，无论是封闭僵化的老路还是改旗易帜的邪路，都是绝路、死路。"中国精神"，就是"以爱国主义为核心的民族精神，以改革创新为核心的时代精神"。这是兴国强国凝心聚力之魂，也是兴业创业智慧之源，实现中国梦必须有强大精神力量的支撑。"中国力量"，就是中国各民族大团结的力量。中国梦归根结底是人民的梦，我们必须紧紧依靠最广大的工人、农民、知识分子，必须巩固和发展最广泛的爱国统一战线，必须依靠包括港澳台同胞和海外华侨华人在内的全体中华儿女，为实现中华民族伟大复兴的中国梦而共同奋斗。这"三个必须"是实现中国梦的根本保证。

习近平总书记对港澳同胞始终寄予厚望，将港澳同胞视为实现中华民族伟大复兴的中国梦的重要依靠力量。香港、澳门与祖国内地的命运始终紧密相连。实现中华民族伟大复兴的中国梦，需要香港、澳门与祖国内地坚持优势互补，共同发展，需要港澳同胞与内地人民坚持守望相助，携手共进。习近平总书记指出："实现中华民族伟大复兴是中华民族近代以来最伟大的梦想。我相信，广大香港同胞对此也是念兹在兹的。我也相信，具有强烈民族自尊心和自豪感的广大香港同胞，一定会同全国人民一道，为实现中华民族伟大复兴贡献力量。"

三、协调推进"四个全面"的战略布局

建设中国特色社会主义、实现中华民族伟大复兴的中国梦，是一个长期艰巨的历史任务。中国共产党规划了"三步走"的发展战略。现在正处于全面建成小康社会的决定性阶段，"这是实现中华民族伟大复兴中国梦的关键一步"。以习近平同志为核心

的党中央，高举中国特色社会主义伟大旗帜，立足中国社会主义初级阶段的基本国情，针对现阶段中国经济社会发展面临的突出矛盾和人民对美好生活的新期待，以问题为导向，作出了协调推进"四个全面"的战略布局，即全面建成小康社会、全面深化改革、全面依法治国、全面从严治党。这是现阶段中国共产党治国理政、开创中国特色社会主义新局面的"顶层设计"和重大战略部署。

"四个全面"体现了目标与举措的统一。全面建成小康社会是我们的战略目标，到 2020 年实现这个目标，我们国家的发展水平就会迈上一个大台阶，我们的一切工作都要聚焦于这个目标。这是大局。为了实现这个目标，需要坚强有力的措施作保障，其中最重要的是三大保障。一是全面深化改革，完善和发展中国特色社会主义制度，推进国家治理体系和治理能力现代化，为全面建成小康社会提供动力保障；二是全面依法治国，建设中国特色社会主义法治体系，建设社会主义法治国家，为全面建成小康社会提供法治保障；三是全面从严治党，使党始终保持先进性和纯洁性，为全面建成小康社会提供政治保障。这三大战略举措对实现全面建成小康社会战略目标一个都不能缺。不全面深化改革，发展就缺少动力，社会就没有活力；不全面依法治国，国家生活和社会生活就不能有序运转，就难以实现社会和谐稳定和国家长治久安；不全面从严治党，党就不可能成为我们事业的坚强领导核心。"四个全面"的战略布局，是一个有机整体，它们相互依存、相互促进、相得益彰，是党的十八大以来中国共产党的战略谋划的一个科学总结。

"四个全面"还体现了重点与全面的统一。重点和全面是密切联系的，全面是有重点的全面，重点是全面中的重点。"四个全面"中每一个"全面"都是有重点的"全面"。全面建成小康社会，是以经济建设为中心，包括经济、政治、文化、社会、生态"五位一体"的全面建设。全面深化改革，是以经济体制改革为重点，包括经济、政治、文化、社会、生态以及军队国防和中国共产党的建设在内的全面改革。全面依法治国，最根本的是依宪治国，完善以宪法为核心的法律体系，坚持法治国家、法治政府、法治社会一体建设。全面从严治党，最根本的是保持中国共产党的先进性和纯洁性，全面加强党的思想、组织、作风、制度、纪律、反腐倡廉建设。每一个"全面"都具有重大战略意义，要把它们放在总体战略布局中加以把握和落实。

四、统筹国内国际两个大局

实现"两个一百年"的奋斗目标、实现中华民族伟大复兴的中国梦，必须创造一个良好的国际环境。党的十八大以来，以习近平同志为核心的党中央以开阔的世界眼光和战略思维，统筹国内国际两个大局，观大势、谋大事，加强外交顶层设计和战略谋划，开展一系列重大外交行动，提出许多重大对外战略思想，打开了外交工作新局面，展示了中国对外工作的新气象。

坚定不移走和平发展道路。这是中国共产党根据时代潮流和中国根本利益所作的战略抉择。当今世界正在发生深刻复杂变化，但和平与发展仍是时代主题，国际力量对比继续朝着有利于世界和平与发展的方向发展，人类比以往任何时候都更有条件朝着和平与发展的目标迈进。这是我们对于当前世界局势的根本判断。正是据此判断，我们毫不动摇地坚持和平发展道路。这一重大战略决策，既符合时代潮流，也符合中国根本利益。实现我们的奋斗目标，必须有和平的国际环境。没有和平，中国和世界都不可能顺利发展；没有发展，中国和世界也不可能有持久和平。我们坚持从中国实际出发走自己的道路，同时以宽广的世界眼光和战略思维，把国内发展与对外开放统一起来，把中国发展与世界发展联系起来，把中国人民利益与各国人民共同利益结合起来，统筹国内国际两个大局，以更加积极的姿态参与国际事务，共同应对全球性挑战，努力为全球发展作出自身贡献。

推动建立以合作共赢为核心的国际关系。这是一个重大战略理念。世界繁荣稳定是中国的机遇，中国发展也是世界的机遇。和平发展道路能不能走得通，很大程度上要看我们能不能把世界的机遇转变为中国的机遇，把中国的机遇转变为世界的机遇，在中国与世界各国良性互动、互利共赢中开拓前进。因此，我们的发展不仅是和平的发展，而且是开放的发展、合作的发展、共赢的发展。零和思维已经过时，和衷共济、合作共赢才是出路。习近平总书记指出："文明因交流而多彩，文明因互鉴而丰富。文明交流互鉴，是推动人类文明进步和世界和平发展的重要动力。"[1] 我们应当推动不同文明相互尊重、和谐共处，让文明交流互鉴成为增进各国人民友谊的桥梁、推动人类社会进步的动力、维护世界和平的纽带，从不同文明中寻求智慧、汲取营养，携手解决人类共同面临的各种挑战。

坚决维护国家核心利益。这是中国外交的神圣使命。一些

---

[1] 《在联合国教科文组织总部的演讲》，《人民日报》2014 年 3 月 28 日第 3 版。

国家片面理解中国的和平发展道路，片面理解中国倡导的合作共赢理念，以为中国为了发展会拿原则做交易。这完全是幻想。我们要坚持走和平发展道路，但决不能放弃我们的正当权益，决不能牺牲国家核心利益。任何外国不要指望我们会拿自己的核心利益做交易，不要指望我们会吞下损害我国主权、安全、发展利益的苦果。坚决维护国家主权、安全、发展利益是中国外交工作的基本出发点和落脚点。在任何情况下，我们都坚决维护国家领土主权，防范国际暴力恐怖活动向境内渗透，维护国家主权安全。在涉及中国核心利益问题上，我们是有底线的。我们明确地划出红线，亮明底线，绝对不许逾越。

不断接受马克思主义哲学智慧的滋养[*]

——学习习近平总书记关于学哲学、用哲学的重要论述

党的十八大以来，中央政治局集体学习，有两次学习哲学。一次是 2013 年 12 月 3 日，学习历史唯物主义基本原理和方法论；一次是 2015 年 1 月 23 日，学习辩证唯物主义基本原理和方法论。习近平总书记在学习中指出："学哲学、用哲学，是我们党的一个好传统""不断接受马克思主义哲学智慧的滋养""努力把马克思主义哲学作为自己的看家本领"，更好认识国情，更好认识党和国家事业发展大势，更好认识历史发展规律，更加能动地推进各项工作。

马克思主义哲学之所以重要，是因为它讲的是世界观、历史观、人生观、价值观的大道理，讲的是认识世界、改造世界的根本原则、根本方法，讲的是做人做事做学问的大智慧。因而它是普遍管用、根本管用、长期管用的东西。系统学习马克思主义哲学，掌握科学的世界观、方法论，对于我们事业的兴旺发达、对

---

* 本文原载于《党委中心组学习》2016 年第 1 期。

于干部的成长进步、对于人才的培养，都有十分重大的意义。

一、重视学习和运用马克思主义哲学是我们党的一个好传统

我们党的实践活动和理论活动有一个显著的特点，就是重视并且善于从哲学高度总结经验、提出问题和解决问题，重视对党员、干部和群众进行马克思主义哲学世界观和方法论的教育。这是我们党的一个好传统。

早在 1921 年筹备建党的时候，毛泽东同志就明确提出："唯物史观是吾党哲学的根据。"1930 年，他在《反对本本主义》一文中，首次提出"思想路线"问题，强调"必须作实际调查""洗刷唯心精神"，指出："离开实际调查就要产生唯心的阶级估量和唯心的工作指导，那末，它的结果，不是机会主义，便是盲动主义。"1935 年遵义会议以后，鉴于党内长期存在把马列主义教条化、把苏联经验绝对化、把共产国际指示神圣化而使革命遭受严重挫折的历史教训，毛泽东同志对中国革命经验进行了系统的哲学思考和总结，他读了大量的哲学著作并结合实际写下许多哲学笔记，指出："一切大的政治错误没有不是离开辩证唯物论的"，辩证唯物论不但是马克思主义的"一个部分"，"而且是一个基础"，"只学个别科学，不学基础科学（唯物辩证法）是不对的"。他又说："辩证法唯物论对于指导革命运动的干部人员，尤属必修的科目。"

为了扫清党内的主观主义，特别是教条主义，1937 年 7 月至 8 月，毛泽东同志撰写《实践论》《矛盾论》，并于同年在抗大

讲授马克思主义哲学，为马列主义普遍真理同中国革命具体实践相结合奠定了哲学基础。1938 年，在毛泽东同志的倡导下，延安成立研究和普及马克思主义哲学的学术团体——延安新哲学会，组织翻译哲学著作，选编哲学教材，举办哲学报告会、讨论会。1941 年 8 月和 9 月，为了总结党的历史经验，中央决定成立中央研究组和高级研究组，毛泽东同志在给研究组各同志的一封信中提出，总结历史经验，要坚持理论联系实际的方针，实际方面的材料看党的六大以来的文件，理论方面"暂时以研究思想方法论为主"，要求大家读艾思奇等翻译的苏联米定、拉里察维基等所著《新哲学大纲》和李达、雷仲坚翻译的苏联西洛可夫、爱森堡等所著《辩证法唯物论教程》等。1942 年，全党开展以反对主观主义特别是教条主义为主要内容的延安整风运动，在全党确立起理论与实践相统一的实事求是的马克思主义思想路线，从而为党的七大确立马列主义普遍真理同中国革命具体实践相结合的思想——毛泽东思想在全党的指导地位，为中国民主革命的最后胜利奠定了坚实的思想基础。历史经验表明，中国民主革命的命运同马克思主义哲学是紧密相连的，没有马克思主义哲学的指导，中国民主革命就不可能取得胜利。

社会主义的历史命运同马克思主义哲学同样是紧密相连的。新中国成立以后，党中央和毛泽东同志领导全党全国人民坚持实事求是的思想路线，在完成民主革命遗留任务、恢复国民经济的基础上，从我国实际出发，成功开创了符合中国实际、具有中国特色的社会主义改造道路，在我国建立起社会主义制度，为我国的现代化建设创造了政治前提和制度基础。但是，在如何建设社会主义的问题上，我们走了一条曲折的道路，其中既有成功的经验（集中体现在毛泽东同志《论十大关系》和《关于正确处理人民内部矛盾的问题》等著作中），也有遭受挫折的教训，犯了一些重大错误。这些错误的产生，固然有经验不足的客观原因，也有偏离实事求是思想路线的主观原因，如误用革命战争时期抓阶级斗争的经验，在阶级矛盾不是主要矛盾的新的历史条件下，仍然坚持"以阶级斗争为纲"；片面夸大主观意志和主观努力的作用，犯了"大跃进""浮夸风""共产风"的错误；权力过分集中的领导体制造成严重的个人专断和个人崇拜，使许多重大错误不仅难以避免，而且难以纠正。"文化大革命"结束后又出现了"两个凡是"的错误方针，在历史转折关头，造成两年徘徊局面。为了纠正"文化大革命"及其以前的"左"的错误，开创中国社会主义建设的新局面，我们党把端正思想路线提到首位，开展了轰轰烈烈的实践是检验真理唯一标准问题的大讨论。以1978年党的十一届三中全会为主要标志，我们党实现了思想路线的拨乱反正，进而推进了指导思想和各条战线的拨乱反正。邓小平同志的报告《解放思想，实事求是，团结一致向前看》成为开创中国社会主义建设新道路新理论的解放思想、实事求是的宣言书。哲学变革推进了政治和社会变革。党的十二大通过的党章对我们党的思想路线第一次作了完整的表述："党的思想路线是一切从实际出发，理论联系实际，实事求是，在实践中检验真理和发展真理。"

邓小平同志说："搞社会主义一定要遵循马克思主义的辩证唯物主义和历史唯物主义，也就是毛泽东同志概括的实事求是，或者说一切从实际出发。"这是对我国社会主义历史经验的一个根本性的总结。中国特色社会主义之所以正确，之所以富有生机和活力，是因为它始终坚持和贯彻解放思想、实事求是的思想路线。这集中体现在一系列的"破除"和"坚持"上，诸如：破除"两个凡是"的思想禁锢，坚持实践是检验真理的唯一标准；破除僵化的社会主义模式观念，坚持走自己的道路建设中国特色社会主义；破除"超阶段"的"左"的思想框框，坚持一切从中国社会主义初级阶段的实际出发；破除从概念出发抽象谈论姓"社"姓"资"的思维定式，坚持"三个有利于"的判断标准；破除把马克思主义教条化的思想倾向，坚持根据现在的情况认识、继承和发展马克思主义。正是这一系列的"破除"和"坚持"，推动着我们的理论与实践不断地与时俱进而充满生机和活力。正如习近平总书记所指出的："解放思想、实事求是、与时俱进，是马克思主义活的灵魂，是我们适应新形势、认识新事物、完成新任务的根本思想武器。"

二、当前学习和运用马克思主义哲学具有重大现实意义

改革开放以来，我国经济持续快速发展，综合国力显著增强，人民生活水平大幅度提高。现在我们正在为实现"两个一百年"的奋斗目标、实现中华民族伟大复兴的中国梦而奋斗。这是一项极其艰巨的历史任务。我们既面临难得的机遇，又面临严峻的挑战。当前，我国工业化、信息化、城镇化、市场化、国际化深入发展，呈现一系列新的阶段性特征，出现一系列新的矛盾和问题；国际形势复杂多变，综合国力竞争和各种力量的较量更趋激烈，不确定不稳定因素增多。艰巨的历史任务和复杂的国内外

形势，要求我们切实提高处理复杂问题、驾驭复杂局面的能力，切实增强工作的原则性、系统性、预见性和创造性。这就要求我们更加重视学习和运用马克思主义哲学这个科学的世界观和方法论。现在的领导干部不少人受过专业训练，具有一定专门知识，但其中很多人不懂哲学，不善于辩证思考，很需要在思想方法和工作方法上提高一步。

（一）学习和运用马克思主义哲学是坚定理想信念的需要

共产主义远大理想和中国特色社会主义信念是我们党的精神支柱，是我们战胜一切艰难险阻、经受住各种风险考验的伟大精神力量，是实现中华民族伟大复兴中国梦的坚强保证。习近平总书记指出，革命理想高于天。没有远大理想，不是合格的共产党员；离开现实工作而空谈远大理想，也不是合格的共产党员。在我们党 90 多年的历史中，一代又一代共产党人为了追求民族独立和人民解放，不惜流血牺牲，靠的就是一种信仰，为的就是一个理想。这种理想信念，不是简单的一句誓言，更不是一句空洞的口号，而是基于对历史规律的深刻把握所作出的一种理性抉择。在马克思主义思想体系中，基础的东西是哲学。有了马克思主义哲学特别是唯物主义历史观，才有了剩余价值学说，进而才有了科学社会主义，有了"两个必然"的历史结论。我们一些同志之所以理想渺茫、信仰动摇，根本的就是历史唯物主义观点不牢固。作为一名共产党员，只有打好哲学这个"根底"，掌握世界观这个"总开关"，才能深刻理解人类社会发展的客观规律，牢牢把握人类社会发展的总趋势，在任何情况下始终保持坚定正确的政治方向，不为任何风险所惧，不为任何干扰所惑，"咬定青山不放松，任尔东西南北风"。在今天，才能经受住执政的考验、改革开放的考验、市场经济的考验和外部环境的考验，而始终保持共产党人的政治本色。

（二）学习和运用马克思主义哲学是推进科学发展的需要

发展是当代中国的头等大事，是解决中国一切问题的基础。我们必须深入贯彻落实以人为本、全面协调可持续的科学发展观。这一发展观，是"马克思主义关于发展的世界观和方法论的集中体现"。所谓集中体现，一是体现为以人为本的唯物史观，即发展为了人民，发展依靠人民，发展的成果由全体人民共享。二是体现为统筹兼顾的辩证方法，即正确处理发展中一系列事关全局的各种重大关系。科学发展观是充分贯彻和体现马克思主义唯物辩证法的发展观。它所强调的发展，是正确处理局部与全局、速度与效益关系的又好又快的发展，是正确处理人与人、人与社会、人与自然关系的协调发展，是正确处理城市与农村、发达地区与欠发达地区、国内发展与对外开放关系的统筹发展，是正确处理经济、政治、文化、社会及生态等方面关系的全面发展，是正确处理当前与长远、现在与未来关系的可持续发展。这里一连讲了五个发展、十一个关系，体现了生动的发展的辩证法。不懂得唯物史观和唯物辩证法，就不能深刻理解科学发展观，更谈不上自觉贯彻落实科学发展观。

（三）学习和运用马克思主义哲学是全面深化改革的需要

改革开放是当代中国发展进步的活力之源，是我们党和人民大踏步赶上时代前进步伐的重要法宝，是坚持和发展中国特色社会主义的必由之路。从事这样一项前无古人的崭新事业，"必须坚持正确的方法论，在不断实践探索中前进"。今天，我国的改革进入攻坚期和深水区，各种矛盾错综复杂，许多问题牵一发而动全身，尤其需要以马克思主义哲学世界观和方法论为指导，加强宏观思考、战略思维，正确处理改革中各种事关全局的重大关系，全面深化改革。习近平总书记指出："要加强宏观思考和顶层设计，更加注重改革的系统性、整体性、协同性"，即加强对经济体制、政治体制、文化体制、社会体制的统筹设计，加强对各项改革的关联性研判，"努力做到全局和局部相配套、治本和治标相结合、渐进和突破相促进"。要正确处理改革中的各种重大关系：解放思想与实事求是、整体推进与重点突破、顶层设计与摸着石头过河、胆子要大与步子要稳以及改革发展稳定的关系。在理解和执行各项改革政策时，要讲辩证法，防止片面性，习近平总书记指出，要弄清楚整体政策安排与某一具体政策的关系、系统政策链条与某一政策环节的关系、政策顶层设计与政策分层对接的关系、政策统一性与政策差异性的关系、长期性政策与阶段性政策的关系，既不能以局部代替整体、又不能以整体代替局部，既不能以灵活性损害原则性、又不能以原则性束缚灵活性。这些重要论述，都生动地体现了辩证法的全面性。全面深化改革要十分重视抓落实。制定出一个好文件，只是万里长征走完了第一步，关键还在于落实文件，要防止徒陈空文，必须有时不我待的紧迫感和夙夜在公的责任意识。一分部署，九分落实。要抓实、再抓实，不抓实，再好的蓝图只能是一纸空文，再近的目标只能是镜花水月。一定要把中央精神同本部门、本地区、本单位的实际结合起来，使之具体化、项目化、责任化，真正落实到实践、落实到基层、落实到群众、落实到增进人民福祉。以上这些关于加强顶层设计、处理好重大关系和认真抓落实等的重要论述，都是对马克思主义哲学世界观和方法论的创造性运用，对于全面深化改革具有重大现实指导意义。

（四）学习和运用马克思主义哲学是培育和弘扬社会主义核心价值观的需要

有什么样的世界观、历史观，就有什么样的人生观、价值观。一个社会的核心价值观，体现的是这个社会的根本价值追求和判断是非得失的根本价值标准。党的十八大提出"三个倡导"的社会主义核心价值观，即倡导富强、民主、文明、和谐，倡导自由、平等、公正、法治，倡导爱国、敬业、诚信、友善，这三个层面、24个字的价值观，系统回答了我们要建设一个什么样的国家、建设一个什么样的社会、培育什么样的公民的基本要求，体现了社会主义制度在思想和精神层面的质的规定性，凝结着社会主义先进文化的精髓，是中国特色社会主义道路、理论体系和制度的价值表达。习近平总书记指出："我们要从巩固全党全国各族人民团结奋斗的共同思想基础、巩固党的执政地位的战略高度，持续加强社会主义核心价值体系建设，把培育和弘扬社会主义核心价值观作为凝魂聚气、强基固本的基础工程，作为一项根本任务，切实抓紧抓好。"在这一过程中，学习和掌握马克思主义哲学世界观，正确处理主体与客体的关系，认知与价值的关系，人与自然的关系，人与社会的关系，人与人的关系，知与行的关系，等等，具有决定性的意义。

三、学习和运用马克思主义哲学要在掌握基本原理和方法论上下功夫

马克思主义的世界观和方法论是有机统一的。学习和掌握正确的世界观和正确的方法论，始终是马克思主义政党思想建设的重大任务。我们学习和运用马克思主义哲学，一定要在掌握基本原理和方法论上下功夫。

（一）学习唯物主义基本原理，正确发挥主体能动性

马克思主义哲学是唯物主义哲学，在哲学基本问题的回答上，同旧唯物主义在方向上是一致的，即都主张物质第一性、意识第二性。但是，旧唯物主义有一个致命的弱点，就是不了解实践在历史和认识中的作用，是直观的唯物主义。马克思主义哲学把实践的观点引入唯物主义，是实践的唯物主义，它认为，实践是人的存在方式，是社会存在和发展的基础，是认识发生和发展的基础，社会生活在本质上是实践的，人们的任务不仅是说明世界，更重要的是改变世界，而且只有在改变世界中才能正确地说明世界。从这个意义上说，实践观点是马克思主义哲学的核心观点。马克思主义哲学的根本任务，就是研究实践活动的一般规律，推动实践的科学发展，达到改造世界的实践目的，最终实现工人阶级和人类解放。

实践活动能否成功，关键在于是否正确处理实践主体与客体的关系。在二者关系中，主体居于主导地位，客体居于基础地位；主体是能动方面，客体是受动方面。主体能动地改造、认识、评价客体，而这种能动的主体活动又是以客体的存在和状况为基础的。

毛泽东同志在《论持久战》中对主体的能动性作了经典表述。他说："一切事情是要人做的，持久战和最后胜利没有人做就不会出现。做就必须先有人根据客观事实，引出思想、道理、意见，提出计划、方针、政策、战略、战术，方能做得好。思想等等是主观的东西，做或行动是主观见之于客观的东西，都是人类特殊的能动性。这种能动性，我们名之曰'自觉的能动性'，是人之所以区别于物的特点。"① 这里实际上把主体能动性归结为三个方面：第一，从事实引出思想、道理、意见，确定事物"是什么""不是什么"，即认识事物的本质和规律，我们称之为"认识理性"。认识理性的形成是主体能动活动的结果——首先，它是在能动地改造世界的实践基础上形成的；其次，它是主体对信息进行选择后形成的；最后，它是对选择来的信息进行思维加工后形成的。第二，根据认识理性和主体的价值追求，决定主体对待客体的态度，确定主体"应当做什么"和"应当怎样做"，即提出计划、方针、政策、战略、战术等，我们称之为"实践理性"。实践理性更加充分地表明了主体的能动性——预见性和创造性。第三，"使主观见之于客观"，即做或行动。通过做或行动，把实践理性变为现实，达到改造世界的预期目的。以上三个方面——认识理性、实践理性、实践活动，是主体能动性三个相互联系、缺一不可的重要环节。

正因为主体具有能动性，所以主体状况如何，对于人们正确认识客体和改造客体，具有十分重大的意义。例如，政治立场是否正确，思维方式是否科学，实践经验是否丰富，知识结构是否

① 《毛泽东选集》第二卷，人民出版社 1991 年版，第 477 页。

合理，等等，都制约着人们的认识能力和实践能力。我们强调，在改造客观世界的同时要自觉地改造主观世界，道理就在于此。

主体能动性有正确与错误之分，界限在于它是否符合客体的实际状况和发展规律。毛泽东同志说："一切根据和符合于客观事实的思想是正确的思想，一切根据于正确思想的做或行动是正确的行动。我们必须发扬这样的思想和行动，必须发扬这种自觉的能动性。"而一切违背客观实际的思想和行动，都是错误的能动性或者叫主观盲目性。这种能动性发挥得越充分、越彻底，在实践中所遭受的挫折和失败也就越加严重。忽视主体能动性，在困难和问题面前无所作为，认为这也不可能、那也办不到，是错误的；无视客观规律和客观条件，主观蛮干，片面夸大主观意志和主观力的作用，也是错误的。我们必须反对这两种错误倾向，尊重唯物主义基本原理，尊重自然规律、经济规律、社会规律，正确发挥主体能动性。

（二）学习辩证法的基本原理，提高辩证思维、创新思维和战略思维能力

马克思主义的唯物主义是辩证的唯物主义，唯物主义和辩证法融为一体、不可分割。世界是物质的，这是唯物主义；世界又是普遍联系和永恒发展的，这是辩证法。二者的统一，才是对世界本来面目的正确反映。正确发挥主体能动性，不仅要尊重唯物论，而且要尊重辩证法，不断提高辩证思维、创新思维和战略思维能力。

1945 年 2 月 15 日，毛泽东同志在中共中央党校作报告，说："邓小平同志讲，事情怎样办？照辩证法办事。我赞成他的话。"1957 年 1 月 27 日，毛泽东同志在省市自治区党委书记会议

上的讲话，又一次提到邓小平同志这句话，他说："要照辩证法办事。这是邓小平同志讲的。我看，全党都要学习辩证法，提倡照辩证法办事。"可见，毛泽东同志对邓小平同志这句话印象之深，在他心里这句话分量之重。

照辩证法办事，最根本的是照对立统一规律办事。对立统一是辩证法的实质和核心，是辩证法的根本规律，不懂得它就不懂得辩证法、不懂得整个马克思主义哲学。辩证法的基本规律和基本范畴都是对立统一规律的具体展开；马克思主义的自然观、历史观、认识论、价值论都体现着对立统一规律。对立统一既是世界观，也是方法论。我们应当学会在对立中把握统一、又在统一中把握对立，反对肯定一切、否定一切、非此即彼的形而上学。总结经验、观察形势、制定政策、处理问题、看人看事，都要讲两句话，反对片面性。例如，既要讲坚持马克思主义，又要讲发展马克思主义，少了哪一句都不是马克思主义；既要讲反对平均主义，又要讲反对两极分化，少了哪一句都不是社会主义；既要讲金山银山，又要讲绿水青山，少了哪一句都不是科学发展观。在举什么旗、走什么路的问题上，我们既不走封闭僵化的老路，也不走改旗易帜的邪路，坚定不移走中国特色社会主义道路。在工作指导上，我们要善用"底线思维"，凡事从坏处准备，努力争取最好的结果，做到有备无患，遇事不慌，牢牢把握工作的主动权。在学习贯彻党的十八届三中全会精神时，我们既要充分发挥市场在资源配置中的决定性作用，又要更好发挥政府作用；既要做好做大蛋糕，又要分好蛋糕；既要积极发展混合所有制经济，又要推动国有企业完善现代企业制度；既要允许农村集体土地有序流转，又要长期稳定农村家庭联产承包责任制。

照辩证法办事，要有发展的观点，不断提高创新能力。事物不但作为矛盾而存在，而且作为过程而存在。世界不是一成不变的事物的集合体，而是过程的集合体，新陈代谢是宇宙的普遍规律。人们总得有所发现、有所发明、有所创造、有所前进。创新是一个民族进步的灵魂，是国家兴旺发达的不竭动力，与时俱进是马克思主义的理论品质，我们要在实践创新的基础上不断进行理论创新、体制创新、科技创新和各方面创新。要用发展的观点坚持马克思主义、坚持社会主义，今天我们对社会主义的认识、对中国特色社会主义规律的把握达到了前所未有的新高度，这一点不容置疑；同时应清醒地看到，我国社会主义还处在初级阶段，我们还面临很多没有弄清楚的问题和待解的难题，对许多重大问题的认识和处理还在不断深化的过程中，这一点也不容置疑。我们搞社会主义才几十年，对它的认识和把握是比较有限的，必须重视研究新情况、解决新问题，在实践中不断开辟认识真理的道路。国际经济竞争乃至综合国力竞争，说到底就是创新能力的竞争，谁能在创新上下先手棋，谁就能掌握主动。我们要大力实施创新驱动发展战略，加快完善创新机制，全方位推进科技创新、企业创新、产品创新、市场创新、品牌创新。

照辩证法办事，要有全局观点，不断提高战略思维能力。事物不但作为矛盾而存在、作为过程而存在，而且作为系统而存在。作为系统，它包含诸多要素；作为过程，它包含诸多阶段。事物的全局，就是由诸多要素和诸多阶段所构成的有机整体。相对于全局来说，各个要素、各个阶段都是局部。战略思维就是关于实践活动的全局性思维，它的任务就是通过正确处理各种要素、各个阶段之间的关系达到实践整体和长远的最佳效果。所以，我们在实践活动中，必须高瞻远瞩、总揽全局，抓住重点又统筹兼顾，立足当前又放眼长远，熟悉国情又了解世界。心胸要非常开阔，眼界要非常开阔，不能只见树木、不见森林，不能急功近利、鼠目寸光。要提高战略思维能力。不谋全局者，不足以谋一域，全面深化改革要有统筹谋划，提出改革的战略目标、战略重点、优先顺序、主攻方向、工作机制、推进方式，提出改革总体方案、路线图、时间表，要善于观大势、谋大事；"宣传思想工作一定要把围绕中心、服务大局作为基本职责，胸怀大局、把握大势、着眼大事，找准工作切入点和着力点，做到因势而谋、应势而动、顺势而为"；国家安全工作"必须坚持总体国家安全观，以人民安全为宗旨，以政治安全为根本，以经济安全为基础，以军事、文化、社会安全为保障，以促进国际安全为依托，走出一条中国特色国家安全道路"；各级干部要放眼全球、放眼全国，不断提高战略思维、战略把握、战略运作能力，谋发展、创业绩，不仅争国内一流，而且敢于到国际上去比较、去竞争；"每位同志都要从做好整体工作出发，找准本职工作在全局中的位置，增强工作合力，做到全党一盘棋、全国一盘棋"。

（三）学习认识论的基本原理，坚持"解放思想、实事求是"的思想路线

实践的观点是马克思主义认识论的首要的基本的观点。实践是认识的基础，即实践是认识的来源、认识发展的动力、检验认识是否正确的标准和认识的最终目的。实践、认识、再实践、再认识，这种形式，循环往复以至无穷，而实践和认识之每一循环的内容，都比较地进到了高一级的程度。这就是辩证唯物主义的

全部认识论，辩证唯物论的知行统一观。

把马克思主义认识论运用于指导实际工作，毛泽东同志为我们党确立了实事求是的思想路线。在改革开放的新时期，邓小平同志强调，坚持实事求是必须解放思想。党的十四大报告指出："解放思想，实事求是，是建设中国特色社会主义理论的精髓。"所谓精髓，就是贯穿一切的东西，它贯穿于建设中国特色社会主义的各方面，又贯穿于建设中国特色社会主义的全过程，是我们必须永远坚持的马克思主义的科学思想路线。

坚持党的思想路线，必须坚持一切从实际出发。这就要重视调查研究。习近平总书记指出："调查研究是谋事之基、成事之道。"没有调查就没有发言权，更没有决策权。指导改革开放和现代化建设这样一项前无古人的复杂、艰巨事业，闭门造车不行，刻舟求剑不行，异想天开不行，必须进行周密系统的调查研究，了解国情、党情、世情，了解人民的需要、经验和创造，了解实际生活中的矛盾和问题，从中引出必要的结论，作出符合实际和人民需要的决策。"实际"十分复杂，要分清现象和本质，透过现象抓住本质；分清支流和主流，抓住主流不忘支流；分清偶然和必然，透过偶然抓住必然。列宁说，要坚持"观察的客观性"，但"客观性"不是实例、不是枝节之论，而是"自在之物"本身。

坚持党的思想路线，必须坚持理论与实践的统一。理论与实践的统一，是马克思主义的一个最基本的原则。脱离实践的理论，是空洞的理论；脱离理论的实践，是盲目的实践。马克思主义为我们的实践指明了方向，提供了基本原则、基本方法，因而十分重要，但它没有给我们提供解决各种具体问题的具体方案，马克思主义的一般原理必须同本国具体实践相结合，形成符合本国实际的具体理论。恩格斯在 1888 年为《共产党宣言》英文版所写的序言中说："这些原理的实际运用……随时随地都要以当时的历史条件为转移。"列宁说，马克思的理论"提供的只是总的指导原理，而这些原理的应用具体地说，在英国不同于法国，在法国不同于德国，在德国又不同于俄国"。在中国，既不同于欧美也不同于俄国，必须把马克思主义中国化。中国特殊的历史文化、特殊的国情、特殊的历史课题和历史命运，决定中国无论搞革命还是搞建设，都只能走自己的道路。过去不能搞全盘苏化，现在也不能搞全盘西化或者其他什么化。一个国家实行什么样的主义，关键要看这个主义能否解决这个国家面临的历史性课题。鞋子合不合脚，自己穿了才知道，一个国家的发展道路合不合适，只有这个国家的人民才有发言权。我们必须坚定不移地走中国特色社会主义道路。

坚持党的思想路线，必须坚持解放思想。解放思想就是实事求是，就是在马克思主义指导下打破习惯势力和主观偏见的束缚，研究新情况、解决新问题。我们尊重本本，但决不搞本本主义；我们尊重别人的经验，但决不照搬别人的经验；我们尊重自己的经验，但决不固执己见。对一切都要加以分析，都要根据实践标准、人民利益标准去加以检验，看其是否真有道理、有几分道理，择其是者而从之，其不是者不从之。习近平总书记指出："冲破思想观念的障碍，突破利益固化的藩篱，解放思想是首要的。"他特别强调，在当前全面深化改革的实践中，一些思想观念的障碍往往不是来自体制外，而是来自体制内。思想不解放，我们就很难看清各种利益固化的症结所在，很难找准突破的方向和着力点，很难做出创造性的改革举措。因此，一定要有自我革新的勇气和胸怀，跳出条条框框的限制，克服部门利益掣肘，以积极主动精神研究和提出全面深化改革的具体措施。搞改革，现有的工作格局和体制运行不可能一点都不打破，不可能都是四平八稳、没有任何风险，只要经过充分论证和评估，只要符合实际，必须做的就要大胆去做，在实践中不断总结经验、坚持真理、修正错误。

（四）学习历史唯物主义基本原理，增强贯彻执行党的基本路线和群众路线的自觉性

历史唯物主义是马克思主义哲学不可分割的重要组成部分，它的创立是人类哲学思想史上的伟大革命，它破天荒地指出，不是社会意识决定社会存在，而是社会存在决定社会意识，研究社会历史必须研究社会物质生活条件，并从这些物质生活条件中找出相应的政治、法律、美学、宗教、哲学等观点，这样，唯心主义就从它最后的隐蔽所——社会历史领域被驱逐出去了，如同达尔文发现了有机界的规律一样，马克思发现了人类社会发展规律。历史观的这种深刻革命，为社会历史研究和社会历史活动指明了方向，提供了"唯一科学的"说明历史的方法。

坚持历史唯物主义，必须深刻认识中国国情，牢记党在社会主义初级阶段的基本路线。讲社会存在，当代中国最大的社会存在就是中国处于并将长期处于社会主义初级阶段。这是基本国情。经过改革开放和现代化建设，我国的国情发生了重大变化，但是中国处于并将长期处于社会主义初级阶段的基本国情没有变，我国是世界最大发展中国家的国际地位没有变。社会主义初级阶段是当代中国的最大国情、最大实际，我们在任何情况下都

要牢牢把握这个最大国情。不仅在经济建设中要始终立足初级阶段，而且在政治建设、文化建设、社会建设、生态文明建设中也要始终牢记初级阶段；不仅在经济总量低时要立足初级阶段，而且在经济总量提高后仍然要牢记初级阶段；不仅在谋划长远发展时要立足初级阶段，而且在日常生活中也要牢记初级阶段。党在社会主义初级阶段的基本路线是党和国家的生命线、人民的幸福线。我们在实践中要始终坚持"一个中心、两个基本点"不动摇，既不偏离"一个中心"，也不偏废"两个基本点"，把践行中国特色社会主义共同理想和坚定共产主义远大理想统一起来，坚决抵制抛弃社会主义的各种错误主张，自觉纠正超越阶段的错误观念和政策措施。只有这样，才能做到既不妄自菲薄，也不妄自尊大，扎扎实实夺取中国特色社会主义新胜利。

坚持历史唯物主义，必须深刻理解社会主义社会的基本矛盾，牢牢把握"五位一体"的总体布局和改革布局。历史唯物主义认为，生产力和生产关系、经济基础和上层建筑相互作用、相互制约，支配着整个社会发展过程。生产关系一定要适合生产力的状况，上层建筑一定要适合经济基础状况，它们的共同作用构成整个社会的矛盾运动。只有把生产力和生产关系的矛盾运动同经济基础和上层建筑的矛盾运动结合起来观察，把社会基本矛盾作为一个整体来观察，才能全面把握整个社会的基本面貌和发展方向。由此出发，我们的建设和改革都必然涉及生产力、生产关系（经济基础）、上层建筑三个领域。我们的建设是以经济建设为中心，包括经济、政治、文化、社会、生态文明"五位一体"的全面建设；我们的改革也必然是以经济体制改革为重点，包括经济体制、政治体制、文化体制、社会体制、生态文明体制"五位一体"的全面改革。全面建成小康社会和全面深化改革，都是社会基本矛盾运动的必然要求。

坚持历史唯物主义，必须牢固树立群众观点，自觉践行党的群众路线。群众观点是历史唯物主义的基本观点，它同"英雄史观"是根本对立的。中国共产党人把马克思主义的群众观点创造性地运用于领导工作，形成了"一切为了群众，一切依靠群众，从群众中来，到群众中去"的群众路线，集中体现了我们党的历史观、价值观和领导工作认识论。习近平总书记指出："群众路线是我们党的生命线和根本工作路线。"① 一切为了群众，是我们党的根本宗旨、执政的根本理念、发展的根本目的、改革的根本原则；一切依靠群众，是我们党的力量之源、胜利之本；从群众中来，到群众中去，是我们党领导群众的根本方法，也是领导工作的认识论。离开了人民群众，我们的一切奋斗都变得毫无意义；离开了人民群众，我们就将"失去根基，失去血脉，失去力量"，我们就将一事无成。我们说，要把人民放在心中最高位置，就是要求把人民当作主人，全心全意为人民服务；把人民当作英雄，全心全意依靠人民；把人民当作老师，全心全意向人民学习。党的作风建设必须紧紧抓住党同人民群众的关系这个核心和根本。党的十八大以来，在全党开展的以为民务实清廉为主要内容的党的群众路线教育实践活动，目标十分明确，就是反对脱离群众的形式主义、官僚主义、享乐主义和奢靡之风，其实质是对待人民群众的态度问题，是历史观的问题。只有从这样的高度认识问题，我们才能真正解决作风问题。

① 《习近平谈治国理政》第一卷，外文出版社 2018 年版，第 365 页。

坚定不移高举中国特色社会主义伟大旗帜[*]

习近平总书记在省部级主要领导干部"学习习近平总书记重要讲话精神，迎接党的十九大"专题研讨班开班式上指出："中国特色社会主义是改革开放以来党的全部理论和实践的主题，全党必须高举中国特色社会主义伟大旗帜，牢固树立中国特色社会主义道路自信、理论自信、制度自信、文化自信，确保党和国家事业始终沿着正确方向胜利前进。"旗帜就是方向，旗帜就是形象，旗帜决定命运。党的十八大以来，在这个根本问题上，我们党立场坚定，旗帜鲜明地向世人昭告：我们将坚定不移高举中国特色社会主义伟大旗帜，为实现"两个一百年"奋斗目标和中华民族伟大复兴的中国梦而不懈奋斗。

——————————
* 本文原载于《学习时报》2017 年 8 月 2 日。

一、"建设有中国特色的社会主义"是我们总结长期历史经验得出的基本结论

毛泽东同志深刻总结中国革命"两次胜利、两次失败"的经验教训，强调必须把马克思列宁主义普遍真理同中国革命的具体实践结合起来，走出一条具有中国特色的民主革命道路。1941 年 5 月，他在《改造我们的学习》的报告中说："中国共产党的二十年，就是马克思列宁主义的普遍真理和中国革命的具体实践日益结合的二十年。"这个"结合"的理论成果，就是毛泽东思想。经过延安整风，到 1945 年党的七大，我们党确立了毛泽东思想在全党的指导地位，举起了毛泽东思想伟大旗帜。正是在这面旗帜的指引下，中国革命凯歌前进，很快取得了民主革命的最后胜利，在 1949 年建立起中华人民共和国，进而开创出一条具有中国特色的社会主义改造道路，在 1956 年建立起社会主义制度，为实现我国的现代化奠定了制度基础，提供了政治保证。

党的十一届三中全会深刻总结我国社会主义胜利的历史经验和遭受挫折的历史教训，开创了我国社会主义建设的新道路。1982 年 9 月 1 日，邓小平同志在党的十二大开幕词中，对这条新道路作了高度概括和科学总结，指出："我们的现代化建设，必须从中国的实际出发，无论是革命还是建设，都要注意学习和借鉴外国经验。但是，照抄照搬别国经验、别国模式，从来不能得到成功。这方面我们有过不少教训。把马克思主义的普遍真理同我国的具体实际结合起来，走自己的道路，建设有中国特色的社会主义，这就是我们总结长期历史经验得出的基本结论。"从此，

我们的道路更加清晰，我们的方向更加明确，我们的旗帜更加鲜明，这就是：坚定不移地走中国特色社会主义道路。

二、"中国特色社会主义"是党的十二大以来党的历次代表大会报告的主题词

自从邓小平同志在党的十二大开幕词中提出"建设有中国特色的社会主义"这个崭新的科学命题以后，从党的十三大开始，一直到党的十八大，6 次代表大会报告的主题词都是"中国特色社会主义"。这从大会报告的标题就可以看出来。党的十三大报告的题目是《沿着有中国特色的社会主义道路前进》，党的十四大报告的题目是《加快改革开放和现代化建设的步伐　夺取有中国特色社会主义事业的更大胜利》，党的十五大报告的题目是《高举邓小平理论伟大旗帜，把建设有中国特色社会主义事业全面推向二十一世纪》，党的十六大报告的题目是《全面建设小康社会，开创中国特色社会主义事业新局面》，党的十七大报告的题目是《高举中国特色社会主义伟大旗帜　为夺取全面建设小康社会新胜利而奋斗》，党的十八大报告的题目是《坚定不移沿着中国特色社会主义道路前进　为全面建成小康社会而奋斗》。

上述报告对中国特色社会主义的形成和发展、历史地位和指导意义，以及建设中国特色社会主义的改革和发展任务，作了集中、全面、深刻的阐述，充分体现了"坚持和发展中国特色社会主义"这个当代中国发展进步的根本方向。正如党的十八大报告所总结的："在改革开放三十多年一以贯之的接力探索中，我们

坚定不移高举中国特色社会主义伟大旗帜，既不走封闭僵化的老路、也不走改旗易帜的邪路。中国特色社会主义道路，中国特色社会主义理论体系，中国特色社会主义制度，是党和人民九十多年奋斗、创造、积累的根本成就，必须倍加珍惜、始终坚持、不断发展。"

三、党的十八大以来我们党领导人民续写了坚持和发展中国特色社会主义新篇章

党的十八大以来，习近平总书记发表系列重要讲话，主题就是坚持和发展中国特色社会主义。习近平总书记指出："坚持和发展中国特色社会主义是一篇大文章，邓小平同志为它确定了基本思路和基本原则，以江泽民同志为核心的党的第三代中央领导集体、以胡锦涛同志为总书记的党中央在这篇大文章上都写下了精彩的篇章。现在我们这一代共产党人的任务，就是继续把这篇大文章写下去。"

坚持和发展中国特色社会主义是贯穿党的十八大报告的一条主线。我们要紧紧抓住这条主线，把坚持和发展中国特色社会主义作为学习贯彻党的十八大精神的聚焦点、着力点、落脚点。"实践充分证明，中国特色社会主义是中国共产党和中国人民团结的旗帜、奋进的旗帜、胜利的旗帜。"我们必须坚定对中国特色社会主义的道路自信、理论自信、制度自信和文化自信。

中国特色社会主义是社会主义而不是其他什么主义，科学社会主义基本原则不能丢，丢了就不是社会主义。在这个根本问题上，我们必须有很强的战略定力，既不走封闭僵化的老路，也不

走改旗易帜的邪路，坚定不移走中国特色社会主义道路。

中国特色社会主义是植根于中国大地、反映中国人民意愿，适应中国和时代发展进步要求的科学社会主义，是科学社会主义的新版本，我们必须在实践中不断丰富其实践特色、理论特色、民族特色、时代特色，不断推进理论创新、实践创新、制度创新，世界上既没有放之四海而皆准的发展模式，也没有一成不变的发展道路。我们对社会主义的认识，对中国特色社会主义规律的把握，达到了前所未有的新高度，这一点不容置疑；同时，我们也应当清醒地看到，我们的社会主义还处于初级阶段，我们还面临很多没有弄清楚的问题和待解的难题，对许多重大问题的认识和处理还处在不断深化的过程当中，这一点也不容置疑。我们必须坚持与时俱进的科学态度，坚持实践是检验真理的唯一标准，坚持"逢山开路、遇河架桥"的开拓进取精神，把21世纪的中国马克思主义不断推向前进。

党的十八大以来，以习近平同志为核心的党中央，不负全党和全国人民的重托，带领全国人民继续前进。在全面建成小康社会的决胜阶段和全面深化改革的关键时期，攻坚克难，锐意创新，围绕坚持和发展中国特色社会主义这个主题，提出一系列新理念新思想新战略，例如：关于实现中华民族伟大复兴中国梦的论述，关于协调推进"四个全面"战略布局的论述，关于我国经济发展新常态和创新、协调、绿色、开放、共享新发展理念的论述，关于推进国家治理体系和治理能力现代化的论述，关于用社会主义核心价值观凝心聚力的论述，关于全面推进国防和军队建设的论述，关于推动构建以合作共赢为核心的新型国际关系的论述，关于全面从严治党和反腐败斗争的论述，等等。有力开创了中国特色社会主义伟大事业和党的建设新的伟大工程的新局面，进一步丰富和发展了中国特色社会主义理论体系，把当代中国马克思主义推进到一个新阶段。

四、坚持当代中国发展进步的根本方向

旗帜就是方向。坚定不移高举中国特色社会主义伟大旗帜，就是坚持当代中国发展进步的根本方向。习近平总书记指出，"历史和现实都告诉我们，只有社会主义才能救中国，只有中国特色社会主义才能发展中国"。

坚持当代中国发展进步的根本方向，必须坚持"解放思想，实事求是"的思想路线。这是中国特色社会主义理论的精髓，它贯穿于中国特色社会主义的各方面和发展的全过程。实事求是是马克思主义的根本观点、根本方法，是正确处理一切问题的"总开关"。坚持实事求是，就能兴党兴国；违背实事求是，就会误党误国。坚持实事求是，必须解放思想，客观实际是不断发展变化的，我们对客观事物及其规律的认识是不断深化的，实事求是永无止境，解放思想也永无止境。习近平总书记指出，在新的时代条件下，我们要进行伟大斗争、建设伟大工程、推进伟大事业、实现伟大梦想，仍然需要保持和发扬马克思主义政党与时俱进的理论品格，勇于推进实践基础上的理论创新。这是我们事业兴旺发达的成功之道，也是理论创新的必由之路。

坚持当代中国发展进步的根本方向，必须坚持"一个中心、两个基本点"的基本路线。这是党的总路线，国家的生命线，人民的幸福线。习近平总书记强调："我们要坚持把以经济建设为

中心作为兴国之要、把四项基本原则作为立国之本、把改革开放作为强国之路，不能有丝毫动摇。"既不偏离经济建设这个中心，也不偏废四项基本原则和改革开放两个基本点，反对任何一种离开这条基本路线的错误倾向。在这个重大原则问题上，我们必须立场坚定，旗帜鲜明，始终保持清醒的政治头脑，不为任何风险所惧，不为任何干扰所惑。

坚持当代中国发展进步的根本方向，必须坚持"一切为了群众，一切依靠群众，从群众中来，到群众中去"这条党的根本工作路线。这是我们党的生命线和最大政治优势，集中体现了我们党的历史观、价值观和领导工作认识论。一切为了群众，是我们党的根本宗旨、执政的根本理念、发展的根本目的、改革的根本原则；一切依靠群众，是我们党的力量之源、胜利之本；从群众中来、到群众中去，是我们党领导群众的根本方法。离开了人民，我们的一切奋斗都变得毫无意义；离开了人民，我们就将"失去根基，失去血脉，失去力量"，我们就将一事无成。我们要牢牢把握我国发展的阶段性特征，牢牢把握人民群众对美好生活的向往，坚持把人民放在心中最高位置，真正把人民当主人，全心全意为人民服务；真正把人民当英雄，全心全意依靠人民；真正把人民当老师，全心全意向人民学习。这是中国特色社会主义事业不断取得胜利的根本保证。

独立探索中国社会主义建设道路的伟大开端*

　　中华人民共和国成立后，中国共产党领导人民继续完成新民主主义革命的遗留任务，迅速恢复国民经济，进而完成了对生产资料私有制的社会主义改造，开启了我国社会主义建设的伟大历史进程。在中国这样一个原来经济文化落后的大国，如何建设社会主义，是一项崭新的事业，没有前例可循，我们只能在马克思主义一般原理的指导下，从中国实际出发，独立探索适合中国国情的建设社会主义道路。1956 年 4 月 25 日毛泽东同志发表的《论十大关系》讲话，就是我们党进行这种独立探索的伟大开端，也是我们党在新的历史条件下进行战略思维的一个杰出范例。

---

* 本文系《中国共产党人的战略思维》一书中的一章，中国社会科学出版社 2018
  年版。

一、《论十大关系》通篇贯穿"以苏为戒"的战略思想

毛泽东同志在《论十大关系》中明确提出："最近苏联方面暴露了他们在建设社会主义过程中的一些缺点和错误，他们走过的弯路，你还想走？过去我们就是鉴于他们的经验教训，少走了一些弯路，现在当然更要引以为戒。"1958 年 5 月 18 日，毛泽东同志在党的八大二次会议各代表团团长会议上的讲话中又说："十大关系的基本观点，就是同苏联作比较。除了苏联办法之外，是否可以找到别的办法，比苏联、东欧各国搞得更快更好。"可以说，"以苏为戒"是贯穿《论十大关系》全篇的重要战略思想。

苏联是世界上第一个社会主义国家。十月革命胜利后，苏共围绕在经济文化落后国家如何建设社会主义的问题进行了艰辛探索。有成功的经验，也有遭受挫折的教训。

列宁总结俄国十月革命初期的经验教训，实现了从战时共产主义到新经济政策的转变。用粮食税代替余粮收集制；开放国内市场，实行自由贸易；恢复发展中小私营企业；利用外国资本和技术发展国民经济等。迅速促进了国民经济的恢复和发展，改善了工农关系，巩固了新生的苏维埃政权。

列宁逝世后，斯大林领导苏共继续探索社会主义建设道路，实现了国家工业化和农业集体化，将苏联这个落后的农业国变成了先进的工业国。在取得重大成就的同时，也出现了许多问题，犯了许多错误，使社会主义制度的优越性没有得到充分发挥。斯大林逝世后，矛盾充分暴露出来，苏共二十大揭开了盖子，在苏联和国际共产主义运动中引起极大思想混乱和剧烈政治动荡。

正是在这种情况下，中国开始了大规模社会主义建设。怎样建设社会主义，怎样对待苏联经验，这一重大历史课题鲜明地提到中国共产党人面前。毛泽东同志的探索正是从这里开始的。"以苏为戒"的战略思想不但在导语中鲜明地提了出来，而且在各个部分中都体现了这一精神。例如：

关于重工业和农业、轻工业的关系。他说："在处理重工业和轻工业、农业的关系上，我们没有犯原则性的错误。我们比苏联和一些东欧国家作得好些。像苏联的粮食产量长期达不到革命前最高水平的问题，像一些东欧国家由于轻重工业发展太不平衡而产生的严重问题，我们这里是不存在的。他们片面地注重重工业，忽视农业和轻工业，因而市场上的货物不够，货币不稳定。我们对于农业、轻工业是比较注重的。"毛泽东同志在这里实际上提出了一个产业结构问题。这是很有战略眼光的。产业结构既是经济问题，也是政治问题，产业结构不合理不仅会阻碍经济的发展，而且会影响人民生活的改善和社会生活的稳定，最终会影响社会主义制度优越性的发挥。

关于国家、生产单位和生产者个人的关系。他说："鉴于苏联和我们自己的经验，今后务必更好地解决这个问题。"他特别讲到同农民的关系，认为我们同农民的关系历来都是好的。苏联则不同，"苏联的办法把农民挖得很苦。他们采取所谓义务交售制等项办法，把农民生产的东西拿走太多，给的代价又极低。他们这样来积累资金，使农民的生产积极性受到极大的损害"，"我们对农民的政策不是苏联的那种政策，而是兼顾国家和农民的利益。我们的农业税历来比较轻。工农业品的交换，我们是采取缩小剪刀差，等价交换或者近乎等价交换的政策"。

关于中央和地方的关系。他说："我们不能像苏联那样，把什么都集中到中央，把地方卡得死死的，一点机动权也没有。"

关于汉族和少数民族的关系。他说："在苏联，俄罗斯民族同少数民族的关系很不正常，我们应当接受这个教训。"

关于党和非党的关系。他说："究竟是一个党好，还是几个党好？现在看来，恐怕是几个党好"，"在这一点上，我们和苏联不同"。

关于中国和外国的关系。他说："我们提出向外国学习的口号，我想是提得对的。现在有些国家的领导人就不愿意提，甚至不敢提这个口号。这是要有一点勇气的，就是要把戏台上的那个架子放下来。"这里所指，不言自明。后边接着说的话就直截了当了："苏联和我们不同，一、沙皇俄国是帝国主义，二、后来又有了一个十月革命。所以许多苏联人很骄傲，尾巴翘得很高。"

以上对苏联教训的分析，涉及的领域相当广泛，包括产业关系，工农关系，国家、集体、个人关系，中央和地方关系，民族关系，政党关系，本国和外国的关系，等等，处处体现了独立自主精神。

独立自主，是毛泽东思想活的灵魂之一。早在 1930 年《反对本本主义》一文中，毛泽东同志就指出："中国革命斗争的胜利要靠中国同志了解中国情况。"这是独立自主思想的最初明确表述。正是靠独立自主的精神，我们将马克思列宁主义普遍真理同中国实际相结合，走出了一条具有中国特色的革命道路，取得了中国革命的完全胜利。建设社会主义同样要坚持独立自主的原则。毫无疑问，一切外国好的东西我们都要学习，闭关自守只能导致落后。但学习必须结合自己的实际，有分析地学习，不能一切照搬。在《论十大关系》中，他说，对苏联和其他社会主义国家的经验，一定要有分析地学习，不能一切照搬。过去有人因为苏联是设电影部、文化局，我们是设文化部、电影局，就说我们犯了原则错误。他们没有料到，苏联不久也改设文化部，和我们一样。所以，对一切都要分析，学习外国也要有分析。无论搞革命，还是搞建设，都要坚持独立自主，增强民族自信心，走适合自己情况的正确道路。

二、深入系统调查研究基础上的战略谋划

以毛泽东同志为主要代表的中国共产党人对于中国社会主义建设道路的探索，是从深入系统的调查研究开始的。《论十大关系》就是这些调查研究的主要成果。毛泽东同志后来回忆说："那个十大关系怎么出来的呢？我在北京经过一个半月，每天谈一个部，找了 34 个部的同志谈话，逐渐形成了那个十条。如果没有那些人谈话，那个十大关系怎么会形成呢？不可能形成。"

毛泽东同志的调查研究，从 1956 年 2 月 14 日开始，到 4 月 24 日结束，共听取了国务院 34 个部门的工作汇报，还有国家计委关于第二个五年计划的汇报，实际听汇报的时间为 43 天。那是十分紧张疲劳的 43 个日日夜夜，用毛泽东同志自己的话说，几乎每天都是"床上地下，地下床上"。每天一起床，就开始听汇报，每次都是四五个小时。事先看书面材料，汇报过程中边听、边议，不断插话，提出问题，发表意见，进行评论。为了增加对工业建设的感性认识，从 4 月 12 日到 17 日这 6 天毛泽东同志又参观了设在中南海的机械工业展览，每天下午参观，少则一

两个小时，多则三个小时，看得十分认真，有时不满足讲解员的解说，还叫人找一些有关图书和资料作进一步研究。

调查研究的过程，是一个不断思考、总结、提炼、概括的过程。1956年4月19日，毛泽东同志把思考中的问题归纳为三个关系，他说："三个关系必须很好地解决，即：沿海与内地的关系，轻工业与重工业的关系，个人与集体的关系。真想建设内地，就必须充分利用沿海；真想建设重工业，就必须建设轻工业；真想搞好集体所有制（社会主义），就必须搞好个人所得。"4月20日，毛泽东同志进一步把问题归纳为五个关系，他说："除了轻工业与重工业、沿海与内地、个人与集体、地方与中央几个关系，还有经济与国防的关系。"4月24日，毛泽东同志又进一步把问题归纳为"六大矛盾"，即六大关系：第一，轻工业与重工业；第二，沿海与内地；第三，国防、行政与经济、文化；第四，个人与集体；第五，地方与中央；第六，少数民族与汉族。他说："这几个矛盾如果调整得好，工作就会搞得更好些，犯错误也犯在这些矛盾上。如斯大林就在第四个矛盾上犯了错误，东欧兄弟国家在第一个矛盾上犯了错误。"1956年4月25日，毛泽东同志主持中央政治局扩大会议，发表《论十大关系》的讲话，十大关系的思想最终形成。

这次调查研究，是毛泽东同志在中华人民共和国成立后所做的规模最大、时间最长、最富有成效的一次周密系统的调查研究，为我们党从战略上谋划社会主义建设，开辟符合中国实际的建设社会主义道路，总揽社会主义事业全局，奠定了初步基础。这次调查研究和这次讲话，也为开好党的第八次全国代表大会作了思想理论准备。刘少奇同志在党的八大二次会议的工作报告中指出："党中央委员会向第八届全国代表大会第一次会议的工作报告，就是根据毛泽东同志关于处理十大关系的方针政策而提出的。"可以说，十大关系是党的八大报告的纲。

对于中国社会主义建设道路的探索，毛泽东同志持非常谨慎的态度。他曾多次表示，他在社会主义时期的著作究竟行不行，还有待更多实践的检验。1975 年 7 月 13 日，邓小平同志在整理稿送毛泽东同志审阅的报告中说："《论十大关系》稿，已整理好，我看整理得比较成功"，"我们在读改时，一致觉得这篇东西太重要了，对当前和以后，都有很大的针对性和理论指导意义，对国际特别是第三世界的作用也大，所以，我们有这样的想法，希望早日定稿，定稿后即予公开发表，并作为全国学理论的重要文献"。毛泽东同志批示"同意""可以印发政治局同志阅""印发全党讨论"，将来出选集时再公开。1976 年 12 月 26 日，《论十大关系》在《人民日报》首次公开发表，而这时距讲话时间已经 20 年了。

《论十大关系》一文的形成过程，再一次告诉我们，正确的战略决策必须以深入系统的调查研究作基础。没有调查就没有发言权，更没有决策权。毛泽东同志有一个著名的命题——"调查就是解决问题"。他说："你对于那个问题不能解决吗？那末，你就去调查那个问题的现状和它的历史吧！你完完全全调查明白了，你对那个问题就有解决的办法了。"他曾经这样谈自己的体会，说："记得我在一九二〇年，第一次看了考茨基著的《阶级斗争》，陈望道翻译的《共产党宣言》，和一个英国人作的《社会主义史》，我才知道人类自有史以来就有阶级斗争，阶级斗争是社会发展的原动力，初步地得到认识问题的方法论。可是这些书上，并没有中国的湖南、湖北，也没有中国的蒋介石和陈独秀。我只取了它四个字：'阶级斗争'，老老实实地来开始研究实际的阶级斗争。"1927年，他通过对湖南五县的调查，得出农民运动"好得很"而不是什么"糟得很"的科学结论。到了井冈山之后，作了寻乌调查，弄清了富农与地主的问题。后来又作了兴国调查，弄清了贫农与雇农的问题。经过了六七年的时间，才大体搞清了中国农村的阶级关系，从而为制定正确的革命斗争理论、战略与策略，奠定了基础。搞革命是这样，搞建设也是这样。《论十大关系》形成过程中所作的这种大规模调查研究，以及在调查研究过程中所采取的广泛听取意见、深入思考、多方比较（正面反面、国际国内、历史现实）、不断提炼、反复修改的方法，为我们正确进行战略谋划树立了榜样。现在，中国特色社会主义进入新时代，发展和改革呈现一系列阶段性特征，出现一系列新矛盾和新问题；国际形势复杂多变，综合国力竞争和各种力量较量更趋激烈，不确定不稳定因素增多。面对艰巨的历史任务和复杂的国内外形势，我们要提高总揽全局的战略思维能力，必须重视调查研究。这是谋事之基、成事之道，是做好领导工作必须掌握的基本功。

三、社会主义建设辩证法的开山之作

毛泽东同志《论十大关系》一文，立足中国实际，以马克思列宁主义为指导，以调查研究为基础，以苏联经验教训为借鉴，对我国如何建设社会主义进行战略谋划，第一次比较系统地阐明了社会主义建设辩证法，以一系列新思想、新战略丰富了马克思主义理论宝库，对于我们今天建设中国特色社会主义有重大的理论指导意义。

《论十大关系》是社会主义建设辩证法的开山之作。马克思、恩格斯创立了唯物辩证法，深刻阐明了人类社会特别是资本主义社会发展的客观规律，为无产阶级进行社会主义革命指明了方向，提供了正确的战略指导。他们对于未来社会主义社会有许多科学预见，如关于城乡之间、工农之间、体力劳动和脑力劳动之间的差别、矛盾及其解决办法，有许多科学论述。但是，他们毕竟没有生活在这个新社会，不可能提供这方面系统的理论。列宁对社会主义社会的矛盾有过明确的总体论断，他说："对抗和矛盾断然不同。在社会主义下，对抗消灭了，矛盾存在着。"这一论述为研究社会主义社会的矛盾问题指明了方向，但是由于他过早逝世，没有来得及作进一步论述。斯大林在这个问题上发生重大失误，在苏联社会主义制度建立以后，认为政治上道义上的一致是社会主义社会发展的动力，否认社会主义内部存在矛盾，直到他逝世前才吞吞吐吐地说，弄得不好也会发生矛盾。其实，弄得好也会有矛盾，矛盾是普遍存在的，社会主义社会充满矛盾，正是在不断解决矛盾的过程中才使社会主义社会不断向前发展。20世纪 50 年代中期以后，我们党总结国际共产主义运动的经验教训，对社会主义矛盾问题进行深入系统的研究，代表作就是《论十大关系》和《关于正确处理人民内部的矛盾问题》。后者从总体上、理论原则上论述了社会主义社会的基本矛盾、主要矛盾、两类不同性质的矛盾等。《论十大关系》则比较具体地论述了在中国社会主义建设中的十大矛盾，初步形成了一个思想体系，开了社会主义建设辩证法的先河。

十大关系，就是十大矛盾。正确处理这十大矛盾，都是围绕一个基本战略方针——把国内外一切积极因素调动起来，为社会主义服务。过去为了结束帝国主义、封建主义、官僚资本主义的统治，为了人民民主革命的胜利，我们就实行了调动一切积极因素的方针，现在为了进行社会主义革命，建设社会主义国家，同样也要实行这个方针。贯彻这一方针，就要有针对性地解决事关社会主义建设全局的重大问题。毛泽东同志在讲话中说："什么是国内外的积极因素？在国内，工人和农民是基本力量。中间势力是可以争取的力量。反动势力虽是一种消极因素，但是我们仍然要作好工作，尽量争取化消极因素为积极因素。在国际上，一切可以团结的力量都要团结，不中立的可以争取为中立，反动的也可以分化和利用。总之，我们要调动一切直接的和间接的力量，为把我国建设成为一个强大的社会主义国家而奋斗。"这就是贯穿讲话全文的主旨，也就是我们要坚持的基本战略方针。

　　为了实现这样一个战略方针，需要正确处理事关全局的重大战略问题，毛泽东同志认为有十大关系。这十大关系并不是平列的，而是有重点的。1958年，毛泽东同志在成都会议上说："在十大关系中，工业和农业，沿海和内地，中央和地方，国家、集体和个人，国防建设和经济建设，这五条是主要的。"也就是说，《论十大关系》重点是讲经济建设问题，同时讲了同经济建设密切相关的一些重大政治问题，体现了以经济建设为中心全面建设社会主义的指导思想。在讲到每一个关系时，都是全面而又有重点，在对立中把握统一，又在统一中把握对立，体现了唯物辩证法的科学态度，反对任何一种形而上学片面性。

　　在重工业和轻工业、农业的关系这一节，实际上就是讲的我们今天所说的产业结构问题。在这个问题上，毛泽东同志肯定"优先发展生产资料的生产"这个马克思主义基本观点，同时指出，"现在的问题，就是还要适当地调整重工业和农业、轻工业的投资比例，更多地发展农业、轻工业"，重工业还是为主，还是投资的重点。但是，农业、轻工业投资的比例要加重一点，这有利于更好地供给人民生活的需要，也有利于增强资金的积累，从而也有利于更多更好地发展重工业。这种方针是符合辩证法的。所以他说，这里就发生一个问题：你对发展重工业是真想还是假想，想得厉害一点还是差一点，你如果是假想或者想得差一点，那就打击农业、轻工业，对它少投点资。你如果是真想或者想得厉害，那就要注重农业、轻工业，使粮食和轻工业原料更多一些，投到重工业方面的资金将来也会更多一些。比例的优化，实际就是比例的主次和主次差别的度。毛泽东同志的这一思想是非常深刻的。

在沿海工业和内地工业的关系这一节，实际上就是讲的我们今天所说的区域结构问题。当时我国的工业有百分之七十在沿海，只有百分之三十在内地，这是历史上形成的不合理状况。怎么办？毛泽东同志认为，"沿海的工业基地必须充分利用，但是，为了平衡工业发展的布局，内地工业必须大力发展"。一个是"充分利用"，一个是"大力发展"，把二者更好地结合起来，这就是区域发展战略的辩证法。当时有的同志对充分利用沿海工业有顾虑，主要是担心打仗。毛泽东同志的观点是，"新的侵华战争和新的世界大战，估计短时期内打不起来，可能有十年或者更长一点的和平时期"。有人认为原子弹已经在我们头上，几秒钟就要掉下来，毛泽东同志说，这种估计是不符合实际的。利用和平时期，不说十年，就是五年，也应当充分利用沿海工业，等第五年打起来再搬家。他的结论是，好好利用和发展沿海工业，可以使我们更有力量来发展和支持内地工业。这里也有一个对于发展内地工业是真想还是假想的问题。如果是真想，不是假想，就必须更多地利用和发展沿海工业，特别是轻工业。

在经济建设和国防建设的关系这一节，毛泽东同志认为，国防不可不有，我们现在已经比过去强，以后还要比现在强，不但要有更多的飞机大炮，而且要有原子弹。在今天的世界，我们要不受人家欺负，就不能没有这个东西。怎么办？可靠的办法就是把军政费用降到一个适当的比例，增加经济建设费用。只有经济建设发展得更快了，国防建设才能够有更大的进步。这里也产生一个你对原子弹是真正想要、十分想要，还是只有几分想要，没有十分想要的问题。真正想要、十分想要，你就降低军政费用的比重，多搞经济建设。你不是真正想要、十分想要，你就还是按老章程办事，"这是个战略方针问题"。结论是："我们一定要加强国防，因此，一定要首先加强经济建设。"这就是经济建设和国防建设的辩证法。

关于国家、生产单位和生产者个人的关系这一节，讲的实际上是局部和全局的关系问题。总的原则是"不能只顾一头，必须兼顾国家、集体和个人三个方面"。就工人方面说，随着工人劳动生产率的提高，工人的劳动条件和集体福利就应逐步有所改进，工资也需要适当调整。就工厂方面说，有一个在国家统一领导下工厂自身的独立性问题，把什么东西都统统集中到中央和省市，不给工厂一点权力、一点机动、一点利益，恐怕不妥，既要有统一性，又要有独立性，统一性与独立性也是对立的统一。就农民方面说，在合作社的收入中，国家拿多少，合作社拿多少，农民拿多少，以及怎样拿法，都要规定得适当。除了遇到特大自然灾害，在增加农业生产的基础上，要争取百分之九十的社员每年的收入比前一年有所增加；百分之十的社员的收入能够不增不减；如有所减少，也要及早想办法加以解决。总之，"国家和工厂，国家和工人，工厂和工人，国家和合作社，国家和农民，合作社和农民，都必须兼顾，不能只顾一头。无论只顾哪一头，都是不利于社会主义，不利于无产阶级专政的。这是一个关系到六亿人民的大问题，必须在全党和全国人民中间反复进行教育"。

关于中央和地方的关系这一节，毛泽东同志说，中央和地方的关系也是一个矛盾。解决这个矛盾，目前要注意的是，应当在巩固中央统一领导的前提下，扩大一点地方的权力，给地方更多的独立性，让地方办更多的事情。我们的国家这样大，人口这样多，情况这样复杂，有中央和地方两个积极性，比只有一个积极性好得多。"处理好中央和地方的关系，这对于我们这样的大国大党是一个十分重要的问题。"为了建设一个强大的社会主义国家，必须有中央的强有力的统一领导，必须有全国的统一计划和统一纪律，破坏这种必要的统一，是不允许的。同时，又必须充分发挥地方的积极性，各地都要有适合当地情况的特殊。这种特殊不是离开统一性的特殊，而是为了整体利益，为了加强全国统一所必要的特殊。

以上五节，主要是讲经济问题，是讲话的重点。从第六节到第九节，讲与经济建设关系密切的一些重大政治问题。关于汉族和少数民族的关系，毛泽东同志强调既反对大汉族主义，也反对地方民族主义，要诚心诚意帮助少数民族发展经济建设和文化建设。关于党和非党的关系，指出：在中国，几个党比一个党好，不但过去如此，而且将来也可以如此，就是"长期共存，互相监督"。关于革命与反革命的关系，讲敌我问题，肯定"还有反革命，但是大为减少"。对他们要实行正确的政策。关于是非关系，讲如何对待犯错误的同志，强调"'惩前毖后，治病救人'的方针，是团结全党的方针，我们必须坚持这个方针"。第十节关于中国和外国的关系，主要讲要不要向外国学习和如何向外国学习的问题。他说："我们的方针是，一切民族、一切国家的长处都要学，政治、经济、科学、技术、文学、艺术的一切真正好的东西都要学。但是，必须有分析有批判地学，不能盲目地学，不能一切照抄，机械搬运。他们的短处、缺点，当然不要学。"对于苏联和其他社会主义国家的经验，要采取这种态度，对于西方资本主义国家也应当采取这种态度。"外国资产阶级的一切腐朽制度和思想作风，我们要坚决抵制和批判。但是，这并不妨碍我们去学习资本主义国家的先进的科学技术和企业管理方法中合乎科学的方面。"一切排斥和一切照搬，都不是马克思主义的态度，都对于我们的事业不利。

《论十大关系》写于我国社会主义改造基本完成、大规模社会主义建设即将开始之时，迄今为止已有60多年。但是，时间的年轮和历史的曲折未能掩盖它真理的光芒。在今天，学习它仍有重大现实意义。文中所提出的调动一切积极因素建设社会主义的战略方针，统筹兼顾、正确处理各方面矛盾的基本原则，如协调发展农业、轻工业和重工业，统筹发展沿海工业和内地工业，兼顾国家、集体、个人之间的关系，发挥中央和地方两个积极性，加强国防一定要首先加强经济建设，以及重视并善于向外国学习等思想，都是马克思主义中国化的重要成果。不仅如此，它还为我们进行战略思维提供了一个重要的理论框架和方法论指导。这就是要学会围绕中心处理好事关全局的一系列重大矛盾，做好战略布局。它告诉我们，掌握全局必须抓住主要矛盾，明确战略主攻方向，同时要处理好重大矛盾，谋划好战略布局。这样，才能真正总揽全局，提纲挈领，纲举目张。改革开放以来，我们党关于"一个中心、两个基本点"的战略布局，关于正确处理社会主义现代化建设中十二大关系的论述，关于统筹兼顾是科学发展观的基本方法的论述，关于坚持"五位一体"总体布局、协调推进"四个全面"战略布局的论述，关于全面改革要重视顶层设计的论述，等等，都体现了毛泽东同志所倡导的这种战略思维方法。

中国共产党人的战略思维*

　　我们党是一个重视并善于进行战略思维的党。在 90 多年的奋斗中，面对各个历史时期的重大历史课题，不断从战略高度思考中华民族的前途命运，陆续回答"什么是中国革命、怎样进行革命""什么是社会主义、怎样建设社会主义""建设什么样的党、怎样建设党""实现什么样的发展、怎样发展""新时代坚持和发展什么样的中国特色社会主义、怎样坚持和发展中国特色社会主义"等重大历史课题，引导中国革命、建设、改革事业走上胜利的途径，使中国人民踏上站起来、富起来并开始强起来的历史征程，迎来了中华民族伟大复兴的光明前景。在这一伟大历史进程中，积累了丰富的战略思维经验，形成和发展了具有中国共产党人特色的马克思主义战略思维理论和方法。这是一份宝贵的政治和精神财富。在今天，继承这一传统，不断增强战略思维的自觉性，掌握战略思维理论和方法，提高战略思维能力，增长战略智慧，对于我们实现"两个一百年"的战略目标，实现中华民

＊ 本文原载于《理论学刊》2019 年第 4 期。

族伟大复兴的中国梦，具有重大现实意义。

一、以毛泽东同志为主要代表的中国共产党人的战略思维

毛泽东同志作为我们党的第一代中央领导集体的核心，其战略思维的主题，是创造性回答"什么是中国革命、怎样进行革命"这一重大历史课题，也对如何建设社会主义从战略上作了初步探索。他有关战略问题的著作之多，内容之丰富和系统，见解之独到和深刻，影响之巨大和深远，世所罕见，是马克思主义理论宝库中的珍品，是我们党在中国革命时期进行战略思维的杰出范例。

第一，毛泽东同志深刻阐明了中国革命的战略问题。他从中国半殖民地半封建社会的国情出发，创造性提出了中国革命分两步走的发展战略：第一步新民主主义革命，第二步社会主义革命。这是一篇文章的上下篇，前者是后者的必要准备，后者是前者发展的必然结果。有力地反对了右的和"左"的错误。他在领导中国民主革命的过程中，创造性提出了以工人阶级为领导，工农联盟为基础，人民大众反对帝国主义、封建主义、官僚资本主义的新民主主义革命的总路线，解决了革命的领导力量、依靠力量、团结力量、革命对象等革命基本问题。他从中国是一个农业大国、敌人统治力量在城市的强大和在农村的薄弱的客观实际出发，领导全党开辟了在农村建立革命根据地、以"农村包围城市、武装夺取政权"的武装斗争革命道路。他深刻总结中国革命经验，创造性提出统一战线、武装斗争、党的建设是夺取革命胜利的"三大法宝"的战略思想，等等。

第二，毛泽东同志深刻阐明了中国革命战争的战略问题。在其军事著作中，深刻阐明了人民军队、人民战争和人民战争战略战术的理论。他把游击战争提到战略地位，认为中国革命战争在长时期内的主要作战形式是游击战和带游击性的运动战。他论述了一整套积极防御的战略方针，即"防御中的进攻，持久中的速决，内线中的外线"的战略方针，把战略上的劣势变为战役、战斗上的优势，集中优势兵力，各个歼灭敌人。他论述了随着敌我力量对比的变化要及时正确地实行战略转变，在解放战争后期发起对国民党军队的战略决战，取得辽沈、淮海、平津三大战役胜利，一举歼灭国民党精锐部队154万人，为中华人民共和国成立奠定了坚实基础。

　　第三，毛泽东同志深刻阐明了政策策略的辩证法，强调必须把原则的坚定性和策略的灵活性结合起来。他指出，弱小的革命力量在变化着的主客观条件下能够最终战胜强大的反动力量，"星星之火，可以燎原"；在战略上要藐视敌人，在战术上要重视敌人；要掌握斗争主攻方向，不要"四面出击"；对敌人要区别对待、分化瓦解，实行利用矛盾、争取多数、反对少数、各个击破的策略。

　　第四，毛泽东同志对如何建设社会主义从战略上作了初步探索。他在《论十大关系》《关于正确处理人民内部矛盾的问题》等著作中，总结苏联东欧社会主义国家政治动荡的经验教训，回答我国社会主义建设初期出现的新问题，提出"以苏为戒"、独立探索中国社会主义建设道路的战略思想。他阐明了以经济建设为中心、正确处理十大关系、调动一切积极因素、建设社会主义国家的战略方针；作出正确处理人民内部矛盾已经成为国家政治生活主题的科学判断，提出了正确处理人民内部矛盾的一系列正确方针，如处理是非矛盾要采取"团结、批评、团结"的方针，处理利益矛盾要采取"统筹兼顾、适当安排"的方针，处理共产党同民主党派的矛盾要采取"长期共存、互相监督"的方针，处理艺术、科学上的矛盾要采取"百花齐放，百家争鸣"的方针，等等。尽管由于种种复杂原因，上述思想在实践中没有得到很好贯彻，但是实践证明，这些思想本身基本上还是正确的，在今天仍有现实指导意义。

第五，毛泽东同志不但创造性提出了一系列关于中国革命和建设的战略思想，而且总结、提炼出关于战略思维的一系列原则和方法，十分重视对干部进行战略思维教育。他说："我们党历来是重视战略的，部队的战士、伙夫都关心战略，只要把战略形势讲清楚，问题就好办了。"在延安时期，他经常给干部讲课，说"那时我可讲得多，三天一小讲，五天一大讲"，讲军事、讲政治、讲哲学、讲历史，特别是讲战略，叫"提高战略空气"。他说："只有了解大局的人才能合理而恰当地安置小东西。即使当个排长也应该有个全局的图画，也才有大的发展。"他在《中国革命战争的战略问题》的报告中指出："战略问题是研究战争全局规律的东西"，"指挥全局的人，最要紧的，是把自己的注意力摆在照顾战争的全局上面，……如果丢了这个去忙一些次要的问题，那就难免要吃亏了"。又说："任何一级的首长，应当把自己注意的重心，放在那些对他所指挥的全局说来最重要最有决定意义的问题或动作上，而不应当放在其他的问题或动作上。"他还说，即使是战役指挥员和战术指挥员，也应重视研究战略问题，"因为懂得了全局性的东西，就更会使用局部性的东西"①。他把马克思主义认识论和辩证法创造性运用于战略思维，不但深刻阐明了作为战争游击术的军事辩证法、原则坚定性和策略灵活性相结合的政策策略辩证法，而且提出一系列富有中国特色的唯物辩证的思想方法、领导方法和工作方法，如"按照实际情况决定工作方针""一般和个别相结合""领导和群众相结合""把工作方针放在自己力量的基点上""要抓紧中心工作，又要围绕中心工作而同时开展其他方面的工作""自觉走曲折前进的道路""要多谋善断"，等等。

二、以邓小平同志为主要代表的中国共产党人的战略思维

邓小平同志作为我们党的第二代中央领导集体的核心，其战略思维的主题，是创造性回答"什么是社会主义、怎样建设社会主义"这一重大历史课题，第一次比较系统地初步回答了在中国这样经济文化比较落后的国家如何建设、巩固和发展社会主义的一系列基本问题。这是我们党在社会主义建设新时期进行战略思维的杰出范例。

第一，在历史转折关头，邓小平同志把端正思想路线提到首位，势如破竹地推进了党的指导思想和各条战线的拨乱反正，为开辟中国特色社会主义道路奠定了哲学基础。他的那篇《解放思想，实事求是，团结一致向前看》的重要讲话，实际上成为具有划时代意义的党的十一届三中全会的主题报告。它抓住了当时思

---

① 《毛泽东选集》第一卷，人民出版社 1991 年版，第 175 页。

想路线这个关系党和国家工作全局的根本问题，指出："一个党，一个国家，一个民族，如果一切从本本出发，思想僵化，迷信盛行，那它就不能前进，它的生机就停止了，就要亡党亡国。"强调要"研究新情况，解决新问题"，"如果现在再不实行改革，我们的现代化事业和社会主义事业就会被葬送"。这篇讲话高屋建瓴，振聋发聩，成为当代中国开辟中国特色社会主义道路、创立和发展中国特色社会主义理论的解放思想、实事求是的宣言书。

第二，邓小平同志抓住"什么是社会主义、怎样建设社会主义"这个首要的基本问题，发表一系列重要讲话，深刻揭示社会主义本质和中国社会主义初级阶段基本国情，澄清对社会主义的种种误解和曲解，领导全党确立起"一个中心、两个基本点"的基本路线，明确规定了我们党在社会主义初级阶段的奋斗目标、中心任务以及为了实现这个目标和任务必须坚持的政治原则、基本方针、领导和依靠力量，概括起来就是：以经济建设为中心是兴国之要，四项基本原则是立国之本，改革开放是强国之路。这是我们党和国家能够经受住各种风险考验、胜利实现社会主义现代化和中华民族伟大复兴的政治保证。

第三，邓小平同志领导我们党确立了实现社会主义现代化的一系列重大战略。其中主要有：分"三步走"基本实现现代化的发展战略，沿海和内地"两个大局"的发展战略，全方位对外开放战略，公有制为主体、多种所有制共同发展的基本经济制度，以建立社会主义市场经济体制为目标的经济体制改革战略，以经济体制改革为重点的全面改革战略，科教兴国战略，把解决"三农"问题作为重中之重的国家战略，"两手抓、两手都要硬"的战略方针，以及以"一国两制"实现祖国和平统一的战略构想，等等。

第四，邓小平同志以宽广眼界观察世界，对当今时代和国际形势作出一系列正确的战略判断，为我们统筹国内国际两个大局提供了科学依据。他提出"和平与发展是当今世界两大主题"，为我们确立了维护世界和平、促进共同发展的外交战略；提出"现在的世界是开放的世界""中国的发展离不开世界"，为我们确立了对外开放的基本国策；提出现在的世界正在经历一场深刻的科技革命，科学技术已经成为第一生产力，为我国确立科教兴国战略奠定了理论基础；等等。

第五，1992年春天，邓小平同志在关键时刻发表关键谈话，为我国改革发展进一步指明了方向。他在南方谈话中，针对东欧剧变、苏联解体和国内政治风波后出现的严峻形势，深刻回答长期束缚人们思想的许多重大认识问题，核心是坚持党的基本路线一百年不动摇。他强调，改革开放要大胆试大胆闯；抓住机遇加快发展，首先是发展经济；两手抓、两手都要硬；关键在党，关键在人，关键在共产党内部要搞好。这次谈话成了我国加快改革开放和社会主义现代化建设的又一个解放思想、实事求是宣言书，把我国的改革发展推进到一个新阶段。

第六，邓小平同志高度重视对干部进行战略思维教育。1954年，他在谈到财政工作时说："财政部门要看到大事，要有战略观念。"1961年，他在谈到妇女工作时说："妇女工作一定要管本行，议大事"，"把眼界搞开阔些"。1977年，他在谈到军队工作时说："没有明确的战略方针，许多事情都不好办"，"要提倡顾全大局。有些事从局部看可行，从大局看不可行；有些事从局部看不可行，从大局看可行。归根到底要顾全大局"。1989年，他在同两位中央领导同志的谈话中说："我们政治局、政治局常委会、书记处的同志，都是管大事的人，考虑任何问题都要着眼于长远，着眼于大局。许多小局必须服从大局，关键是这个问题"，"我们组成的这个新的领导机构，眼界要非常宽阔，胸襟要非常宽阔"，"要从大局看问题，放眼世界，放眼未来，也放眼当前，放眼一切方面"。1990 年，他在同几位中央负责同志谈话时又说："要实现适当的发展速度，不能只在眼前的事务里面打圈子，要用宏观战略的眼光分析问题。"①

三、以江泽民同志、胡锦涛同志为主要代表的中国共产党人的战略思维

在世纪之交，以江泽民同志为核心的党的第三代中央领导集体和以胡锦涛同志为总书记的党中央，面对世界的新变化和中国的新发展，高举邓小平理论伟大旗帜，大力推进实践创新和理论创新，进一步回答"什么是社会主义、怎样建设社会主义"，创造性回答"建设什么样的党、怎样建设党""实现什么样的发展、怎样发展"这些重大历史课题，提出一系列新思想、新战略，续写了中国特色社会主义新篇章。这是我们党在世纪之交进行战略思维的新成果。

第一，江泽民同志从战略高度论述了社会主义现代化建设中的十二个重大关系，认为这都是"新形势下带有全局性的重大问题"。他强调，发展、改革、稳定是"三枚关键棋子"，发展是目的，改革是动力，稳定是前提，任何一个方面出了问题都会影响

① 《邓小平文选》第三卷，人民出版社 1993 年版，第 355 页。

全局，必须坚持"抓住机遇，深化改革，扩大开放，促进发展，保持稳定"的战略方针；必须正确处理发展中的四大关系，即速度与效益的关系、经济建设与人口资源环境的关系、一二三产业的关系、东部地区与中西部地区的关系；必须正确处理改革中的五大关系，即市场机制与宏观调控的关系、公有制与非公有制的关系、收入分配中国家企业个人的关系、对外开放与自力更生的关系、中央与地方的关系；必须正确处理作为发展、改革保障的两大关系，即国防建设与经济建设的关系、物质文明建设与精神文明建设的关系。这是我们党在世纪之交对我国社会主义现代化建设所作的系统的战略谋划。

第二，江泽民同志科学判断党的历史方位，以改革创新精神推进党的建设新的伟大工程，创造性提出"三个代表"重要思想，即我们党必须始终代表中国先进生产力的发展要求，始终代表中国先进文化的前进方向，始终代表中国最广大人民的根本利益。这是立党之本、执政之基、力量之源。这一论述，对于在新的历史条件下保持党的先进性、纯洁性，使我们党始终走在时代前列；对于增强党的阶级基础、扩大党的群众基础、实现党的奋斗目标，具有根本性意义。这是在新的历史条件下推进党的建设伟大工程、发展中国特色社会主义伟大事业的一项重大战略决策。

第三，胡锦涛同志深刻总结我国发展的历史经验，吸收借鉴世界各国发展的历史经验，反映新形势下我国发展的客观要求，继承和发展马克思主义关于发展的科学思想，创造性提出以人为本、全面协调可持续发展的科学发展观，从战略高度回答了什么是发展、为谁发展、怎样发展、靠谁发展等一系列重大问题，为在新的历史条件下处理我国发展中的重大矛盾和突出问题，提供了根本遵循，是马克思主义关于发展的世界观和方法论的集中体现。这同样是关系党的建设和国家发展大局的一项重大战略决策。

第四，胡锦涛同志提出并系统阐述了关于社会主义和谐社会的战略构想。强调这是中国特色社会主义的本质要求，也是全面建设小康社会的一项重大战略任务，它关系广大人民的根本利益，关系巩固党执政的社会基础，关系国家的长治久安。全党同志都要从这样的战略高度，深刻认识构建社会主义和谐社会的重大意义，努力把我国社会建设成为民主法治、公平正义、诚信友爱、充满活力、安定有序、人与自然和谐相处的社会。这一论述进一步丰富了中国特色社会主义的建设布局，从经济、政治、文化"三位一体"的建设布局，发展为经济、政治、文化、社会"四位一体"的建设布局。到了党的十八大，加上生态文明，正式形成经济、政治、文化、社会、生态"五位一体"的建设布局。

第五，江泽民同志和胡锦涛同志也十分重视对干部进行战略思维的教育。1999 年 8 月 4 日，江泽民同志在一次外事工作会议上说，毛泽东同志、邓小平同志都是伟大的战略家，都很重视研究战略问题。当前，我们同样要加强对战略问题的研究。他特别强调中青年领导干部要努力提高战略思维能力，说："要大力培养中青年领导干部的战略思维能力，使他们善于从实际出发不断研究解决改革发展稳定中的重大问题"，"党校要按照这个要求来培养中青年领导干部，通过一系列调查研究和战略问题研讨，帮助他们增长研究解决重大现实问题的才干，养成对重大现实问题进行战略思考的能力"。他要求："全党同志特别是高级干部，要有战略眼光，要有老一辈无产阶级革命家的那种高瞻远瞩和宽阔胸襟，切实把培养造就一大批适应新世纪要求的中青年领导干部这项重大政治任务完成好。"党的十六大第一次将战略思维要求写入党代会报告，指出："必须以宽广的眼界观察世界，正确把握时代发展的要求，善于进行理论思维和战略思维"，不断提高"科学判断形势的能力""驾驭市场经济的能力""应对复杂局面的能力""依法行政的能力""总揽全局的能力"。胡锦涛同志在党的十七大报告中再一次强调，要"加强战略思维"。2009 年 9 月 18 日，党的十七届四中全会通过的《关于加强和改进新形势下党的建设若干重大问题的决定》，要求中央委员和省部级领导干部"要切实提高战略思维、创新思维、辩证思维能力"。

四、以习近平同志为主要代表的中国共产党人的战略思维

党的十八大以来，中国特色社会主义进入决胜全面建成小康社会，进而全面建设社会主义现代化强国的新时代。面对国内艰巨的历史任务和复杂多变的国际形势，以习近平同志为核心的党中央以巨大政治勇气和责任担当，创造性回答"新时代坚持和发展什么样的中国特色社会主义、怎样坚持和发展中国特色社会主义"这个重大历史课题，提出了一系列新思想、新理念、新战略，坚持"五位一体"总体布局，协调推进"四个全面"战略布局，统筹国内国际两个大局，推动党和国家事业发生了历史性变革，进一步完善、丰富了建设中国特色社会主义总方略。

第一，在当代中国发展进步的战略方向上，要一以贯之坚持和发展中国特色社会主义。这是党的十一届三中全会以来党的全部理论与实践活动的主题。我们要紧紧抓住这个主题，坚定不移

走中国特色社会主义道路，不断增强道路自信、理论自信、制度自信、文化自信。既不走封闭僵化的老路，也不走改旗易帜的邪路。在举什么旗、走什么路的问题上，在当代中国发展进步的根本方向问题上，必须有很强的战略定力，真正做到"千磨万击还坚劲，任尔东西南北风"。决不可在战略方向上犯颠覆性错误。

第二，在当代中国发展进步的战略目标上，要不忘初心、牢记使命，矢志不移为实现中华民族伟大复兴而奋斗。党的十九大对我国所处历史方位作出科学判断，指出：经过长期努力，中国特色社会主义进入新时代，我国社会主要矛盾已经转化为人民日益增长的美好生活需要和不平衡不充分的发展之间的矛盾。据此作出决胜全面建成小康社会、开启全面建设社会主义现代化国家新征程的战略安排——到2035年基本实现社会主义现代化，到本世纪中叶把我国建成富强民主文明和谐美丽的社会主义现代化强国。为此必须准备进行具有许多新的历史特点的伟大斗争，必须大力推进党的建设新的伟大工程，必须不断推进中国特色社会主义伟大事业。

第三，在当代中国发展进步的战略布局上，要协调推进"四个全面"战略布局，即全面建成小康社会、全面深化改革、全面依法治国、全面从严治党。"四个全面"体现了战略目标和战略举措的统一，战略全局与战略重点的统一，是中国特色社会主义新时代我党治国理政的总方略。推进中国特色社会主义伟大事业，要紧紧抓住全面建成小康社会这个战略目标不动摇，紧紧抓住全面深化改革、全面依法治国、全面从严治党这三个战略举措不放松。

第四，在当代中国发展进步的各个领域都作出了重大战略部署。如以新发展理念为引领的经济社会发展战略，以经济体制改革为重点的全面深化改革战略，以依宪治国为根本的全面依法治国方略，以强军为目标的国防和军队现代化战略，以国家利益为最高原则的总体国家安全战略，以及坚持和加强党的全面领导、推进全面从严治党的党的建设方略，等等。

第五，在对外关系上，形成了具有时代特点和中国特色的大国外交战略。强调保持战略定力，坚定不移走和平发展道路；以维护世界和平、促进共同发展为宗旨，推动构建人类命运共同体；以合作共赢为核心，推动建立新型国际关系。坚决维护国家主权、安全、发展利益，是中国外交工作的基本出发点和落脚点。在涉及国家核心利益问题上，我们是有底线的。"任何外国不要指望我们会拿自己的核心利益做交易，不要指望我们会吞下损害我国主权、安全、发展利益的苦果。"[1]

第六，关于战略思维理论和方法的论述。习近平总书记十分重视战略问题，指出："战略问题是一个政党、一个国家的根本性问题。战略上判断得准确，战略上谋划得科学，战略上赢得主动，党和人民事业就大有希望。"[2]他对战略思维能力的内涵作了高度概括，指出："战略思维能力，就是高瞻远瞩、统揽全局，善于把握事物发展总体趋势和方向的能力。"[3]他在谈到宣传工作时强调，要"把围绕中心、服务大局作为基本职责，胸怀大局、把握大势、着眼大事，找准工作切入点和着力点，做到因势而谋、

① 《习近平谈治国理政》第一卷，外文出版社 2018 年版，第 249 页。

② 《习近平谈治国理政》第二卷，外文出版社 2017 年版，第 10 页。

③ 中共中央宣传部编：《习近平总书记系列重要讲话读本》，人民出版社 2016 年版，第 286 页。

应势而动、顺势而为"①。习近平同志在浙江任省委书记时，要求各级干部都要了解大局、服务大局，"要努力增强总揽全局的能力，放眼全局谋一域，把握形势谋大事，以'登东山而小鲁'、'登泰山而小天下'的气度和胸襟，始终把全局作为观察和处理问题的出发点和落脚点，以全局利益为最高价值追求，以世界眼光去认识政治形势，把握经济走势，了解文化态势；用战略思维去观察当今时代，洞悉当代中国，谋划当前浙江，切实把本地、本部门的工作放到国际国内大背景和全党全国全省的工作大局中去思考、去研究、去把握，不断提高领导工作的原则性、系统性、预见性和创造性"②。习近平总书记在纪念邓小平同志诞辰 110 周年座谈会上，高度评价邓小平同志卓越的战略思维能力，指出："战略思维，是邓小平同志一生最恢宏的革命气度，也永远是中国共产党人应该树立的思维方式"，我们要学习他"放眼世界，放眼未来，也放眼当前，放眼一切方面"的世界眼光和战略思维，学习他"善于抓住关键、纲举目张的思想方法和工作方法"，学习他"站在时代前沿观察思考问题，把党和人民事业放到历史长河和全球视野中来谋划，以小见大、见微知著，在解决突出问题中实现战略突破，在把握战略全局中推进各项工作"③。这既是对邓小平同志战略智慧的高度评价，从一定意义上说，也是对中国共产党人重视并善于进行战略思维优良传统的一种总结，对广大党员干部提高战略思维能力的一种期望。

通过以上回顾，我们可以看到，我们党领导中国人民站起

① 《习近平谈治国理政》第一卷，外文出版社 2018 年版，第 153 页。

② 《之江新语》，浙江人民出版社 2007 年版，第 20 页。

③ 《习近平谈治国理政》第二卷，外文出版社 2017 年版，第 9—10 页。

来、富起来，并开始强起来的伟大历史进程，是艰苦奋斗的历程，是艰辛探索的历程，也是充满战略智慧的历程；回顾这一历程，可以使我们更深刻地理解中国共产党的伟大、光荣、正确，更深刻地理解中国革命、建设、改革成功的奥秘。

现在，我国的发展进入全面建成小康社会的关键期，改革进入全面深化改革的攻坚期，一些社会领域进入矛盾凸显期。新问题多，深层次问题多，两难选择问题多。世界大局深刻演变，全球动荡加剧，不确定、不稳定因素增多，综合国力和各种力量较量更趋激烈，我国外部环境复杂严峻。艰巨的历史任务和复杂多变的国际形势，要求我们切实提高处理复杂问题、应对复杂局面的战略思维能力。历史经验告诉我们，形势越是复杂，越是要求我们学会分析，抓住本质、主流和趋势；任务越是艰巨，越是要求我们勇于担当、增长智慧，真正做到在战略上藐视困难、在战术上重视困难；风险考验越是严峻，越是要求我们冷静观察，沉着应对，保持战略定力；世界越是多变，越是要求我们与时俱进，锐意改革创新。总之，战略思维在今天是越来越重要了。

具有中国共产党人特色的马克思主义思想方法 *

在不断推进马克思主义中国化、时代化的进程中，我们党深刻总结各个历史时期的历史经验，有针对性地解决人们在思想方法上存在的突出问题，形成毛泽东思想的"活的灵魂"、建设有中国特色社会主义理论的"精髓"和习近平新时代中国特色社会主义思想的"六个必须坚持"。这些具有中国共产党人特色的马克思主义思想方法一脉相承又与时俱进，贯穿于马克思主义中国化、时代化的全过程，也是我们继续推进实践基础上的理论创新，不断谱写马克思主义中国化、时代化新篇章的强大思想武器。

一、关于毛泽东思想的"活的灵魂"

《关于建国以来党的若干历史问题的决议》对毛泽东思想的科学体系及其基本问题做了全面系统的阐述。《决议》指出，毛泽东思想作为马列主义同中国实际相结合的产物，深刻回答了以

---

* 本文节选自 2022 年 11 月 24 日在中央和国家机关党校的报告。

下基本问题：关于新民主主义革命问题，关于社会主义革命和社会主义建设问题，关于革命军队的建设和军事战略问题，关于政策和策略问题，关于思想政治工作和文化问题，关于党的建设问题。在分别阐述了以上六个基本问题之后，作了一个世界观、方法论总结："毛泽东思想的活的灵魂，是贯串于上述各个组成部分的立场、观点和方法，它们有三个基本方面，即实事求是，群众路线，独立自主。"这一总结十分重要，它抓住了毛泽东思想的根本。只有抓住这个根本，才能深刻理解整个毛泽东思想，才能在实践中创造性运用、丰富和发展毛泽东思想。

实事求是，就是要正确处理主观与客观、理论与实践的关系，坚持马克思列宁主义普遍真理同中国革命具体实践相结合，反对主观同客观相分裂、理论同实践相脱离的主观主义。毛泽东同志讲"实事"就是客观存在着的一切事物，"是"就是客观事物的内部联系，即规律性，"求"就是我们去研究。我们要从国内外、省内外、县内外、区内外的实际情况出发，从其中引出其固有的而不是臆造的规律性，作为我们行动的向导。而要这样做，就须不凭主观想象、不凭一时的热情、不凭死的书本，而凭客观存在的事实，详细地占有材料，在马克思列宁主义一般原理的指导下，从这些材料中引出正确的结论。这就叫理论同实际相结合，有的放矢，而不是抽象地、无目的地空谈马克思主义。毛泽东同志强调，必须改变那种"不注重研究现状，不注重研究历史，不注重马克思列宁主义的应用"的极坏的作风。

群众路线，就是要正确处理领导和群众的关系，坚持一切为了群众，一切依靠群众，从群众中来，到群众中去，反对脱离群众的官僚主义。一切为了群众，是党的根本宗旨，执政的根本理念。"共产党人的一切言论行动，必须以合乎最广大人民群众的最大利益，为最广大人民群众所拥护为最高标准。"一切依靠群众，是我们党的力量之源。"人民，只有人民，才是创造世界历史的动力。"只要我们依靠人民，信任人民，紧紧地和人民团结在一起，我们的党就是不可战胜的。从群众中来、到群众中去，是党领导群众的方法，是马克思主义认识论在领导方法上的创造性运用，体现了"实践—认识—实践"和"群众—领导—群众"两个公式的统一。

独立自主，就是要正确处理中国和外国的关系，坚持把我们的方针"放在自己力量的基点上，叫做自力更生"。这是从实事求是、群众路线引出的必然的结论。中国的国情靠中国人自己去认识，中国革命胜利靠中国共产党领导中国人民自己去争取。我们希望有外援，但是不能依赖外援；我们应当向外国学习，但是不能一切照搬。无论搞革命还是搞建设，都是如此。我们是一切依靠自力更生，立于不败之地。中国革命走出一条适合中国国情的"农村包围城市、武装夺取政权"的成功道路。毛泽东同志认为，中国的社会主义建设也必须走出适合自己国情的发展道路。他的《论十大关系》讲话自始至终贯穿"以苏为戒"的战略思想，指出，"最近苏联方面暴露了他们在建设社会主义过程中的一些缺点和错误，他们走过的弯路，你还想走？过去，我们就是鉴于他们的经验教训，少走了一些弯路，现在当然更要引以为戒"。没有独立自主，就没有实事求是，就没有马克思主义中国化、时代化，就没有中国革命、建设的胜利，就没有中华民族的伟大复兴。

二、关于建设有中国特色社会主义理论的"精髓"

党的十四大报告对建设有中国特色社会主义理论的科学体系及其基本问题做了全面系统的阐述。报告指出："它是马克思列宁主义基本原理与当代中国实际和时代特征相结合的产物，是毛泽东思想的继承和发展。"它第一次比较系统地初步回答了中国这样经济文化比较落后的国家如何建设社会主义、如何巩固和发展社会主义的一系列基本问题，包括社会主义的发展道路问题、根本任务问题、发展动力问题，社会主义建设的外部条件问题、政治保证问题、战略步骤问题，社会主义的领导力量和依靠力量问题以及祖国统一问题，共九个基本问题。这是一个比较完备的科学体系，又是需要从各方面进一步丰富发展的科学体系。邓小平同志是这一理论的主要创立者，为这一理论的形成和发展提供了基本原理和基本原则，"三个代表"重要思想和科学发展观，又进一步丰富和发展了这一理论。

党的十四大报告指出："解放思想，实事求是，是建设有中国特色社会主义理论的精髓。"这是一个深刻的概括和总结。所谓精髓，就是贯穿一切的东西，它贯穿于这一理论的各方面和发展的全过程。只有抓住"精髓"，才能深刻理解整个理论，才能在实践中创造性运用和发展这一理论。

"解放思想，实事求是"虽然只有八个大字，但包含极为丰富的思想内容，表现为一系列的"破除"和"坚持"，每一个"破除"都叫解放思想，每一个"坚持"都叫实事求是。概括起来，主要是四个"破除"和四个"坚持"：

破除僵化的社会主义观念，坚持走自己的道路，建设有中国特色社会主义。邓小平同志说："在革命成功后，各国必须根据自己的条件建设社会主义。固定的模式是没有的，也不可能有。墨守成规的观点只能导致落后，甚至失败。"在党的十二大开幕词中，他明确提出"建设有中国特色社会主义"的科学命题，指出："把马克思主义的普遍真理同我国的具体实际结合起来，走自己的道路，建设有中国特色的社会主义，这就是我们总结长期历史经验得出的基本结论。"他庄严宣告："中国的事情要按照中国的情况来办，要依靠中国人自己的力量来办。独立自主，自力更生，无论过去、现在和将来，都是我们的立足点"，"任何外国不要指望中国做他们的附庸，不要指望中国会吞下损害我国利益的苦果"。讲话铿锵有力，掷地有声。2000 多字的开幕词，可以说是中国共产党和中国人民独立自主建设中国特色社会主义的宣言书，是对毛泽东思想活的灵魂的创造性应用和发展。

破除超越阶段急于求成的思想，坚持一切从中国社会主义初级阶段的实际出发。邓小平同志说，过去"左"的教训就在于"制定的政策超越了社会主义初级阶段"，集中的表现是发展生产力急于求成，调整生产关系盲目求纯，结果欲速不达，严重损害了社会主义的声誉。明确提出我国处于并将长期处于社会主义初级阶段以后，为从实际出发、建设有中国特色的社会主义奠定了坚实的国情基础。"一个中心、两个基本点"的基本路线，建设中国特色社会主义的经济、政治、文化的基本纲领，分三步走基本实现社会主义现代化的发展战略，公有制为主体、多种所有制经济共同发展的基本经济制度，等等，都是建立在中国社会主义初级阶段这个国情基础上的。

破除抽象谈论姓"社"姓"资"的思维定式，坚持"三个有利于"的判断标准。毫无疑问，我们必须坚持社会主义，只有社会主义才能发展中国，问题在于什么是社会主义、怎样建设社会主义。回答这个问题不能从原则、本本、文件等出发搞抽象争论，因为原则等本身是否正确还需要在实践中加以检验，原则不是研究的出发点而是研究的结果。邓小平同志说，姓"社"还是姓"资"，"判断的标准，应该主要看是否有利于发展社会主义社会的生产力，是否有利于增强社会主义国家的综合国力，是否有利于提高人民的生活水平"。凡是"三个有利于"的，都是社会主义的或者是社会主义所允许的；凡是"三个不利于"的，决不是社会主义的。这一历史唯物主义标准的确立，使我们大大加深了对社会主义本质的认识，进一步获得思想大解放，极大地推进了我国改革开放的历史进程。

破除主观主义和形而上学桎梏，坚持与时俱进和不断创新。邓小平同志说，老祖宗不能丢，又要讲新话，"必须根据现在的情况，认识、继承和发展马克思列宁主义"。江泽民同志说，"马克思主义具有与时俱进的理论品质"，必须"自觉地把思想认识从那些不合时宜的观念、做法和体制中解放出来，从对马克思主义的错误的和教条式的理解中解放出来，从主观主义和形而上学的桎梏中解放出来"；"创新是一个民族进步的灵魂，是一个国家兴旺发达的不竭动力"，必须大力推进理论创新、科技创新、体制创新和各方面工作创新。胡锦涛同志说，"解放思想是发展中国特色社会主义的一大法宝"，"马克思主义只有与本国国情相结合、与时代发展同进步、与人民群众共命运，才能焕发出强大的生命力、创造力、感召力"。正是在"解放思想，实事求是"思想路线的指引下，我们党不断回答"什么是社会主义，怎样建设社会主义""建设什么样的党、怎样建设党""实现什么样的发展、怎样发展""新时代坚持和发展什么样的中国特色社会主义、怎样坚持和发展中国特色社会主义",不断推进马克思主义中国化、时代化和中华民族伟大复兴的历史伟业。

三、关于习近平新时代中国特色社会主义思想的"六个必须坚持"

党的十八大以来,以习近平同志为核心的党中央适应国内外形势新变化和实践发展新要求,从理论与实践的结合上深入回答关系党和国家事业发展全局的一系列重大时代课题,取得一系列重大理论成果,形成和发展了习近平新时代中国特色社会主义思想。党的十九大和十九届六中全会用"十个明确""十四个坚持""十三个方面成就"概括了这一思想的主要内容。党的二十大报告进一步阐明了"贯穿其中的立场观点方法",这就是"六个必须坚持",即必须坚持人民至上、必须坚持自信自立、必须坚持守正创新、必须坚持问题导向、必须坚持系统观念、必须坚持胸怀天下。这是对毛泽东思想"活的灵魂",建设有中国特色社会主义理论"精髓"的继承和发展。只有深刻理解这些立场观点方法,才能深刻理解习近平新时代中国特色社会主义思想,才能在实践中创造性运用和发展这一思想,才能不断谱写马克思主义中国化、时代化新篇章。

必须坚持人民至上。这是习近平新时代中国特色社会主义思想的根本政治立场,它像红线一样贯穿于习近平总书记的全部科学著作中。学习贯彻习近平新时代中国特色社会主义思想,要紧紧抓住这条红线，牢记"党的初心使命"，始终与人民同呼吸、共命运、心连心；牢记"国之大者"，把以人民为中心的发展思想贯穿到一切工作之中；牢记"人民性是马克思主义的本质属性"，坚持理论"来自人民、为了人民、造福人民"；牢记"群众路线是党的生命线和根本工作路线"，真正把人民放在心中最高位置，站稳人民立场，代表人民利益，尊重人民创造，集中人民智慧，全心全意为人民谋幸福。

必须坚持自信自立。这是习近平新时代中国特色社会主义思想的根本立足点。习近平总书记指出："党的百年奋斗成功道路是党领导人民独立自主探索开辟出来的，马克思主义的中国篇章是中国共产党人依靠自身力量实践出来的，贯穿其中的一个基本点就是中国的问题必须从中国基本国情出发，由中国人自己来解答。"① 中国共产党能，中国特色社会主义好，归根到底是马克思主义行，是中国化时代化的马克思主义行。我们的道路自信、理论自信、制度自信、文化自信，根源于中华民族5000多年文明发展史，来自中国共产党100多年奋斗历程和70多年执政兴国经验，彰显于中国特色社会主义伟大实践，已经成为中国人民和中华民族的内在气质和精神风貌。在任何时候、任何情况下，不管遇到什么风浪，甚至惊涛骇浪，我们都要把中国发展进步的命运牢牢掌握在自己手中，有定力、有主见，不信邪、不怕鬼、不怕压，真正做到"千磨万击还坚劲，任尔东西南北风"。

必须坚持守正创新。这是习近平新时代中国特色社会主义思

---

① 《高举中国特色社会主义伟大旗帜 为全面建设社会主义现代化国家而团结奋斗——在中国共产党第二十次全国代表大会上的报告》，《人民日报》2022年10月26日第1版。

想的理论品质。守正才能不迷失方向，不犯颠覆性错误；创新才能把握时代、引领时代，始终走在时代前列。二者的统一，体现了原则性和创造性的统一，坚持马克思主义与发展马克思主义的统一，这是马克思主义最为宝贵的理论品质。党的十八大以来，以习近平同志为核心的党中央在涉及政治立场、政治方向、政治原则问题上，在涉及道路、理论、制度、意识形态问题上，在涉及内政外交国防大政方针问题上，始终保持立场坚定、旗帜鲜明、敢于斗争、善于斗争，确保党不变质、不变色、不变味，同时又以巨大政治勇气、理论勇气、实践勇气推动各方面改革和创新，使党和国家事业取得历史性成就、发生历史性变革，实现了马克思主义中国化、时代化的新飞跃。

必须坚持问题导向。这是习近平新时代中国特色社会主义思想的实践性品格。问题是时代的声音。解决问题是理论的根本使命，也是理论创新的起点。"每个时代总有属于它自己的问题，只要科学地认识、准确地把握、正确地解决这些问题，就能够把我们的社会不断推向前进。"[1]党的十八大以来，党的理论创新之所以取得丰硕成果，就在于我们系统回答了新时代坚持和发展什么样的中国特色社会主义、怎样坚持和发展中国特色社会主义，建设什么样的社会主义现代化强国、怎样建设社会主义现代化强国，建设什么样的长期执政的马克思主义执政党、怎样建设长期执政的马克思主义执政党等重大时代课题。实践永无止境，问题层出不穷。在新时代新征程中，我们要更加自觉地以问题为导向，不断回答中国之问、世界之问、人民之问、时代之问，不断

---

[1] 《之江新语》，浙江人民出版社 2007 年版，第 235 页。

谱写马克思主义中国化、时代化新篇章。

必须坚持系统观念。这是习近平新时代中国特色社会主义思想的辩证思维方法。中国特色社会主义事业是极为复杂、艰巨、伟大的系统工程。指导和实施这一伟大工程，必须具有高瞻远瞩、总揽全局、统筹兼顾的辩证思维能力，正确处理全局和局部的关系、局部和局部的关系、阶段和阶段的关系、系统和环境的关系，既抓住重点又兼顾各方，既立足当前又放眼长远，既熟悉国情又了解世界，客观地而不是主观地、发展地而不是静止地、全面地而不是片面地、系统地而不是零碎地、普遍联系地而不是孤立地观察事物、分析问题、解决问题。在新时代新征程中，我们面临更加复杂的发展环境和更多"两难""多难"的选择难题，要求我们不断提高处理复杂问题、驾驭复杂局面的系统思维能力。

必须坚持胸怀天下。这是习近平新时代中国特色社会主义思想的人类情怀和开阔的世界眼光。中国共产党是为中国人民谋幸福、为中华民族谋复兴的党，也是为人类谋进步、为世界谋大同的党。进入新时代，中华民族伟大复兴战略全局与世界百年未有之大变局历史性地交汇。以习近平同志为核心的党中央以开阔的世界眼光，统筹国内国际两个大局，为世界和平发展和人类进步事业作出了重要贡献。从人类前途命运出发，提出构建人类命运共同体的重大理念，弘扬全人类共同价值的理论观点，推动共建"一带一路"高质量发展的倡议，以及建设持久和平、普遍安全、共同繁荣、开放包容、清洁美丽世界的美好愿景，为维护世界和平、促进共同发展贡献了中国智慧、中国方案、中国力量，凸显了社会主义中国应有的精神境界和大国担当。从经济全球化是不可阻挡的历史大趋势出发，以海纳百川的开阔胸襟，借鉴吸收人类一切优秀文明成果，推动不同文明交流互鉴，促进各国人民相知相亲，在美人之美、美美与共中建设更加美好的世界。